AF346880

# GRANDES DAMES
# ET PÉCHERESSES

ÉTUDES D'HISTOIRE ET DE MŒURS

## AU XVIII<sup>e</sup> SIÈCLE

D'APRÈS DES DOCUMENTS INÉDITS

PAR

## HONORÉ BONHOMME

PARIS. CHARAVAY FRÈRES ÉDITEURS

4 Rue de Furstenberg

1883

# GRANDES DAMES

## ET

# PÉCHERESSES

# PUBLICATIONS DU MÊME AUTEUR

LE DUC DE PENTHIÈVRE, 1 vol. in-18.

MADAME DE MAINTENON ET SA FAMILLE, 1 vol. in-18.

CORRESPONDANCE INÉDITE DE COLLÉ, 1 vol. in-8°.

ŒUVRES INÉDITES DE PIRON, 1 vol. in-8°.

LE DERNIER ABBÉ DE COUR, 1 vol. in-18.

CORRESPONDANCE INÉDITE DE MADEMOISELLE DE FERNIG, 1 vol. in-18.

LOUIS XV ET SA FAMILLE, 1 vol. in-18.

LA FILLE DE DANCOURT, comédie en un acte en vers. 1 vol. in-18.

JOURNAL ET MÉMOIRES DE COLLÉ, 3 vol. in-8°.

POÉSIES CHOISIES DE PIRON, 1 vol. in-18.

POÉSIES CHOISIES DE DESFORGES-MAILLARD, 1 vol. in-18.

LA SOCIÉTÉ GALANTE ET LITTÉRAIRE AU XVIIIe SIÈCLE. 1 vol. in-18.

CORRESPONDANCE INÉDITE DU CHEVALIER D'AYDIE, 1 vol. in-18.

MADAME DE POMPADOUR, GÉNÉRAL D'ARMÉE, 1 vol. in-32.

———



———

CHATEAU DE CHENONCEAU

# GRANDES DAMES

# ET PÉCHERESSES

## ÉTUDES D'HISTOIRE ET DE MŒURS

## AU XVIIIᵉ SIÈCLE

D'APRÈS DES DOCUMENTS INÉDITS

PAR

## HONORÉ BONHOMME

PARIS. CHARAVAY FRÈRES ÉDITEURS

4, Rue de Furstenberg

1883

# AVANT-PROPOS

# AVANT-PROPOS

Dans les fastes de la galanterie au xviiie siècle, on rencontre certaines grandes dames dont quelques côtés de la vie privée, sans être précisément *murés*, -- selon une expression prosaïque inventée à notre époque, — sont cependant protégés par une espèce de voile complaisant qui cache et découvre tour à tour à notre vue ces charmantes pécheresses que, pour cette raison, on ne connaîtra jamais tout entières. Elles se dérobent, elles fuient l'analyse.

On sait leur nom, leurs amours, leurs aventures, presque la date de leur défaite... On voudrait les interroger un instant, entendre leur voix, s'enivrer de leur regard, de leur sourire... Mais, au moment où l'on croit les saisir, elles disparaissent, elles fuient, non comme la Galatée de l'églogue pour être suivies sous les saules, mais pour échapper à notre vue, à nos vœux indiscrets.

C'est qu'il ne s'agit pas ici de bacchantes échevelées, de ces dévergondées de la Régence qui avaient bu toute honte et qui étalaient au grand jour leurs désordres dont elles tiraient profit et gloire ; mais de ces femmes dont le front sait encore rougir et qui enveloppent leur faute dans un demi-mystère, dans un reste de pudeur ; de ces femmes, en un mot, qui sont arrivées à faire le *Pèlerinage de Cythère* par degrés, pas à pas, par petites étapes, si l'on peut dire, sans trop savoir pourquoi, peut-être parce que c'était la mode...

Telle a été, à toutes les époques, l'histoire de beaucoup de filles d'Eve, animées d'un sentiment délicat, mais curieux et tendrement passionné ; et c'est peut-être aussi le cas de deux des femmes dont nous avons tâché de retracer les traits dans le présent volume, à l'aide de documents entièrement inédits.

Il s'agit de M^me d'Arty et de M^me de la Touche, sa sœur. La première était la maîtresse du prince de Conti, et régna une vingtaine d'années à la petite cour de l'Isle-Adam, où elle fut supplantée avec éclat par la comtesse de Boufflers. La seconde avait pour amant le duc de Kingston, un des plus nobles seigneurs d'Angleterre, où elle le suivit, ce qui donna lieu à une foule de brocards, de noëls et de ponts-neufs, dont voici un échantillon, sur l'air des *Pèlerins :*

> Quoi ! pour Latouche disparue
> Avec Kingston,
> Toute une famille éperdue
> Crie : au larron !

> D'où peut leur venir sur cela
> Tant de surprise :

> C'est une *fontaine* qui va
> Se perdre en la Tamise (1).

Les incidents qui ont précédé, accompagné et suivi le roman de M<sup>me</sup> d'Arty et celui de M<sup>me</sup> de la Touche sont deux histoires fécondes en surprises, en péripéties, et qu'on trouvera plus loin, pour la première fois, racontées avec détail. Par leur beauté, par leur esprit, par leurs qualités aimables, ces deux femmes ont brillé longtemps dans le monde des salons, dans la société choisie du xviii<sup>e</sup> siècle. Leur nom est souvent cité avec éloge dans les écrits et mémoires du temps; souvent aussi il s'est placé sous la plume d'écrivains modernes; mais aucun d'eux n'a pu compléter l'esquisse commencée; et il nous a été donné de l'achever, de lui appliquer le dernier coup de pinceau, en présentant sous leur vrai jour les deux charmantes étourdies qui, comme deux médaillons coquets, deux pastels vaporeux, figurent à merveille à côté du portrait plus grave de la troisième sœur, M<sup>me</sup> Dupin de Chenonceau, dont nous allons entretenir le lecteur.

Disons d'abord que ces trois sœurs, M<sup>me</sup> d'Arty, M<sup>me</sup> de la Touche et M<sup>me</sup> Dupin, formaient un groupe si harmonieux, si poétique, si adorable, que J.-J. Rousseau, qui avait vécu dans leur intimité, les appelait « les *trois Grâces* (2). »

(1) Pour saisir ce jeu de mots, il faut savoir que le nom de famille de M<sup>me</sup> de la Touche était *Fontaine*, comme nous l'expliquerons plus loin.

(2) *Confessions*, liv. VII. Voici ce qu'en a dit Jean-Jacques : « Elles

Elles avaient pour père le fameux financier Samuel Bernard, qui les avait eues de Marie-Anne-Armande Carton, fille du comédien Dancourt et femme de Jean-Louis-Guillaume Fontaine, commissaire et contrôleur de la Marine; et notez que c'est du vivant de ce dernier, en plein giron conjugal, que ces trois frais boutons de roses parasites étaient éclos. Le mari les acceptait volontiers, et allait lui-même à la paroisse les faire enregistrer sous son nom, sans que cela provoquât la moindre surprise, le moindre scandale, tant chacun avait besoin d'indulgence pour soi-même et se gardait de jeter la pierre au voisin, de peur de la recevoir à son tour dans son propre jardin. C'était un système de tolérance mutuelle dont la morale payait les frais (1).

étaient trois sœurs qu'on pouvait appeler les trois Grâces : M^me de la Touche, qui fit une escapade en Angleterre avec le duc de Kingston; M^me d'Arty, la maîtresse et bien plus l'amie, l'unique et sincère amie de M. le prince de Conti, femme adorable autant par la bonté de son charmant caractère, que par l'agrément de son esprit et par l'inaltérable gaîté de son humeur; enfin M^me Dupin, la plus belle des trois, et la seule à qui l'on n'ait point reproché d'écart dans sa conduite. »

(1) Voir dans *les Epicuriens et lettrés du* XVIII^e *siècle,* par M. Desnoiresterres, 1870; Charpentier, pp. 438 à 450, les actes authentiques de l'état civil de la famille Fontaine. Louise-Marie-Madeleine, qui devint M^me Dupin, née le 28 octobre 1706; Marie-Louise, qui épousa M. d'Arty, née le 25 août 1710; Françoise Thérèse, née le 12 mars 1712, mariée à M. de la Touche. Nous n'avons pas à nous occuper d'une quatrième fille, M^me de Barbançois, qui semble être née antérieurement aux relations de sa mère avec Samuel Bernard, et qui mourut jeune.

Mais revenons spécialement à M^me Dupin, à cette délicate et ingénieuse bienfaitrice de J.-J. Rousseau, qu'elle s'attacha, comme on sait, en qualité de secrétaire.

Malgré l'intimité dans laquelle elle a vécu avec les philosophes, les écrivains les plus illustres de son temps — Voltaire, Fontenelle, Mairan, l'abbé de Saint-Pierre, Marivaux, Bernis, etc., — malgré la juste célébrité qu'avait acquise son salon, ouvert à toutes les élégances, à toutes les distinctions de l'esprit et du cœur, M^me Dupin de Chenonceau est personnellement peu connue. C'est une de ces physionomies qu'on devine plus qu'on ne voit. Douce, décente, voilée, elle est restée comme enveloppée dans le mystère d'une demi-obscurité qui sied à sa modestie, mais qu'il convient d'éclairer enfin du vif éclat de la publicité. C'était une nature d'élite, une femme supérieure, qui a eu ses admirateurs enthousiastes et ses détracteurs passionnés; mais il nous a toujours paru qu'on s'était montré à son égard ou trop louangeur ou trop sévère, et que celui qui la mettrait à son point ferait à la fois un acte de bon goût et de justice.

Dans l'importante publication qu'il a faite sur la châtellenie de Chenonceau, royal domaine que M^me Dupin a longtemps habité et où elle est morte en 1799, M. l'abbé Chevalier a donné sur cette dernière des renseignements intéressants qui nous ont été utiles et dont nous le remercions sincèrement (1). M^me Sand l'avait pré-

(1) *Pièces historiques relatives à la Chastellenie de Chenonceau*, publiées pour la première fois d'après les originaux, par M. l'abbé Chevalier-Techner, 1864-1866, 5 vol. in-8° — *Histoire de Che-*

cédé dans cette voie en fournissant quelques traits imprévus touchant l'esprit et le caractère de notre gracieuse châtelaine, à laquelle, comme nous le rappelons au cours de notre récit, l'éloquent écrivain était attaché par les liens de la famille (1).

Quant à nous, nous avons puisé les principaux éléments de notre travail dans un dossier acheté dans une vente publique (2), dossier inédit, composé de vieux papiers où se trouvent, à côté de comptes, de notes, de correspondances d'intendants et de régisseurs, un assez grand nombre de lettres autographes que M^me Dupin a écrites, soit à son fils, soit au gouverneur de celui-ci, soit à d'autres personnes qui jouent un rôle plus ou moins accentué dans notre récit.

M^me Dupin, comme on le verra, ne se borne pas, dans cette correspondance, à se peindre elle-même à diverses époques et dans différentes situations de sa vie ; ses lettres, et d'autres qui y sont jointes, nous initient aux détails de cette existence demi-bourgeoise, demi-fastueuse du xviii^e siècle, de cette vie intérieure de famille et de château qui avait bien ses travers, ses misères, mais vers la-

---

*nonceau, ses artistes, ses fêtes, ses vicissitudes.* Par le même. Lyon, Louis Perrin. 1868. 1 vol. grand in-8°. Le prince Galitzin qui est marié avec une arrière-petite-nièce de M^me Dupin, fille de la marquise de la Roche-Aymon, a aussi publié chez Techner, en 1856, un livre intéressant sous ce titre : *Inventaire des meubles, bijoux et livres estant à Chenonceau, le 8 janvier 1603,* etc.

(1) Voyez *Histoire de ma vie.* Passim.

(2) Vente de M. Jacques Chavavay, libraire, du 15 février 1864.

quelle on est tenté, de temps à autre, de reporter ses vœux et ses regrets.

Telles sont, en premier lieu, les trois femmes que nous avons essayé de dégager des voiles qui les entouraient et que tant de biographes ont vainement cherché à soulever.

Nous devons d'autant plus croire avoir réussi dans notre tâche, que Mme George Sand, à qui la première partie de ce travail avait été communiquée, a bien voulu m'écrire que j'en savais plus qu'elle sur toute sa famille. « Je n'ai même pas, ajoutait-elle avec la plus charmante modestie, cette érudition-là. » Elle me disait encore, dans son indulgente bonté, que mon travail était remarquable, et que j'avais été fort bien avisé de rechercher et de mettre dans son jour Mme Dupin, figure charmante et sympathique; que tout ce qu'elle savait sur elle et ses sœurs se bornait absolument à ce qu'elle en avait dit dans l'*Histoire de ma vie*, et, qu'étant un jour à Chenonceau, où elle avait exprimé le désir de compulser les notes et manuscrits de Mme Dupin, on refusa de les lui laisser lire à loisir, sous le prétexte qu'elle était trop portée à voir dans ces écrits des idées subversives.

Mme Dupin avait, en effet, un esprit de progrès et d'émancipation fort avancé pour l'époque; son intelligence, comme on le verra, était largement ouverte aux idées grandes et généreuses qu'on a cherché, depuis, à mettre en pratique, sans toujours y réussir.

Nous avons cru devoir compléter cette première série de portraits par celui de Samuel Bernard, qui se trouvera naturellement à sa place à la suite des *Trois Grâces,* dont la paternité lui est attribuée. Cette évocation du célèbre financier se lie étroitement d'ailleurs aux amours de M^me de la Touche et du duc de Kingston, avec lequel Bernard se rencontrait souvent chez M^me Fontaine, à Passy, dont il avait acheté pour elle la seigneurie. Or, la fréquence de ces rencontres était connue du public, et de mauvais plaisants firent circuler sur les deux visiteurs les couplets qui suivent :

> L'amour sous son étendard
> Tient milord-duc et Bernard,
>     Voilà la ressemblance.
> L'un est jeune et vigoureux,
> L'autre est caduc et goutteux,
>     Voilà la différence.
>
> Tous deux, pour même raison,
> Fréquentent même maison,
>     Voilà la ressemblance.
> L'un s'y glisse en tapinois,
> Et l'autre en maître des toits,
>     Voilà la différence.
>
> Tous deux y font du fracas,
> Tous deux donnent des ducats,
>     Voilà la ressemblance.
> Milord donne un bien à lui,
> Et Bernard celui d'autrui,
>     Voilà la différence (1).

C'est, au surplus, une personnalité peu connue que

(1) Bibliothèque nationale, Manuscrits. *Recueil de chansons historiques*, t XIX, F. 31.

celle de Samuel Bernard. Beaucoup des traits du *Lucullus de son siècle,* comme on l'appelait, ont échappé à ses
biographes, et, par suite des données nouvelles que nous
avons recueillies, nous croyons être parvenu à saisir l'ensemble de cette figure originale et à la montrer sous son
véritable aspect.

D'un autre côté, nous avons tâché de mettre en relief,
aussi pour la première fois, une autre individualité féminine non moins intéressante que nos trois sœurs, sous
certains rapports, laquelle s'est également dérobée jusqu'ici aux regards curieux, et mérite cependant une place
choisie parmi les femmes dont s'honore le xviiiᵉ siècle.

Nous voulons parler de la fille adoptive du comte et
de la comtesse d'Argental, c'est-à-dire de Mᵐᵉ de Vimeux, de cette personne modeste et lettrée qui, secrétaire
intime de son bienfaiteur, fit partie de ce conseil littéraire
que Voltaire appelait son *Triumvirat*, et auquel il soumettait la plupart de ses compositions avant de les lancer dans le public.

Amie particulière de Florian, Mᵐᵉ de Vimeux faisait
aussi des vers, et ses avis étaient fort goûtés du patriarche
de Ferney, qui la remercia un jour « d'avoir bien voulu
raccommoder les langes de son dernier enfant ». Il s'agissait d'une tragédie de Voltaire, pour laquelle Mᵐᵉ de Vimeux avait indiqué quelques modifications, quelques
retouches à faire.

Grâce à des documents également inédits, qui répan-
dent sur la physionomie de Mᵐᵉ de Vimeux le plus piquant intérêt, nous croyons être aussi parvenu à la faire

connaître, à la présenter dans la vérité de son caractère
et de son esprit.

Il est une autre femme à l'égard de laquelle, faute de
données positives, les biographes se sont tus ou n'ont
fourni que quelques renseignements vagues, en expri-
mant le regret de n'en pas savoir davantage sur une individualité qui excite la curiosité des uns et la sympathie
des autres, car elle est à la fois attachante et excentrique,
connue et ignorée.

Nous avons nommé la fille de M^me Geoffrin, la marquise de la Ferté-Imbault, celle que le roi de Pologne
appelait sa *chère folle*, et qui était si peu semblable à sa
mère, sous le rapport des aspirations et des habitudes, que
cette dernière disait, dans son langage pittoresque :
« Quand je regarde ma fille, je suis étonnée comme une
poule qui a couvé un œuf de cane. »

C'était une grande dame, dans toute l'acception du mot,
que M^me de la Ferté-Imbault, qui, de simple bourgeoise,
comme on disait alors, était devenue, par son mariage,
l'alliée de l'illustre maison des d'Etampes. Son esprit original et sa beauté lui avaient valu cette distinction, en
retour de laquelle elle avait relevé, grâce à sa riche dot,
le blason dédoré de cette famille, qui fut obligée, comme
tant d'autres de l'époque et de tous les temps, d'humilier
son orgueil devant des rentes roturières.

En dehors des circonstances privées où l'esprit humoristique de la marquise aimait à se donner carrière, il en
est une d'un caractère public où sa singularité a spécialement pris couleur : c'est lorsqu'elle institua, de concert

avec ses amis de la noblesse, un nouvel ordre de chevalerie, celui des *Lanturelus*, dont elle fut successivement proclamée la *Grande Maîtresse*, puis la Reine, et qui avait pour but de ridiculiser les philosophes qu'elle détestait autant que sa mère avait de bontés pour eux.

A partir de cette époque, sa vie devint une espèce de combat, à armes plus ou moins courtoises, dirigé contre le camp opposé, celui des *Lampons,* qui ripostait par des chansons, par des épigrammes que nous avons recueillies, indépendamment des faits nouveaux qu'il nous a été donné de relever dans une correspondance inédite de la marquise qu'on a bien voulu nous communiquer.

De telle sorte que M^{me} de la Ferté-Imbault, parfaitement connue désormais, prendra rang parmi les physionomies les plus piquantes de son temps, à côté de sa mère, avec laquelle elle formera un saisissant contraste.

> Qui veut avoir trait pour trait
> De dame Imbault le portrait?
> Elle est brune, elle est bien faite,
> Et plaît sans être coquette.
> Lampons, camarades, lampons.
>
> Quel philosophe aimez-vous?
> Elle les possède tous :
> Locke, Aristote, Malbranche (1),
> Elle les a dans sa manche.
> Lampons, etc.

(1) Tout en se moquant des philosophes du moment, la marquise faisait son étude favorite de ceux des siècles précédents, surtout de Montaigne, dont elle se qualifiait *l'amie intime.*

Elle travaille, dit-on,
Sur le vide de Newton,
Avec d'autant plus de zèle
Qu'elle l'a dans la cervelle.
Lampons, etc.

En définitive, nous avons tâché de réunir dans le présent volume des éléments variés d'intérêt et d'études, et nous espérons que le moraliste, le lettré et le curieux nous sauront également gré, sinon du mérite de notre travail, du moins de la conscience de nos recherches.

# MADAME DUPIN

# DE CHENONCEAU

# MADAME DUPIN

## DE CHENONCEAU

## I

Nous passerons rapidement sur les premières années de M<sup>me</sup> Dupin, qui, née le 27 octobre 1706, fut baptisée, nous l'avons dit, sous les noms de Louise-Marie-Madeleine.

Son enfance s'écoula, riante et caressée, dans ce cercle de hochets, d'amusements et de pompons si pittoresquement décrit par MM. de Goncourt dans *la Femme au dix-huitième siècle*. Elle fut élevée ensuite selon le mode d'éducation qui florissait alors dans toutes les maisons opulentes. Rien ne lui manqua : maître de dessin, maître d'italien et de clavecin, maître de français et de géographie, maître d'armes et de mathématiques même, Dieu me pardonne! Quant au maître à danser et au maître à marcher — qui étaient alors comme la pierre angulaire de toute éducation bien comprise — ils *figurèrent* en première ligne dans le programme, soit dit sans jeu de mots. « Allez donc en mesure, mademoiselle!... Soutenez... Allez donc!... Tournez... Trop tard... Les bras morts... La tête droite... Tournez donc, Mademoiselle!... La tête un peu plus soutenue... Coulez le pas... Plus de hardiesse dans le regard (1)! »

La jeune Louise apprit ainsi le fin des choses, c'est-à-dire le bel air, les élégantes manières; elle s'y façonna vite et devint bientôt une enfant accomplie, une enfant à « croquer et tout au parfait », pour nous servir d'une expression du temps. Quelques années encore et elle sera cette femme adorable dont Jean-Jacques Rousseau deviendra amoureux. Pour le moment, c'est une jeune personne charmante, souriante et jolie au possible; mais ce qu'elle a de préférable à la beauté, c'est l'esprit, la grâce, le tact exquis, l'exacte convenance. Douée d'une saine raison, elle a en outre un bon cœur qu'elle peut mettre au service d'une bonne tête, et ce dernier avantage domine même chez elle tous les autres dons. Plus tard elle nous rappellera en certains moments la « *solidité* » (2) de

(1) *La Femme au dix-huitième siècle,* par MM. de Goncourt. Didot, 1882. 1 vol. in-8º, p. 4 et suiv.

(2) On sait que Louis XIV demandait l'avis de Mme de Maintenon

deux autres femmes célèbres, M^mes de Maintenon et
Campan. Elle nous paraît appartenir à la même famille, avec la roideur en moins et l'amabilité en plus.
On remarque entre elles le même esprit d'ordre, les
mêmes vues nettes et pratiques; et, sans contredit, M^me Dupin aurait fait aussi une excellente mère
adoptive de l'enfance, une ingénieuse institutrice, emploi vers lequel l'eussent peut-être poussée ses secrètes
inclinations, si le milieu où elle vivait n'avait pas suffi
à l'activité de son intelligence et aux affections de
son cœur.

Louise croissait donc en âge et en talent, et déjà
un essaim de prétendants l'entourait d'hommages;
mais rien ne pressait, et, bien que le mariage ne fût
pas alors, surtout dans les hauts rangs de la société,
une chaîne lourde à porter, M^me de Fontaine voulait
attendre et différait de fixer l'avenir de sa fille. Sur ces
entrefaites, sa sœur aînée, M^me de Barbançois, étant
atteinte d'une maladie de poitrine, se rendit aux eaux
de Bourbon-l'Archambault. Elle partit, sans se douter que ce voyage allait amener le mariage de la jeune
Louise, restée à Paris. C'est pourtant ce qui eut lieu.
Ce mariage en fut la suite, et les préliminaires s'en
produisirent dans des conditions si imprévues, si sin-

en lui disant : « Qu'en pense Votre Solidité? » et que Napoléon I^er
rendit un hommage public à la fermeté d'esprit de M^me Campan.

gulières, qu'ils méritent d'être racontés avec quelques détails. C'est un écrivain de cette date qui se chargera de ce soin.

Dupin, originaire de Châteauroux, en Berri, rapporte Dangerville, prit la charge de receveur des tailles, dont son père était pourvu, et l'exerça jusqu'à l'heureuse époque de son mariage avec la fille de la Fontaine et de Samuel Bernard. Ce mariage a été fait, comme l'on sait, de la façon la plus extraordinaire, et par un pur effet du hasard qui préside au bonheur de sa destinée. M^{lle} de Barbançois, fille de la dame Fontaine, après avoir pris les eaux de Bourbon-les-Bains pour une maladie de langueur, passa, en revenant à Paris, par la ville de Châteauroux, et se trouva fort incommodée à l'hôtel de Sainte-Catherine, où elle était descendue. Dupin, qui est naturellement fort poli, ayant appris son accident, sans la connaître et sans l'avoir jamais vue, fut lui offrir un appartement chez lui. Cette dame fit beaucoup de difficultés d'accepter ses offres ; mais il les réitéra de si bonne grâce et fit tant d'instances, qu'elle vint s'établir avec toute sa suite dans sa maison, qui était la plus commode de toute la ville. Il poussa la galanterie encore plus loin. Cette dame se trouvant rétablie par ses bons soins, et sans qu'il eût voulu consentir qu'elle déboursât un sol pour toute sa dépense, il se chargea de la reconduire à Paris... La dame Fontaine trouva, comme sa fille, le procédé si rare, que, ne cessant de s'en louer, le fameux Samuel Bernard voulut absolument voir Dupin. Il trouva que l'esprit répondait au dehors... Il s'informa exactement quelle pouvait être sa situation. Dupin lui dit qu'il était veuf. Il lui offrit en mariage la seconde fille de la dame Fontaine, avec les deux charges de receveur général des finances des trois évêchés. La demoiselle était belle et jeune, les propositions furent acceptées. Dupin, par son mariage, fixa son domicile à Paris. Quelque temps après, les fermes générales étaient affichées. Bernard, par son crédit, obtint du ministre, qui était M. Le Pelletier-Desforts, une des dix places pour Dupin, qui fut fait fermier général le 1ᵉʳ octobre 1726. Il lui fit tous ses fonds (1).

Il paraît difficile d'admettre que M. Dupin ignorât absolument le nom et la qualité de la jeune personne à qui s'adressaient ses empressements et ses soins. Les financiers sont gens clairvoyants et habiles et n'ont pas l'habitude de placer leurs capitaux *à fonds perdu*.

Quoi qu'il en soit, voilà le modeste receveur des tailles de l'élection de Châteauroux en passe de devenir un personnage. Au lieu de végéter hiérarchiquement dans les petits emplois de province, il est arrivé de plein saut au sommet de l'administration ; et, à la place de la société mélancolique de Mᵐᵉ l'élue et de Mᵐᵉ la présidente, de M. le bailli et de M. l'intendant, il sera admis désormais dans les salons les plus brillants, dans les compagnies les plus renommées de la capitale. Il aura ses grandes et petites entrées chez les ministres ; les courtisans et les grands seigneurs

(1) *Vie privée de Louis XV*, t. I, p. 288.

le rechercheront, auront recours à ses conseils, à sa bourse, le traiteront d'égal à égal. Ce n'est pas tout : bientôt il sera anobli lui-même, comme tous les fermiers généraux ses confrères, par l'achat d'une charge de secrétaire du roi (1).

C'était donc un beau rêve que faisait tout éveillé le financier Dupin, un rêve à enivrer l'esprit et le cœur, un rêve des *Mille et une Nuits*.

D'après nos supputations, son mariage eut lieu vers l'année 1722 (2); Louise était alors dans sa seizième année, et lui, né en 1684, avait plus du double de cet âge. Il était veuf (3) et avait de son premier mariage, un fils, Dupin de Francueil, dont nous aurons à reparler. C'est cet homme aimable et spirituel, l'ami et le confident de Jean-Jacques Rousseau, ce Francueil si brillant dont les amours avec M^me d'Epinay ont

---

(1) Les secrétaires du roi étaient des officiers de la grande chancellerie qui avaient le droit d'expédier et de signer les lettres et autres actes royaux, et d'assister au Sceau. Dans le principe, il n'y en avait que soixante, nombre qui fut doublé, puis triplé en 1724 et 1743. Le prix de ces charges était de cent cinquante mille livres.

(2) Dans un mémoire manuscrit rédigé en 1770, c'est-à-dire un an après la mort de son mari, M^me Dupin dit qu'elle a passé « quarante-cinq ans » avec lui. Elle soutenait alors un procès contre Francueil, son beau-fils.

(3) M. Dupin avait épousé, en 1714, Marie-Jeanne Bouilhat, fille unique de feu François Bouilhat, conseiller du roi, et de dame Françoise de Sainte-Marie.

fait tant de bruit, et qui, marié en secondes noces à Aurore de Saxe, fille naturelle du maréchal de ce nom et de M^{lle} Verrières, de l'Opéra, devint le grand-père de George Sand.

## II

M. Dupin avait donc contre lui, outre l'âge et la paternité, le préjugé qui s'attache souvent à un second mariage. Mais il était digne d'être aimé, et Louise avait pour lui un attachement presque égal à sa reconnaissance. Au surplus, par son intelligence et son instruction, il était au-dessus du niveau ordinaire. Nous voyons par son acte de décès, que nous donnerons en son lieu, qu'il avait été capitaine d'infanterie au régiment de Noailles. Il quitta le service à la suite de quelques désagréments occasionnés par une scène de tapage, et Dangerville nous apprend que, versé dans les mathématiques, il était « assez bon géomètre ».

Nous ajouterons qu'il était économiste distingué. Quand parut le livre de l'*Esprit des lois,* de Montesquieu, il entreprit d'y répondre et même d'en réfuter certaines parties qui concernent la finance, dont il voulait se faire le champion à l'encontre de l'illustre président. La tâche était lourde et la prétention un peu forte. Cependant il y mit assez d'habileté et de talent pour donner de l'ombrage à Montesquieu, qui sollicita et obtint de M^me^ de Pompadour la suppression du livre de son adversaire. A la vérité, on prétendit que M^me^ Dupin avait aidé son mari dans ce travail, qu'elle en avait écrit la préface; et peut-être est-il juste de lui appliquer le mot piquant de Boileau, qui, attribuant à M^me^ Dacier une supériorité réelle sur son mari, disait que, dans les productions d'esprit faites en commun entre les deux époux, M^me^ Dacier *était le père*.

Il n'est pas hors de propos de rappeler ce qu'étaient les fermiers généraux. On nommait ainsi, sous l'ancien régime, les individus qui tenaient à ferme ou à bail les revenus publics, composés alors de la gabelle (impôt sur le sel), de l'impôt des tabacs, des octrois, etc. Les fermiers généraux formaient une association privilégiée qui compta longtemps quarante membres et qui fut portée à soixante (1). Beaucoup s'enrichirent trop rapidement, et, de même que Sully et Colbert l'avaient fait en leur temps, on institua, peu après la mort de Louis XIV, une chambre de justice pour rechercher ceux qui avaient commis des prévarications, et leur faire rendre gorge. Un grand nombre de manieurs d'argent, connus déjà sous le

---

(1) Dans *la Vision de Babouc*, Voltaire a dit : « Il y a dans Persépolis quarante rois plébéiens qui tiennent à bail l'empire de Perse et qui en rendent quelque chose au monarque. »

nom générique de *gens d'affaires,* furent compris dans cette mesure, qui produisit une somme totale de 160 millions ; mais il n'entra au trésor qu'une très faible partie de cet argent, par suite de la vénalité de la plupart des membres de la chambre de justice, qui abaissaient la taxe en faveur des traitants assez riches pour les corrompre à prix d'or. On raconte qu'un homme de finance, taxé à 1,200,000 livres, répondit à un seigneur qui lui offrait de l'en faire dégrever moyennant 300,000 livres : « Ma foi, monsieur le comte, vous venez trop tard. J'ai fait mon marché avec M^me la comtesse pour 150,000 livres (1). »

Pour en revenir spécialement aux fermiers généraux, nous ajouterons, en terminant, que leur nomination dépendait du ministre des finances, qui recevait souvent du postulant préféré un pot-de-vin considérable. Les femmes s'en mêlaient aussi, et nous lisons ce qui suit dans le journal de l'avocat Barbier (avril 1749) :

« ..... Le bail général des fermiers doit se renouveler au mois d'octobre prochain. Il est étonnant, le nombre de gens qui font des fonds comme ils peuvent, et qui remuent toutes les protections de la cour,

(1) Dans son *Histoire de France du* XVIII^e *siècle,* Lacretelle fournit de curieux détails sur ces faits, et Dangerville a donné la liste nominative des « taxés », petits et grands, qui sont au nombre de sept cent trente.

à commencer par la rein' ... jusqu'aux seigneurs et dames, pour entrer dans ... sous-fermes, que l'on regarde comme une voie sûre pour faire fortune, et qui
sont aussi une voie ouverte aux femmes de cour pour
vendre un peu leur protection. »

Bref, la plupart des fermiers généraux menaient
une vie fastueuse et dissolue, qui semblait insulter à
la misère publique. Il s'ensuivit une foule d'abus et
de scandales auxquels l'Assemblée constituante mit
un terme en supprimant l'institution.

On l'a vu : M. Dupin n'a eu besoin de recourir à
aucune protection étrangère, à aucun *ressort féminin,* pour obtenir l'emploi dont il est pourvu. Il y est
arrivé d'emblée, grâce à Samuel Bernard, qui, dans
cette circonstance, ainsi que dans beaucoup d'autres,
avait pu prononcer le fameux : « Moi, dis-je, et c'est
assez ! » tant l'argent à cette époque, comme toujours
du reste, avait de puissance irrésistible et de fascination. On sait que les enfants de Samuel Bernard se
sont alliés aux Mirepoix, aux Lamoignon, aux Molé,
aux Cossé-Brissac. Son sang s'est mêlé à celui des
plus nobles familles.

Nous ne nous arrêterons pas à cette historiette racontée par Dangerville, suivant laquelle, peu de temps
après son mariage, et se trouvant chez sa mère à
Passy, M^me Dupin aurait soustrait furtivement, d'un
pot-à-l'eau d'argent où elle était déposée, une obliga-

tion de 500,000 livres ҫsouscrite par son mari en faveur de Samuel Bern.. Une inculpation à peu
près semblable a été ..ïgée, il nous en souvient,
contre M^me d'Epinay, qui avait dérobé, disait-on.
chez sa belle-sœur mourante, des papiers
vaient profiter aux intérêts de M. d'Epin.. ..on
mari. Il est inutile d'ajouter que ces deux accu..tions,
nées de commérages, de coteries oisives et er.vieuses,
n'étaient pas plus fondées l'une que l'autre; et nous
en parlons seulement parce que M. Nicolardot n'a
pas manqué de s'emparer du premier de ces faits et de
le présenter au public avec acrimonie (1).

M. et M^me Dupin s'étaient installés à Paris, rue
Plâtrière, où nous verrons arriver J.-J. Rousseau, qui
habitera tout auprès, rue Verdelet. Dès ce moment,
M^me Dupin commença à élever le savant et ingénieux
édifice de ce que nous appellerons sa grandeur; c'est
dire qu'elle préludait à ces triomphes de salon, à cette
royauté douce et souriante dont le pouvoir est d'autant mieux obéi qu'il s'impose par l'esprit et la grâce.

Bientôt elle ouvrit sa maison à l'élite des gens de
lettres et des savants, dont les deux patriarches furent
Fontenelle et l'abbé de Saint-Pierre, qu'elle appelait son *enfant gâté* (2). Buffon, Voltaire, Marivaux,

(1) *Ménage et finances de Voltaire*, p. CLXV.
(2) Musset-Pathay, *Contes historiques*, p. 320. J.-J. Rousseau,
*Confessions*, liv. IX.

Bernis, Mairan, l'abbé Sallier, de Fourmont étaient aussi de son cercle et de ses dîners. L'élément féminin n'y manqua pas non plus. Il était représenté par la princesse de Rohan, la comtesse de Forcalquier, madame de Mirepoix, madame de Brignolé, milady Hervey.

« Elle aimait à voir, raconte J.-J. Rousseau, tous les gens qui jetaient de l'éclat : les grands, les gens de lettres, les belles femmes. On ne voyait chez elle que ducs, ambassadeurs, cordons bleus (1). »

Tant pis! Trop de seigneurs! dirons-nous. Et c'est très certainement cette dose peu modérée de haute aristocratie qui a amoindri la réputation du cercle de M^{me} Dupin au point de vue littéraire. « Monseigneur entre, et la liberté sort, » a dit avec autant de raison que de finesse notre immortel chansonnier, qui savait combien les gens à blason, trop souvent gourmés, guindés, infatués de leurs titres, jettent de froid dans la conversation, en paralysent l'élan, gênent l'essor de la pensée. Et qu'on ne s'y trompe pas : quand Malezieu appelle le cercle de la duchesse du Maine les *galères du bel esprit,* il fait allusion plus encore à la contrainte imposée par la présence des altesses et des nobles fils des croisés dont la cour de Sceaux était émaillée, qu'à la nécessité où l'on était de de-

(1) *Confessions,* liv. VII.

mander sans cesse à son imagination des ressources et inventions nouvelles.

M^me Dupin était roturière, et elle devait s'en tenir à la roture, à de rares exceptions près. Prise même dans ces termes, la société des salons les plus célèbres du xviiiᵉ siècle, si l'on en juge par le témoignage de Marmontel et de M^me de Staël, renfermait parfois des germes nuisibles au libre épanchement, à cette spontanéité de confiance et d'abandon qui doit être comme l'âme et le charme de ces réunions privées.

« On y arrivait préparé à jouer un rôle, rapporte Marmontel en parlant du cercle de M^me de Tencin ; l'envie d'entrer en scène n'y laissait pas toujours à la conversation la liberté de suivre son cours facile et naturel. C'était à qui saisirait le plus vite, et comme à la volée, le moment de placer son mot, son conte, son anecdote, sa maxime, ou son trait léger et piquant ; et, pour amener l'à-propos, on le tirait parfois d'un peu loin. Dans Marivaux, l'impatience de faire preuve de finesse et de sagacité perçait visiblement. Montesquieu, avec plus de calme, attendait que la balle vînt à lui ; mais il l'attendait. Mairan guettait l'occasion. Astruc ne daignait pas l'attendre. Fontenelle seul la laissait venir sans la chercher ; et il usait si sobrement de l'attention qu'on donnait à l'entendre, que ses mots fins, ses jolis contes n'occupaient jamais qu'un moment. Helvétius, attentif et discret, recueillait pour semer un jour. » (*Mémoires,* liv. IV.)

Il est évident que Marmontel a voulu se moquer quelque peu de la brillante faculté d'improvisation attribuée par l'opinion à certains de ses confrères. Mais Marmontel avait l'humeur caustique et légèrement envieuse, ce qui ne l'empêchait pas de se montrer souple courtisan chez les Bourdet et les La Poupelinière, qu'il avait l'intrépidité de comparer à Alexandre le Grand. D'ailleurs, ne lui a-t-on pas reproché à lui-même d'être *long, lent, lourd* dans la conversation ? En définitive, où serait le mal si, sans qu'il y parût, on se fût préparé pour la causerie du salon, si l'on y arrivait armé de toutes pièces, et si même, à l'exemple de M<sup>me</sup> Necker, on eût écrit sur ses tablettes des impromptus faits à loisir ? On ne demande pas au plaisir d'où il vient ni à l'esprit son certificat d'origine, et tout le monde n'est pas organisé de façon à trouver au moment précis le mot, le trait, les choses piquantes ou nouvelles.

Il fallait, pour défrayer ces entretiens de salon, beaucoup d'esprit argent comptant, un peu de malice quand on le pouvait, et de l'amabilité toujours. C'est pourquoi Voltaire brillait dans ce genre d'escrime, moins que Piron cependant, dont il redoutait les rencontres, les saillies, au dire de Grimm, tandis que

J.-J. Rousseau s'y montrait fort embarrassé. Mais il avait cela de commun avec d'autres excellents esprits, avec le savant Nicole, par exemple, qui disait de Tréville, homme spirituel et parlant bien :

« Il me bat dans la chambre, mais il n'est pas au bas de l'escalier que je l'ai foudroyé. »

Quant à La Fontaine, on sait qu'il avait un ami, nommé Gaches, qui était chargé de répondre pour lui ; et, quand cet ami était absent et que le bonhomme se trouvait poussé à bout par quelque interlocuteur incommode :

« Ah ! s'écriait-il en soupirant, si Gaches était ici, comme il vous répondrait! »

Il faut en prendre son parti philosophiquement, à la confusion de notre pauvre espèce humaine : les plus beaux esprits ne sont pas tous aptes à montrer leurs richesses à volonté, à nous éblouir, à nous donner des feux d'artifice à heure fixe ; et cet intrus eut tort qui, venu un jour pour entendre des hommes de lettres renommés pour leurs bons mots et s'apprêtant à en rire, s'écria impatienté de leur silence :

« Quand commenceront-ils ? »

A la vérité, l'un d'eux lui répondit :

« Mon ami, les gens d'esprit ne sont pas faits pour faire rire les sots, mais bien pour en rire. »

Et c'est là un bon mot que le quidam ne mit probablement pas sur ses tablettes.

Beaucoup des habitués des salons prenaient donc leur moment, leur heure pour fournir leur contingent à la conversation; et, en attendant, il fallait que la maîtresse de maison y suppléât, qu'elle remontât le ton, qu'elle fît valoir tout son monde, en venant adroitement au secours du conteur qui s'égarait, du silencieux qui s'engourdissait; et c'est à quoi M^{me} Dupin s'entendait à merveille.

Outre qu'elle était très bonne musicienne, elle parlait et écrivait l'italien avec une rare pureté; de plus, elle chantait avec sentiment et s'accompagnait à ravir sur le clavecin. La composition musicale lui était même familière, et il ne tint pas à Voltaire qu'elle ne fît la musique d'un de ses opéras, de concert avec Francueil et Jélyotte.

« ...J'espérais plus de l'opéra de *Prométhée,* mande Voltaire dans une de ses lettres à Cideville (8 mai 1744', parce que je l'ai fait pour moi. J'avais, il y a quelque temps, confié *Prométhée* à M^{me} Dupin, qui voulait s'en amuser et l'orner de quelques croches, avec M. de Francueil et Jélyotte. Je crois qu'elle ne me saura pas mauvais gré si M. de Richelieu y fait travailler Royer ; c'est un arrangement que je n'ai ni pu ni dû empêcher. Je vous supplie d'en dire un petit mot à la déesse de la beauté et de la musique, avec votre sagesse ordinaire. »

Voilà M^{me} Dupin passée deux fois à l'état de déesse

par un homme qui se connaissait en fait d'habitants
de l'Olympe, mais qui, nous l'avouerons, ne savait
ni flatter ni dénigrer à demi. Nous ne prendrons donc
pas précisément M^{me} Dupin pour une déesse, mais
nous dirons cependant qu'elle avait dans sa démarche
noble et décente, dans l'ensemble harmonieux et suave
de sa personne quelque chose de l'*incessu patuit dea*
du poète. C'est pour cela qu'elle avait pour elle tous
les hommes, et pour cela aussi qu'elle avait contre
elle beaucoup de femmes.


## III


Jeune, brillante, fêtée par tout ce qu'il y avait de
grand et de spirituel dans la société parisienne, M^{me} Dupin était, en outre, bénie par les malheureux. Son
cœur et son esprit pouvaient s'épanouir également à
l'aise au milieu des hommages qu'elle recevait sur son
passage et des témoignages de reconnaissance que lui
attiraient ses bienfaits. C'était une vie toute d'ivresse
et d'enchantement pour cette nature tendre et expansive, moins faite peut-être encore pour les succès et
les bruyants plaisirs du monde que pour le bonheur
domestique, les joies intimes du foyer.

Toutefois elle aimait cette existence à la fois large
et raffinée que la fortune faisait alors à ses favoris,

bien plus que de nos jours, où l'enrichi de la veille lésine sans vergogne ou gaspille sans goût, sans grandeur, sans poésie. Elle se laissait enlacer par cette chaîne fleurie de jeux et de fêtes qui se déroulait splendidement autour d'elle, mais il lui semblait que deux petits bras vivants l'enlaceraient plus délicieusement encore, et la retiendraient mieux sous leur étreinte molle et attendrie. C'est dire que quelque chose manquait à son bonheur. Près de six ans s'étaient écoulés, en effet, depuis son mariage, et elle n'avait pu donner encore à son mari un gage de leur mutuel amour. Enfin elle sentit les premiers symptômes de la maternité, et rien ne peut exprimer la joie qui inonda son cœur. Dans les premiers mois de l'année 1730 (1), elle donna le jour à un fils qui reçut le nom de Jacques-Armand, plus tard celui de Chenonceau, et qui devait mettre sa famille à de pénibles épreuves.

Toutes les facultés aimantes de M$^{me}$ Dupin s'absorbèrent dans cet enfant; toutes ses sollicitudes, toutes ses tendresses se portèrent avec ardeur, avec fièvre sur cette tête blonde au frais et doux visage. Que ce monde si brillant allait paraître froid et décoloré dé-

---

(1) Nous avons eu en portefeuille un mémoire autographe rédigé par le jeune de Chenonceau quand, à la suite de circonstances que nous aurons à retracer, il voulut être reçu bourgeois d'Amsterdam, et dans lequel il dit être âgé de trente-deux ans. Or ce mémoire a été écrit en 1762.

sormais aux yeux de la jeune mère ! Et cependant le mouvement était donné, le pli était pris, son salon avait conquis un rang distingué dans les habitudes, dans les nécessités de la société élégante, et l'on continuait d'y aller et elle d'y recevoir avec urbanité, avec cette grâce d'autrefois. Elle y paraissait même plus belle encore, plus souriante, plus heureuse. Elle était comme transfigurée : la maternité avait doublé ses charmes.

Les premières années du jeune Armand se passèrent dans la société des femmes, chargées généralement en ce temps-là de l'éducation morale des enfants riches, et auxquelles cette éducation appartient de droit, selon Jean-Jacques, qui ajoute que « si Dieu avait voulu qu'elle appartînt aux hommes, il leur eût donné du lait pour nourrir les enfants ». Armand fut donc confié tout d'abord à la surveillance des femmes, et c'est au sortir de leurs mains, c'est-à-dire vers l'âge de six ou sept ans, qu'il fut remis aux soins du naturaliste Dalibard, l'auteur de *Flora parisiensis*, homme sage et instruit, que M<sup>me</sup> Dupin attacha à son fils en qualité de gouverneur (1).

(1) Dalibard (Th.-Fr.), né en 1703, mort en 1779. Ami de Buffon et le premier en France qui adopta les principes de Linné. On lui doit une traduction de l'*Histoire des Incas*, 2 vol. in-8°, plusieurs ouvrages sur l'électricité, sur la variation et la pesanteur des corps, etc. Sa femme s'occupait de littérature. On a d'elle *le Por-*

Nous arrivons à un moment où M<sup>me</sup> Dupin va commencer à prendre la parole, à se révéler personnellement à nos yeux au double point de vue de la famille et de la société, c'est-à-dire comme femme du monde, épouse et mère. Mais d'abord il est nécessaire d'entrer dans quelques détails relativement au château de Chenonceau, d'où seront datées ses premières lettres et où s'écoulera une grande partie de son existence.

Le château de Chenonceau a été bâti au commencement du xvi<sup>e</sup> siècle, au milieu de la charmante rivière du Cher, et sur l'emplacement d'un moulin, par Thomas Bohier, chambellan de Charles VIII, puis général des finances de Normandie, et plus tard lieutenant général de François I<sup>er</sup> pendant la campagne d'Italie. On peut même dire que ce château est moins l'œuvre de Thomas Bohier que celle de sa femme, Catherine Briçonnet, qui, en son absence, le fit édifier, en surveilla la construction. Du reste, Thomas Bohier avait « rêvé d'y vivre, et il ne lui fut pas même donné d'y mourir ». Il mourut à Vigelli, dans le Milanais, et trois ans après sa femme le suivit dans la tombe.

Comme tous les châteaux plusieurs fois centenaires, Chenonceau a son histoire ; mais, « à la différence

tefeuille rendu, ou *Lettres historiques*, 1749, in-12 ; *les Caprices du sort*, 1750, in-12 ; *Recueil de poésies*, 1751, in-12, etc., etc.

de tant d'autres châteaux du Blaisois et de la Touraine, dit M. Jules Loiseleur, auteur des *Résidences royales de la Loire* (1), Chenonceau n'éveille que des idées riantes et agréables. Chambord a la calme gravité d'un monastère; Amboise est une prison; Blois porte à la face sa tache de sang. Tous les autres asiles de la royauté des Valois, tous les châteaux de leurs courtisans, groupés en si grand nombre sur les rives du Cher, de la Vienne et de la Loire (Loches, Chinon, le Plessis-les-Tours, Luynes, Saumur, Brissac), tous parlent de trahisons, de perfidies, de vengeances, de conspirations, de toutes les mauvaises tendances de la nature humaine. Seul, Chenonceau ne rappelle que des souvenirs de jeunesse, d'élégance, de poésie et d'amour. »

Le fils de Thomas Bohier céda, ou mieux fut contraint de céder Chenonceau à François Ier moyennant 90,000 livres, prix de l'estimation; et, après la mort de ce roi, Diane de Poitiers vint habiter le château (2). Catherine de Médicis le posséda ensuite

(1) Paris, Dentu. 1863. In-18, p. 295.

(2) Craignant d'être dépossédée tôt ou tard par le Trésor public de la terre de Chenonceau dont le roi lui avait fait don, Diane de Poitiers eut recours à une manœuvre habile pour effacer la tache domaniale de cette propriété; elle la fit mettre en adjudication et l'acheta 50,000 livres. Par ce moyen, elle se prémunit contre toutes revendications et réclamations futures. *Le Château de Chenonceau*. Notice historique, par Monseigneur Chevalier. Tours,

pendant trente ans, et elle y donna à Henri III et à sa cour un festin qui ressemble beaucoup à un banquet orgiaque. M^me de Sauve, à demi nue, était la maîtresse d'hôtel de ce gala, moitié pantagruélique, moitié païen, qui coûta près d'un million de notre monnaie. En mourant, Catherine légua Chenonceau à Louise de Vaudemont, veuve de Henri III, qui alla y pleurer jusqu'à la fin de sa vie la mort d'un époux si peu digne d'elle.

Enfin, continue M. Loiseleur, les plus douces, les plus charmantes figures du xvi^e et du xvii^e siècle, Diane de Poitiers, Marie Stuart, Gabrielle, Françoise de Mercœur, sont venues successivement animer cette riante nature et mirer dans ces belles eaux leurs frais visages. Catherine de Médicis, en passant dans ces beaux lieux, y déposa un peu de sa froide et hautaine gravité;... la veuve de Henri III, qui les traverse dans ses longs habits de deuil, leur prête un charme de plus, la mélancolie; et quand J.-J. Rousseau, à la fin, y fait entendre cette voix qui va rassembler les tempêtes, ce n'est ni de philosophie, ni de contrat social, ni des droits de l'homme qu'il y parle : c'est encore d'amour et de poésie. »

Nous verrons bientôt, en effet, Rousseau au nom-

Paul Bousrez. 1882, 5^e édition. M. l'abbé Chevalier est aujourd'hui clerc national du Sacré-Collège pour la France, et camérier secret de Sa Sainteté.

bre des hôtes de Chenonceau, qui ne devra pas au philosophe son moindre lustre. Après avoir appartenu à la maison de Vendôme, ce domaine passa successivement aux mains de la princesse douairière de Condé, qui le céda, deux ans après (1720), à son petit-fils le duc de Bourbon, chef du conseil de régence, puis premier ministre de Louis XV ; et, en 1733, pendant son exil à Chantilly, le duc vendit Chenonceau à M. et M^{me} Dupin, moyennant 130,000 livres, y compris le fief de Civray. C'est alors que le jeune Armand prit le nom de Chenonceau, de même que Francueil avait pris le sien d'une autre terre voisine.

A la mort de M^{me} Dupin (1799), Chenonceau fut transmis par héritage à M. René de Villeneuve, fils du Trésorier général de la ville de Paris, qui avait épousé la fille que Francueil avait eue de son premier mariage ; et le château est resté dans cette famille jusqu'en 1864. A cette époque, il fut vendu, pour le prix de 850,000 francs, à M^{me} Marguerite Pelouze, sœur de M. Daniel Wilson, député d'Indre-et-Loire, gendre du Président de la République.

Comme je ne saurais trouver de meilleurs termes que ceux employés par M^{gr} Chevalier pour dire quelle est la destinée nouvelle que cette antique demeure doit à M^{me} Pelouze, nous n'avons qu'à reproduire textuellement ici le langage de l'ingénieux et érudit historiographe.

« Le vieux château de Catherine Briçonnet, dit-il,
« de Diane de Poitiers, de Catherine de Médicis, a
« eu la bonne fortune de retomber entre les mains
« d'une femme de goût, qui l'aime avec passion, qui
« le choie comme un enfant chéri, et qui compte lui
« refaire une troisième jeunesse. Par une loi de sa
« destinée, c'est à l'influence d'une femme qu'il devra
« ce regain de vie et d'honneur. Secondée par son
« frère, M. Daniel Wilson, et par un habile archi-
« tecte, M. Roguet, M^{me} Pelouze veut rendre à cette
« demeure historique la physionomie de ses premières
« années ; les travaux qui viennent d'être exécutés font
« augurer la restauration la plus complète et la plus
« intelligente de ce chef-d'œuvre de la Renaissance, et
« Chenonceau voit revivre avec un nouvel éclat les
« plus nobles traditions de son glorieux passé (1). »

Tout ce que M^{gr} Chevalier nous promettait, en
1869, sous forme de prévision, est réalisé aujour-
d'hui. Le château de Chenonceau est restauré d'une
façon aussi grandiose que poétique ; de telle sorte que
si ses premiers possesseurs sortaient de leur tombe,
ils le retrouveraient dans toute sa splendeur primitive,

---

(1) *Le Château de Chenonceau*, notice historique, par l'abbé
Chevalier. Tours, 1869 ; in-8°, p. 78. — Voir aussi la *Notice* de
M. Daniel Wilson, sur *les tentures en toile peinte* de Chenonceau,
insérée dans les Annales de la Société d'Agriculture, Sciences,
Arts et Belles-lettres d'Indre-et-Loire. — *Bulletin* de mars 1869.

et même avec des magnificences nouvelles, des beautés imprévues et de haut goût. Et l'on jugera quel doit être le résultat obtenu quand on saura que, dans l'intervalle d'une quinzaine d'années, M<sup>me</sup> Pelouze n'a pas dépensé moins de 1,500,000 francs à la restauration et à l'embellissement de son *enfant chéri* (1).

M<sup>me</sup> Pelouze a daigné nous admettre, avec cette amabilité pénétrante, cette grâce exquise qu'elle apporte en toute chose, à visiter la royale demeure; elle nous a fait les honneurs de ces parcs immenses, de ces jardins ravissants où le Tasse n'eût pas hésité à placer l'enchanteresse Armide, qui se serait peut-être demandé, dans son ardeur jalouse, si le beau Renaud ne se résignait pas à sa captivité plutôt par son admiration pour la magnificence des lieux qui l'entouraient que par son amour pour elle. Or, l'impression que nous avons rapportée de cette visite à Chenonceau, de la station de quelques jours que nous y avons faite et de l'accueil que nous y avons reçu, sera assurément un des souvenirs les plus agréables, les plus attachants de notre vie.

La journée s'écoule à Chenonceau dans un cercle si riant! Les heures y passent si légères, si fugitives, si bien remplies!... Promenades sur l'eau dans de char-

---

(1) Voir l'*Appendice*, à la fin du volume, où se trouve le détail de la restauration et des embellissements du château, opérés sous la direction de M<sup>me</sup> Pelouze et de son frère.

mants petits batelets coquettement pavoisés, parmi lesquels vogue majestueusement, comme une reine au milieu de sa cour, une véritable gondole véni- tienne ; puis la chasse, la conversation, la lecture sous des arbres deux ou trois fois séculaires portant le nom du génie, de la puissance ou de la beauté qui ont sou- piré, qui ont médité jadis à l'ombre de leurs fraîches ramures ; des cavalcades, des courses en voiture dans les environs, si riches en vieux châteaux, en souve- nirs historiques, en sites délicieux ; matin et soir, une table de quinze à vingt couverts, où viennent s'asseoir les représentants de la plupart des conditions socia- les : le clergé, la magistrature, l'armée, l'industrie, les arts, la poésie ; enfin, chaque soir, comme couronne- ment à cette série de fêtes et de jeux, de neuf heures à minuit, une musique charmante dans une vaste gale- rie dont les fresques et les autres peintures décora- tives, non encore achevées, sont confiées au talent d'un jeune artiste d'avenir, M. Charles Toché, homme aimable, sympathique, qui met autant d'es- prit dans ses compositions que dans ses agréables causeries.

En un mot, les enchantements les plus ingénieux, les surprises les plus délicates naissent sous les pas des hôtes heureux et passagers du noble castel ; mais, si la châtelaine se montre magnifique pour eux, elle est, avant tout, douce et bonne aux humbles, aux petits, charitable envers les malheureux pour lesquels sa main s'ouvre à toute heure ; et, à cet égard, elle a adopté une devise qu'il ne nous appartient pas de révéler encore, et qui la caractérise d'une façon aussi touchante qu'énergique. Cette devise lui survivra, comme les témoignages nombreux et éclatants de son amour de l'art, comme le souvenir des bienfaits qu'elle répand autour d'elle : car, grâce à sa généreuse sollicitude, il serait difficile de découvrir, dans ce coin béni du riant pays de France, une famille aux prises avec les tristes préoccupations de la misère, avec les angoisses du besoin.

Un de nos amis, qui avait eu aussi la bonne fortune d'être compris au nombre des invités de Chenonceau, a cru devoir marquer son passage par les vers suivants :

> Oasis enchantée, odorante corbeille
> Où tout est souvenir, poésie et merveille ;
> Chenonceau dont l'aspect ravit le voyageur,
> A toi mes faibles chants ! Que les brises légères
> Emportent jusqu'à toi mes rimes passagères,
> Notes sans lendemain, humble tribut du cœur.
>
> Château qui vis passer et le rire et les larmes,
> Personne ne pouvait ajouter à tes charmes
> Si ce n'est une femme au génie inspiré
> Dont la volonté ferme a ranimé la pierre,
> Embelli, restauré, rendu vie et lumière
> A maint chef-d'œuvre d'art par le temps altéré.

Car l'histoire se mêle à ta beauté sereine.
De reines et de rois tu devins le domaine,
Et chacun à l'envi te dota de splendeurs.
Après François premier, Henri deux et Diane
Habitèrent tes murs. Loin d'une cour profane,
La veuve d'Henri trois y vint cacher ses pleurs.

Déjà la Médicis, de sinistre mémoire,
T'avait légué son nom que flétrira l'histoire...
Mais détournons les yeux de ce triste tableau.
Reportons-les plutôt vers l'époque plus calme
Où la beauté, l'esprit se disputaient la palme
Sous les traits des Dupin, de Voltaire et Rousseau.

La légende, en un mot, l'histoire, la chronique
Signalent tour à tour ton passé poétique.
Tu résumes les faits, les dates et les lieux.
Des siècles écoulés le parfum t'environne ;
La muse et le plaisir ont tressé la couronne
Qui brille pour toujours sur ton front radieux.

Mais que dis-je ? Avant moi bien d'autres sur la lyre
Ont chanté dignement les choses que j'admire.
Que peut mon humble voix après leurs doux concerts ?
Je chanterais plutôt la grâce souveraine,
La touchante bonté de notre châtelaine...
Son éloge est facile en prose comme en vers (1).

(1) Comme les poètes n'ont jamais dit leur dernier mot, notre
ami, en quittant Chenonceau, éprouva le besoin de lui faire ses
adieux qu'il adressa à M^me Pelouze, en empruntant encore ce qu'on
est convenu d'appeler le *langage des dieux*, qui doivent être fort
étonnés parfois du vocabulaire qu'on leur prête. Nous avons placé
cette seconde pièce de vers à l'*Appendice*.

Revenons maintenant au Chenonceau de M^me Dupin, à celui qu'elle habitera désormais pendant plusieurs mois de l'année et où elle amènera à sa suite tout
ce qui constituait la vie élégante et polie au XVIII^e siècle : les plaisirs de l'esprit et ceux de la société. C'est
dire que plusieurs des supériorités littéraires et des
grands seigneurs qui composaient sa compagnie habituelle l'y suivront ; ils visiteront de temps en temps
Chenonceau ; ils iront respirer sous ses beaux ombrages, leur demander des inspirations ou du repos.
Mais, si tout ce monde charmant qui entoure la châtelaine, si ces amis aimables attirés et retenus par sa
grâce réussissent à la distraire, à l'amuser un moment, ils ne peuvent occuper tous ses loisirs ni remplir
son cœur, dont toutes les pensées se reportent vers
Paris avec une curiosité inquiète. Là, en effet, est son
fils. Elle l'y a laissé pour qu'il continue ses études,
dirigées par des maîtres de toute sorte, sous la surveillance de son gouverneur. Dalibard lui inspire la
plus entière confiance, mais elle ne perdra pas un
instant de vue le jeune Armand ; elle veut être instruite
de ses progrès, être mise dans la confidence de ses
moindres actions ; enfin, elle veut étudier avec soin
cette jeune âme qui commence à s'éveiller à la vie.

Elle cherchera d'abord à gagner la confiance de son
fils, comme elle en a déjà l'affection ; elle le repren-
dra avec douceur, l'encouragera tendrement, l'armera

contre lui-même et lui montrera la récompense au bout de ses travaux. C'est dans cet esprit qu'ont été écrites les lettres qui vont suivre. Sauf la seconde, elles sont dépourvues du millésime ; mais nous avons des motifs de croire qu'elles remontent toutes vers l'année 1741, date à laquelle Armand atteignait ses onze ans.

Chenonceau, 3 janvier.

Je réponds, mon petit ami, à vos deux lettres de la nouvelle année. Je suis bien reconnaissante des bons soins de ce bon ami (1), et j'admire combien il y a d'esprit et d'amitié dans les étrennes qu'il vous a demandées. Vous demander la sagesse, c'est vous dire qu'il la regarde comme un grand présent ; d'ailleurs, vous demander d'être sage, c'est vous demander d'être heureux et vous dire en même temps que votre bonheur lui fera tant de plaisir, que c'est ce qu'il désire par préférence.

J'ai trouvé votre réponse fort bonne aussi ; car, dès que vous aurez envie d'être sage, vous le serez. On est ce qu'on veut, on fait ce qu'on veut. C'est une chose prouvée tous les jours par mille exemples, et c'est pour cela qu'on est inexcusable quand on manque de bonne volonté.

Quand on voit de jeunes enfants qui font leur latin à merveille, n'est-il pas naturel de se dire : « Pourquoi ne ferais-je pas aussi bien qu'eux ? » Quand on en voit qui dansent, qui savent la musique et dessinent à ravir, n'est-il pas naturel d'en dire autant ? Ces gens-là sont-ils autrement faits que nous ? Ont-ils plus de deux pieds,

_______________

(1) Il s'agit de Dalibard.

plus de deux mains ? Sont-ils autrement organisés que nous ? Non, mon cher fils : ils sont faits tout de même. Ils ont seulement plus de bonne volonté et d'attention que ceux qui ne leur ressemblent pas, et les plus grands génies que nous ayons eus n'ont eu d'abord que cet avantage. Virgile n'était point fait autrement que vous, Descartes non plus. Ces gens ont seulement plus exercé leur esprit que ceux dont les noms ne sont pas venus jusqu'à nous.

Relisez bien cette lettre, mon petit cher ami. Il me semble que les vérités qu'elle renferme peuvent être utiles à un jeune et bon esprit comme je crois le vôtre.

Vous me dites bien joliment, mon petit ami, que je vous écrive seulement que je me porte bien quand mes affaires m'empêchent de vous en dire davantage.

Vous pouvez voir, à la longueur de mes lettres, que j'aime à vous parler. J'espère que ce que je vous dis n'est point perdu. Je vois avec un extrême plaisir que vous avez de l'amitié pour le petit de Chamborand, et qu'il en a pour vous. L'amitié est une si douce chose ! La bienveillance et la consolation qu'elle procure sont si agréables dans tous les temps de la vie, que, si les hommes en connaissaient tous les avantages, ils cesseraient de se haïr entre eux, comme font la plupart des gens. Quelle occupation pour des hommes que d'avoir de l'envie, de la jalousie et de la haine les uns contre les autres ! Ces vilains sentiments produisent leurs semblables ; on hait celui qui hait, on envie celui qui est envieux, on cherche à lui nuire, et celui qui aime les hommes en est aimé : on cherche à lui rendre service et à le faire valoir. Voilà deux situations entre lesquelles on peut choisir ; mais ceux qui s'appliquent à mériter l'amitié des hommes, ceux-là sont mes gens. Tel est mon remercîment pour le petit de Chamborand.

Nous avons eu ici, aussi bien que vous, beaucoup d'eau; mais, après la pluie, le beau temps, et il faut espérer que nous touchons aux beaux jours, puisque nous en avons passé tant de vilains.

Je fais mes compliments à toute votre jolie société.

Je trouve les dessins fort jolis, mon petit ami, mais je n'aime dedans que votre ouvrage. Faites mes compliments à tous vos maîtres. Je remercie le ciel tous les jours de m'avoir fait adresser à d'aussi honnêtes et habiles gens pour vous apprendre chacun leur art.

L. de Fontaine-Dupin.

Au dos est écrit : « A Monsieur de Chenonceau, chez M. Dalibard, rue de Seine, près le Jardin du Roi, à Paris. » La suscription porte le timbre d'Amboise.

IV

Il nous semble que cette lettre (qui est la première, croyons-nous, qu'on ait publiée de M^{me} Dupin) (1) ne respire pas trop le bel esprit, qu'elle est écrite au

(1) Quelques lettres autographes de M. Dupin ont passé dans les ventes publiques; mais nous ne connaissons qu'un catalogue qui mentionne deux lettres autographes de M^{me} Dupin. Antérieurement, quelques fragments de l'espèce avaient été mis publiquement aux enchères.

contraire dans un langage beaucoup plus simple que celui de certaines femmes des xvii<sup>e</sup> et xviii<sup>e</sup> siècles qui sont citées comme des modèles de style. Nous insistons sur ce point, attendu que, par suite de la prévention souvent injuste que les hommes nourrissent volontiers contre les femmes qui s'avisent d'avoir plus d'esprit qu'eux, on a reproché à M<sup>me</sup> Dupin d'être un peu apprêtée, recherchée dans son langage ; et, parce qu'elle a laissé quelques écrits dont nous aurons à parler, on l'a traitée de bel esprit, de *bas bleu*.

On peut voir déjà par la lettre précédente, comme on s'en convaincra plus encore par celles qui suivront, jusqu'à quel point cette prévention est fondée. Mais dès à présent, et sans rien préjuger, nous ferons remarquer qu'il n'y aurait eu rien d'étonnant à ce que M<sup>me</sup> Dupin fût parfois légèrement maniérée, étudiée ; que c'était assez le ton du lieu, et certains familiers de son cercle étaient peu capables de diriger le goût de leurs auditeurs vers le simple et le naturel : Fontenelle, par exemple, qu'on nous présente comme « s'amusant à peser une pointe, une épigramme, dans des balances de toile d'araignée » ; ensuite Marivaux, dont on a dit qu'il « connaissait les petits sentiers du cœur, mais qu'il en ignorait la grande route. Le premier a écrit que le « naïf est une nuance du bas » ; le second nous parle dans ce style précieux et quintessencié qui a conservé le nom de son auteur. Puis vient l'abbé de Saint-Pierre avec ses rêves de paix perpétuelle, qui en avaient fait une espèce d'illuminé honnête homme, au langage apocalyptique. Enfin on voit apparaître l'illustre auteur de l'*Histoire naturelle* (« pas si naturelle ! » disait malicieusement Voltaire), le grand Buffon lui-même, qui, la tête haute, les yeux fermés à demi et tirant ses manchettes, s'écrie avec majesté : « Le style, mesdames !... oh ! diable, le style ! Quand il est question de « clarifier son style, c'est une autre paire de manches (1). »

Il fallait être, on en conviendra, fortement trempé pour résister à l'entraînement de pareils exemples tombés de si haut : *regis ad exemplar ;* il fallait être revêtu de ce triple airain dont parle Horace pour passer impunément au milieu de ce mélange de philosophie transcendante, de métaphysique sentimentale et de galanterie sophistiquée, espèce de jargon redoublé qui enveloppait parfois les salons de Paris comme une atmosphère lourde et dissolvante; mais la raison éclairée et ferme de M^me Dupin n'en fut nullement entamée; si elle en était effleurée un instant, c'était pour se relever plus vive, plus radieuse, ainsi que le soleil qui se dégage de nuages qui l'ont momentanément obscurci.

_______

(1) Morellet, *Mémoires,* t. I, p. 126. Conversation de Buffon avec M^lle de l'Espinasse.

Elle exhorte son fils dans un langage plein de tendresse et qui n'a rien d'austère ni d'apprêté. Bientôt elle le conviera à la gaieté dans le travail; et le jeune homme prendra goût à cette morale aimable et facile. Déjà, paraît-il, il a prié « bien joliment » sa mère de lui écrire souvent et, pour le moment, dans sa confiance naïve et s'examinant avec attention, il est bien près de se comparer à Descartes et à Virgile. Si cela chatouille sa vanité et excite son amour-propre, tant mieux! Il n'en sera que plus soucieux d'avancer dans ses études, de redoubler d'efforts pour se rapprocher de ses modèles. Sa mère les a pris tout à l'heure parmi les auteurs profanes; elle va les tirer de plus haut et lui citer maintenant un passage de l'Evangile.

Chenonceau, ce 2 septembre 1741 (1).

Je n'ai point vu M. Florent, mon petit ami; s'il vient, je lui remettrai vos dessins, ou je prierai M. l'abbé de Saint-Pierre de s'en charger.

Je suis bien sensible à ce que vous me dites sur mes lettres, que vous prétendez avoir résolu de suivre de point en point. Je m'en réjouis, mon petit cher ami, par le grand gain qui vous en reviendra.

Si vous vous accoutumez à pratiquer ce qu'elles vous recommandent, votre caractère en deviendra plus esti-

(1) Cette lettre, ainsi que la précédente, a été écrite sous la dictée de M<sup>me</sup> Dupin, qui y a fait quelques corrections *propria manu*. La plupart des autres lettres sont tout entières de sa main.

mable et plus aimable, et votre personne plus heureuse
pour tous les temps et toutes les occasions de votre vie.

L'Evangile dit : « Bienheureux ceux qui sont doux,
parce qu'ils posséderont la terre. » Effectivement, tout est
à ceux qui se font aimer et estimer. Et qu'aurait-on à refuser à des gens dont on dit du bien en tous lieux et desquels on ne connaît que des actions de justice, de politesse
et de bonté? Faites-vous, mon cher fils, une image du
contraire, et jugez par vous-même si l'on se sent porté
à prévenir quelqu'un et à former des liaisons avec un
homme dont on a entendu citer des traits de rudesse, des
injustices et même des impertinences.

Vous me paraissez frappé des bons enseignements de
mes lettres. Cela me donne, je le répète, une joie extrême.
Vous serez tel que je désire, puisque vous sentez le prix
d'une instruction qui distingue le bien du mal, non-
seulement dans les choses, où il est très aisé à reconnaître, mais encore dans les personnes, où il est reconnaissa-
ble à une vertu scrupuleuse : car, mon cher fils, il ne faut
se passer la plus petite faiblesse dont les gens qui vivent
avec nous peuvent n'être pas contents.

Je reviens à vos maîtres. Vous m'avez mandé que vous
vouliez encore mieux profiter de leurs leçons que par le
passé, et votre ami me mande que tous vos maîtres ont
été satisfaits des dernières leçons. Jugez de ma grande
joie, mon petit ami, quand je pense aux progrès que vous
pouvez faire dans tout ce que vous apprenez. Une heure
bien employée donnée au dessin, une autre à la musique
font soixante heures par mois bien remplies et qui nous
laissent un talent, au lieu que ces mêmes heures, quand
on les passe à baguenauder et en *volageries*, sont des
heures perdues qui ne nous laissent rien qu'une habitude

de dissipation et d'oisiveté, et on laisse venir de bien loin d'honnêtes et habiles gens pour leur apprendre qu'on est un paresseux, un étourdi, un homme qui ne comprend rien. De façon que ces maîtres n'enseignent alors que par complaisance pour les parents et par l'habitude de faire leur métier, et les enfants passent ainsi des années à apprendre des choses qu'ils ne sauront jamais.

N'est-ce pas là, mon cher ami, la vraie peinture des écoliers et des maîtres en général? Mais êtes-vous fait, avec un naturel heureux et les soins que je prends de vous, pour rester confondu dans la foule des ignorants? Vous seriez bien plutôt fait, mon cher petit ami, pour vous distinguer dans chaque espèce de choses; et vous êtes si bien aidé, que vous ne seriez pas excusable si vous y manquiez. Et tout cela dépend de votre volonté. Il ne s'agit que de vouloir sérieusement apprendre ce qu'on vous enseigne; en peu de temps cette résolution vous mènera si loin, que vous en serez vous-même étonné, vos maîtres dans l'admiration, et moi dans la plus grande joie du monde.

Je vous recommande vos dents. Je suis persuadée que l'*Histoire de l'Académie* vous amusera. Vous y verrez que l'esprit et les vertus font les hommes aimables, et que le savoir donne de la considération. Adieu pour aujourd'hui, mon petit ami. Je suis bien contente de vous.

L. de Fontaine-Dupin.

On le voit : aucune partie de l'enseignement moral et intellectuel n'échappe à M<sup>me</sup> Dupin. Elle rappelle successivement à son fils tous les devoirs qui lui sont imposés envers ses maîtres comme envers lui-même, et lui signale le profit qu'on retire dans le monde d'une conduite droite et irréprochable. Mais ce n'est pas assez pour ce cœur de mère de correspondre directement avec Armand. Elle a sa police particulière qui l'entretient de ce qui se passe, qui reçoit d'elle le mot d'ordre et veille sur les destins de cette tête si chère. Dalibard lui ayant fait une communication confidentielle dont il y avait lieu de se féliciter, elle lui répond qu'elle en saute de joie : car elle est fort sensible au plaisir d'en procurer à son fils. « Je suis bien aise, ajoute-t-elle, que vous alliez voir les peintures du Louvre. Il faudra y aller plus d'une fois. Nous avons besoin de répétition de tout genre : nous ne devons qu'à elles ce que nôus savons. Les objets présentés une seule fois ne font leur impression qu'avec des dispositions sur lesquelles il ne faut pas compter avec le commun des hommes... »

Mais l'enfant est vif, remuant, emporté. Dans ses jeux, il a fait une chute et s'est foulé le pied, ce qui l'oblige à garder la chambre. Tourmentée, s'inquiétant plus que de raison des suites de cet accident, sa mère demande souvent de ses nouvelles à Dalibard, qui réussit à la rassurer. Alors elle se reprend à l'espoir et poursuit son plan d'éducation, son œuvre de prédilection et d'amour. Mais l'hiver la rappela bientôt à Paris ; et, son mari ayant loué dans le bois de Boulogne le délicieux château de Madrid, elle y allait de temps en temps passer quelques jours, parfois des semaines entières, et c'est de ce lieu, nous paraît-il, qu'elle écrivit à Armand les deux billets ci-après transcrits.

Ce vendredi, 12.

Je vous envoie, mon petit ami, un dindon et deux perdrix de Chenonceau. Je voudrais bien les aller manger avec vous, mais le temps ne le veut pas. S'il fait aussi froid dimanche, j'ai envie que vous ne veniez point ici, de peur de vous enrhumer. Faites mes compliments à toute la société : buvez à ma santé; mandez-moi si vous comptez venir dimanche et si c'est l'avis de votre ami. Je n'ai point été à Versailles et je n'en sais point encore de nouvelles.

Je compte, mon petit cher ami, que vous étudiez toujours notre musique, notre danse, notre latin, etc., et avec envie de savoir le fin de tout cela, car, sans cette envie, l'étude ennuie et n'apprend rien.

Bonjour, mon cher petit ami. De la gaieté aussi bien que de la raison, puisque l'une est presque aussi nécessaire que l'autre pour être aimable et heureux. Réjouissons-nous donc, mais ne faisons point de folies.

L. de Fontaine-Dupin.

On ne saurait traduire avec plus d'à-propos et d'une façon plus ingénieuse le *desipere in loco* du poète, et il semble entendre M<sup>me</sup> de Maintenon écrivant aux dames de Saint-Cyr : « Rendez vos récréations gaies et libres, on y viendra. » L'abbé Galiani, ce philoso-

phe au petit pied et en rabat qui voulait qu'on apprît
avant tout aux enfants « à supporter l'injustice et à
supporter l'ennui », n'était pas dans le vrai. Supporter une injustice quand on ne peut pas la redresser,
passe ; mais supporter l'ennui, non ! C'est « combattre »
qu'il fallait dire ; car s'abandonner à cet ennemi de
notre repos avec une patience muette et résignée, c'est
de la faiblesse, de la pusillanimité. Lutter contre lui,
c'est déjà du courage, et en triompher, cela marque
une force réelle, l'empire qu'on a sur soi-même, et
c'est où doivent tendre nos efforts. M$^{me}$ Dupin ne recommande pas autre chose à son fils. Elle y insiste ;
elle y revient sans cesse, et d'autant plus que, vigilante et attentive à surveiller tous les mouvements,
toutes les impressions naissantes du jeune Armand,
elle croit s'être aperçue que, depuis quelque temps, il
n'est plus le même. Il est toujours respectueux et tendre envers elle ; mais il se montre distrait, volontaire,
peu soumis à ses maîtres. Il en résulte des écarts dans
sa conduite, des relâchements dans son travail, et la
pauvre mère en gémit. Mais elle espère toujours le ramener par la douceur, par une gaieté aimable et décente. Aussi est-ce sur le même ton qu'elle va l'exhor-
ter dans la lettre suivante, qui clôt la première série
de sa correspondance avec lui :

Voilà du vermichelle ce qui m'en reste. Si vous l'aimez, je vous en ferai chercher d'autre. Votre portrait n'est point achevé, et je ne sais quand il le sera. Ainsi je ne puis vous l'envoyer. Un chat de perdu, avec lequel on n'a pas encore fait connaissance, est un petit malheur ; et peut-être d'ailleurs ce chat reviendra-t-il. Amusez-vous, promenez-vous, travaillez, et tout cela bien gaiement, car il faut que la joie accompagne toutes nos occupations. On s'en rend sûr quand on ne fait rien qu'on puisse se reprocher ni qui puisse blesser personne. Cette conduite est une source de satisfaction. J'espère, mon petit ami, que ce sera la vôtre, et que je vous verrai toujours avec la joie d'une bonne conscience et avec les manières agréables qui rapprochent de nous. Les gens maussades ne sauraient avoir la disposition à la gaieté comme les gens aimables.

Bonsoir, mon petit ami. Peut-être irai-je vous voir un moment ce soir. Mes compliments à toute la maison.

L. de Fontaine-Dupin.

Quelques années se sont écoulées, et les imperfections de caractère du jeune Armand, d'abord légères, se sont accentuées. Cependant cet enfant n'est pas mal né : il y a de la sève dans cette vive intelligence ; mais la force lui manque, et le fruit séchera peut-être sur l'arbre avant de mûrir si une main puissante ne lui vient en aide. C'est donc particulièrement contre sa faiblesse qu'il faut réagir ; c'est en l'encourageant, en lui donnant confiance en lui-même qu'on lui communiquera ce ressort, cette énergie dont il a besoin.

Sa mère ne s'y épargnait pas, comme on l'a vu ; mais peut-être cette impulsion toute de sentiment, ces conseils du cœur plus que de l'esprit, manquaient-ils de la suite, de la fermeté nécessaire pour amener de bons résultats. Nous allons voir, au surplus, comment un philosophe qui portait dans sa tête tout un système d'éducation, va s'y prendre pour réformer notre jeune homme, qu'il fut chargé accidentellement de surveiller et de diriger dans ses études.

V

Il s'agit ici de Jean-Jacques Rousseau, qui, à cette époque, fut présenté à M<sup>me</sup> Dupin.

Le citoyen de Genève en avait alors à peu près fini avec ses premières aventures galantes : ce qui ne veut pas dire qu'il ne fût prêt à en tenter de nouvelles à l'occasion ; car jamais philosophe, ancien ou moderne, n'a eu l'imagination plus inflammable et les passions moins platoniques que cet ami de la nature. Il avait fait ce singulier voyage de Montpellier, où il s'était rendu pour consulter la faculté sur un polype imaginaire qu'il prétendait avoir au cœur, et dont, chemin faisant, une certaine M<sup>me</sup> de Larnage avait essayé de le guérir, on sait comment. Revenu aux Charmettes, il se disposait à y reprendre cette vie heureuse et paisible qu'il y avait déjà menée ; mais il s'y trouva inopinément remplacé auprès de M^{me} de Warens, qui, pendant sa courte absence, lui avait donné un successeur, « un grand blondin », dont il nous a retracé si plaisamment le portrait, et dont il ne voulut pas partager la facile conquête.

Il quitta alors les Charmettes et se rendit à Lyon, puis à Paris.

Il arriva dans cette dernière ville vers la fin de 1741, « avec quinze louis d'argent comptant, dit-il, ma comédie de *Narcisse* et mon projet de musique pour toute ressource. » Ce projet était une nouvelle méthode de noter la musique. Il croyait avoir trouvé là un moyen de faire fortune ; mais l'Académie des sciences, à laquelle il soumit un mémoire *ad hoc*, le détrompa en déclarant que son système n'était ni neuf ni même utile. Rousseau en appela au public de ce jugement par une *Dissertation sur la musique moderne ;* et, chose étonnante, lui si enclin à se désoler, à voir tout en noir, ne se désespéra pas trop de sa déconvenue, bien qu'il fût alors à peu près sans ressources. Il partageait son temps entre l'étude et le jeu d'échecs, s'abandonnant à une espèce d'indifférence, de *léthargie,* d'où vint heureusement le tirer le père Castel, auteur du clavecin oculaire. Ce brave jésuite, qui avait du monde, lui conseilla de voir les femmes, « parce qu'on ne fait rien à Paris que par elles ».

Puisque les musiciens, dit-il à Rousseau, puisque les savants ne chantent pas à votre unisson, changez de corde et voyez les femmes. Vous réussirez peut-être mieux de ce côté-là. J'ai parlé de vous à M<sup>me</sup> de Besenval ; allez la voir de ma part. C'est une bonne femme, qui verra avec plaisir un pays de son fils et de son mari. Vous verrez chez elle M<sup>me</sup> de Broglie, sa fille, qui est une femme d'esprit. M<sup>me</sup> Dupin en est une autre à qui j'ai aussi parlé de vous. Portez-lui votre ouvrage ; elle a envie de vous voir et vous recevra bien. *(Confessions, liv. VII.)*

Fort de cette recommandation, Rousseau alla frapper à la porte de M<sup>me</sup> de Besenval, qui l'invita à dîner à l'office, humiliation qu'il cherchait à éluder en balbutiant des excuses, quand M<sup>me</sup> de Broglie vint à son secours et obtint de sa mère qu'il dînerait à leur table. Il se présenta ensuite chez M<sup>me</sup> Dupin, où l'attendait une réception plus flatteuse, mais où, plein du souvenir de ses amours faciles des Charmettes et de grand chemin, il se laissa aller à un sentiment étrange.

M<sup>me</sup> Dupin était à sa toilette quand on l'introduisit.

Elle était encore, dit-il, quand je la vis pour la première fois, une des plus belles femmes de Paris. Elle me reçut à sa toilette. Elle avait les bras nus, les cheveux épars, son peignoir mal arrangé. Cet abord m'était très nouveau ; ma pauvre tête n'y tint pas ; je me trouble, je m'égare, et bref me voilà épris de M<sup>me</sup> Dupin.

Absolument comme il avait été épris de M<sup>me</sup> de

Warens, de M^{me} de Larnage, de M^{lle} Serre, et comme il le sera de Thérèse, de M^{me} d'Houdetot et de tant d'autres. Mais ce n'est pas tout : ses convoitises n'en resteront pas là ; il écrira à M^{me} Dupin une déclaration en règle, une lettre d'amour qui restera sans réponse. Mais rendons-lui la parole, car nul mieux que lui ne saurait raconter sa vie. Il y met à la fois un charme de bonhomie qui fait qu'on lui pardonne bien des travers, bien des fautes, et une fraîcheur de coloris qui donnera éternellement à son style un air de poétique jeunesse.

Mon trouble, continue-t-il, ne parut pas me nuire auprès d'elle ; elle ne s'en aperçut point. Elle accueillit le livre et l'auteur, me parla de mon projet en personne instruite, chanta, s'accompagna du clavecin, me retint à dîner, me fit mettre à table à côté d'elle. Il n'en fallait pas tant pour me rendre fou : je le devins. Elle me permit de la venir voir ; j'usai, j'abusai de la permission. J'y allais presque tous les jours ; j'y dînais deux ou trois fois la semaine. Je mourais d'envie de parler, je n'osais jamais. Plusieurs raisons renforçaient ma timidité naturelle. L'entrée d'une maison opulente était une porte ouverte à la fortune ; je ne voulais pas, dans ma situation, risquer de me la fermer. M^{me} Dupin, tout aimable qu'elle était, était sérieuse et froide ; je ne trouvais rien, dans ses manières, d'assez agaçant pour m'enhardir. Sa maison, aussi brillante alors qu'aucune autre dans Paris, rassemblait des sociétés auxquelles il ne manquait que d'être un peu moins nombreuses pour être l'élite dans tous les

genres... Si son maintien réservé n'attirait pas beaucoup
les jeunes gens, sa société, d'autant mieux composée, n'en
était que plus imposante ; et le pauvre Jean-Jacques n'a-
vait pas de quoi se flatter de briller beaucoup au milieu
de tout cela. Je n'osais donc parler; mais, ne pouvant plus
me taire, j'osai écrire. Elle garda ma lettre deux jours
sans m'en parler. Le troisième jour, elle me la rendit,
m'adressant verbalement quelques mots d'exhortation
d'un ton froid qui me glaça. Je voulus parler, la parole
expira sur mes lèvres; ma subite passion s'éteignit avec
l'espérance ; et, après cette déclaration dans les formes,
je continuai de vivre avec elle comme auparavant, sans
plus lui parler de rien, même des yeux (1).

Dans son honnêteté affectueuse, M<sup>me</sup> Dupin n'avait
vu sans doute en Rousseau qu'un jeune sauvage qui
avait des notions très fausses sur les femmes et qu'il
fallait apprivoiser, former au ton de la bonne compagnie. Mais, le croira-t-on ? pour sauver son amour-
propre, pour poser un calmant sur son orgueil secrètement ulcéré, Rousseau donne à entendre que
Francueil ne fut peut-être pas étranger à sa mésa-
venture auprès de M<sup>me</sup> Dupin.

Je crus ma sottise oubliée, ajoute-t-il ; je me trompai.
M. de Francueil, fils de M. Dupin et beau-fils de madame, était à peu près de son âge et du mien (2). Il avait

_____

(1) *Confessions*, liv. VII.
(2) L'éclat de beauté de M<sup>me</sup> Dupin a trompé Rousseau. Elle avait

de l'esprit, de la figure ; il pouvait avoir des prétentions ;
on disait qu'il en avait auprès d'elle, uniquement peut-
être parce qu'elle lui avait donné une femme très laide,
bien douce, et qu'elle vivait parfaitement bien avec tous les
deux (1). M. de Francueil aimait et cultivait les talents.
La musique, qu'il savait fort bien, fut entre nous un
moyen de liaison. Je le vis beaucoup ; je m'attachai à lui.
Tout d'un coup il me fit entendre que M<sup>me</sup> Dupin trouvait mes visites trop fréquentes et me priait de les discontinuer. Ce compliment aurait pu être à sa place quand
elle me rendit ma lettre ; mais, huit ou dix jours après, et
sans aucune autre cause, il venait, ce me semble, hors de
propos. Cela faisait une position d'autant plus bizarre,
que je n'en étais pas moins bien venu qu'auparavant chez
M. et M<sup>me</sup> de Francueil. J'y allai cependant plus rarement ;
et j'aurais cessé d'y aller tout à fait, si, par un autre caprice imprévu, M<sup>me</sup> Dupin ne m'avait fait prier de veiller pendant huit ou dix jours à son fils, qui, changeant
de gouverneur, restait seul durant cet intervalle (2).

Avant d'aller plus loin, il faut en finir avec cette
accusation par laquelle on a cherché à jeter un doute
injurieux sur la nature des sentiments qui unissaient
Francueil à sa belle-mère.

cinq ans de plus que lui et huit ans de plus que Francueil, né le
6 novembre 1715.

(1) Suzanne Bollioud de Saint-Julien, née en 1719, morte le
1<sup>er</sup> septembre 1754, avait épousé en 1731 M. de Francueil, dont elle
eut une fille qui se maria à M. Vallet de Villeneuve, le 9 février
1768.

(2) *Confessions*, liv. III.

Jean - Jacques Rousseau dit expressément que M^me Dupin est la seule des trois sœurs à « qui l'on n'ait point reproché d'écart dans sa conduite ». Le témoignage de Rousseau est d'autant moins suspect, lorsqu'il parle ainsi, que, profondément dépité de son échec auprès de M^me Dupin, il n'était pas homme à se montrer généreux envers elle, et moins encore envers un rival préféré.

Nous l'avons dit, M^me Dupin était trop charmante, trop distinguée d'esprit et de corps pour ne pas avoir contre elle la plupart des femmes à prétentions, et le nombre en était grand. Il n'était pas de comédienne quelque peu en vogue qui n'eût son cercle et ses dîners, pas de si petite bourgeoise enrichie qui ne tînt un bureau d'esprit. Ensuite M^me Dupin vivait en bonne intelligence avec son mari ; de plus, elle était excellente mère, amie sûre, et c'était là un triple anachronisme, un scandale criant à une époque où les mœurs conjugales allaient à la dérive et où l'on faisait litière des plus saints devoirs de la famille et de l'amitié (1). M^me Dupin avait donc beaucoup d'ennemis ; et leurs attaques, obliques et sourdes d'abord, furent

(1) Dans les *Mémoires* de Besenval, t. I, p. 137 et suivantes, on trouve un échantillon des mœurs conjugales du temps. De son côté, Madame, mère du régent, disait, dès le 4 septembre 1696 : « L'amour dans le mariage n'est plus du tout à la mode, et passerait pour ridicule. »

ensuite si habilement concertées, qu'elles traversèrent le détroit et trouvèrent un écho sous la plume sceptique d'un noble lord, comme en font foi les étranges conseils qu'il donne à son fils. Voici ce que lord Chesterfield écrivait à l'héritier de son nom, voyageant alors en France et dont il voulait former l'esprit et le cœur :

Je vous conseille de débuter par M^{me} Dupin, qui a encore de la beauté plus qu'il n'en faut pour un jeune drôle comme vous. Son âge ne lui laisse pas absolument le choix de ses amants, et je vous réponds qu'elle ne rejetterait pas les offres de vos très humbles services. Si la place n'est pas déjà prise, soyez sûr qu'à la longue elle est prenable (1).

Le noble fils d'Albion n'y va pas de main morte ; l'art des nuances ne lui est pas connu, non plus que l'emploi de l'euphémisme. Il se montre sévère, mais gai, et il a bien dû rire dans sa barbe en songeant au rôle qu'il jouait auprès de son fils. Mais il en fut pour ses leçons, qu'il sema en terrain ingrat; car son « jeune drôle », pour parler son langage, ne revint pas moins de son voyage tout aussi ignorant des femmes que des hommes, comme le rapporte l'histoire (2).

(1) Lettre CCLVI de lord Chesterfield à son fils, du 23 octobre 1751.

(2) On sait que, dépourvu des qualités de l'homme d'Etat, le

Parlons sérieusement. Depuis la publication des mémoires de M^me d'Epinay, on ne peut ignorer que Francueil a entretenu avec cette dame des relations qui absorbèrent une grande partie de sa vie d'homme à bonnes fortunes. Ces relations ne durèrent pas moins de dix ans, période au bout de laquelle il fut relevé par Grimm.

Mais, si l'honnêteté de M^me Dupin, hautement proclamée par Rousseau, ne suffisait pas pour sa justification, nous nous retrancherions derrière un fait qui est resté ignoré jusqu'à ce jour, et qui, selon nous, porte avec lui dans le débat la démonstration, la lumière.

Nous voulons parler d'un procès que, peu de mois après la mort de son père, Francueil intenta à M^me Dupin, à l'occasion d'une somme de 45,000 livres qu'il réclamait pour complément de sa dot, laquelle avait été, selon lui, inférieure de cette somme à celle de son frère Chenonceau.

Entre la belle mère et le beau-fils, c'est un échange de lettres, de notes, de mémoires à n'en pas finir, paperasses de procureur qui embrouillent les choses et brouillent les personnes. Chacun soutient ses droits et plaide pour sa maison. C'est juste. Mais tombe-t-il

jeune Sthanope ne put occuper aucun des hauts emplois dévolus à son père, qui, à son grand chagrin, fut obligé de l'envoyer comme résident dans quelques petites cours d'Allemagne.

sous le sens que Francueil, cité partout pour son suprême bon ton, pour cette fine fleur de courtoisie qui était comme l'apanage de l'ancienne noblesse ; se peut-il que ce modèle du parfait gentilhomme, ce chevalier français par excellence, et qui était riche à millions, eût cherché vulgairement chicane à M<sup>me</sup> Dupin, lui eût intenté un prosaïque procès pour quelques milliers de francs, s'il lui avait été redevable de quelques tendres faiblesses ? La voix de l'intérêt ne se fût-elle pas tue devant ces souvenirs qui épanouissent le cœur à toutes les époques de la vie et qui commandent à la fois, à tout homme bien élevé, la déférence, la pudeur, une gratitude attendrie ? Il faudrait être un goujat pour penser autrement, et J.-J. Rousseau lui-même, ce petit montagnard qui n'était pas mal impudent, eût frémi d'indignation à l'idée d'intenter un procès d'argent à M<sup>me</sup> de Warens.

Par tous ces motifs, et les causes entendues, comme on dit au palais, la main sur la conscience, nous déclarons, avec M<sup>me</sup> Sand, « que la noble amitié qui unissait Francueil à sa belle-mère fut calomniée, comme tout ce qui est naturel et bon dans le monde (1). »

Revenons à Rousseau que nous avons laissé au moment où M<sup>me</sup> Dupin le priait de veiller sur son fils en

_______________

(1) *Histoire de ma vie,* t. I, p. 70.

attendant un nouveau gouverneur. Rousseau accepta cette mission, et il en a rendu compte dans ces termes :

Je passai ces huit jours dans un supplice que le plaisir d'obéir à M<sup>me</sup> Dupin pouvait seul me rendre souffrable, car le pauvre Chenonceau avait dès lors cette mauvaise tête qui a failli déshonorer sa famille, et qui l'a fait mourir dans l'île Bourbon. Pendant que je fus auprès de lui, je l'empêchai de faire du mal à lui-même ou à d'autres, et voilà tout ; encore ne fût-ce pas une médiocre peine, et je ne m'en serais pas chargé huit autres jours de plus, quand M<sup>me</sup> Dupin se serait donnée à moi pour récompense.

Sans s'arrêter à cette dernière bouffée de veine basse et sensuelle qui revient si souvent dans la vie de Rousseau, et qui est une des infirmités de sa nature, on peut être surpris du découragement qui s'empare du philosophe en présence du jeune Armand. Comment ! lui, J.-J. Rousseau, qui se posera bientôt en législateur, en moralisateur de l'enfance et des mères, comment ! il désespère de la réforme d'un écolier qu'il ne cherche même pas à convertir, à ramener à des idées raisonnables, à une conduite meilleure ! Du premier coup il s'avoue vaincu et jette, comme on dit vulgairement, le manche après la cognée. La chose est étrange et ne fait pas précisément l'éloge du système d'éducation de l'auteur d'*Emile,* car l'occasion était belle pour en faire l'essai, pour en tenter l'expérience; et il n'y tâche même pas. Où sont donc ces beaux préceptes qu'il nous donnera plus tard sur le grand art de former les hommes? Que sont devenues ces notions du juste et de l'injuste, ces vérités pratiques et éternelles qu'il invoquera, qu'il proclamera un jour, et dont il se fera l'éloquent défenseur? O science humaine! ô philosophie! que vous êtes petites et impuissantes quand on vous met à l'œuvre!

Et que pensait-il donc trouver dans le jeune Armand? Un enfant rangé, réglé, tempéré dans ses désirs, *bridé d'imagination,* comme dit Montaigne? Et faut-il tant s'en étonner s'il trouva tout le contraire? Lui-même, J.-J. Rousseau, nous a dit qu'étant enfant, il avait un « caractère timide et docile dans la vie ordinaire, mais ardent, fier, indomptable dans les passions (1) ».

Au surplus, Armand n'est pas un paresseux, un indiscipliné incorrigible; il a travaillé, au contraire, et profité des leçons de ses maîtres. Une quittance, signée du docteur Aleaume, agrégé à la Faculté, nous apprend que, dès l'année 1744, c'est-à-dire à l'âge de quatorze ans et demi, Armand avait soutenu une thèse de bachelier. Mais laissons-le avec le nouveau gouverneur qu'on lui a donné en remplacement de

_______

(1) *Confessions*, liv. I.

Dalibard, qui occupera plus tard, dans les bureaux de Francueil (1), un emploi de caissier refusé par Jean-Jacques, et retournons auprès de M^me Dupin, tout en nous réservant de revenir ensuite à Armand, qui alors aura grandi et sera peut-être devenu plus raisonnable, plus maître de lui.

Durant cet intervalle, Rousseau voyagera, puis reviendra dans la famille de M. Dupin, où nous le retrouverons peut-être aussi un peu plus sage.


## VI


Passant tour à tour l'hiver à Paris, le printemps à sa gracieuse villa de Madrid, l'été et l'automne à Chenonceau ou à Clichy, où elle aura bientôt un riant cottage, M^me Dupin inaugurait chaque installation nouvelle, chaque saison, par ces réunions aimables, par ces fêtes de l'intelligence et du cœur où s'épanouissaient nos pères. Elle était le centre, la vie, l'ornement de tous ces plaisirs nobles et charmants, et, comme pour l'en récompenser, le groupe illustre de poètes et de savants qu'elle rassemblait à ses côtés créait autour d'elle cette royauté littéraire et philosophique qui devait s'étendre sur le monde,

(1) Il était receveur général des finances de Metz et Alsace.

et dont elle reçut au front plus d'un reflet, au cœur plus d'un rayon.

M^me Dupin, dit George Sand, est de la famille des beaux et bons esprits de son temps, et il est peut-être beaucoup à regretter qu'elle n'ait pas consacré sa vie à développer et à répandre la lumière qu'elle portait dans son cœur. Ce qui lui donne une physionomie très particulière et très originale au milieu de ces philosophes, c'est qu'elle est plus avancée que la plupart d'entre eux. Elle n'a pas le talent de Rousseau ; mais il n'a pas, lui, la force et l'élan de son âme. Elle procède d'une autre doctrine plus hardie et plus profonde, plus ancienne dans l'humanité, et plus nouvelle en apparence au xviii^e siè-cle (1).

Faute de l'autorité nécessaire, nous n'aurions peut-être pas osé aller aussi loin et nous montrer aussi affir-matif que M^me Sand, qui avait d'ailleurs sous les yeux quelques-uns des écrits laissés en manuscrit par M^me Dupin, « écrits fort courts, dit-elle, mais très pleins d'idées nettes et de nobles sentiments ». Du reste, l'illustre écrivain ne nous surprend pas en disant que la fée de Chenonceau a mis en tête d'un *Traité du bonheur* composé par elle, cette vérité évangélique et trop peu connue : « Tous les hommes ont un droit égal au bonheur. » Nous retrouvons, en effet, dans cette simple devise, la femme au cœur généreux et bon

(1) *Histoire de ma vie*, t. I, pp. 63-64.

qui recherchera avec ardeur, avec une ingénieuse sollicitude, les occasions de secourir ses semblables, et
dont nous aurons à retracer, pièces en main, quelques-uns des nombreux bienfaits.

Pauvre XVIII<sup>e</sup> siècle! comme on l'a méconnu!
comme on l'a calomnié! Sa société, ses tendances,
ses travaux, tout cela est œuvre du démon. A entendre quelques esprits chagrins, aussi mécontents du
passé qu'incapables d'améliorer le présent et d'assurer
l'avenir, le XVIII<sup>e</sup> siècle n'a vécu que pour le plaisir et
s'est éteint dans le scepticisme. Voici venir Chateaubriand, qui, après avoir visité la maison où
M<sup>me</sup> d'Houdetot avait reçu l'élite des penseurs de son
temps et quelques-uns de leurs adeptes, laisse échapper cette superbe apostrophe d'indignation et de dédain :

« J'ai revu dernièrement, à Sannois, la maison
qu'habitait M<sup>me</sup> d'Houdetot; ce n'est plus qu'une
coque vide, réduite aux quatre murailles. Un âtre
abandonné intéresse toujours; mais que disent des
foyers où ne s'est assise ni la beauté, ni la mère de famille, ni la religion, et dont les cendres, si elles n'é-
taient dispersées, reporteraient seulement le souvenir
vers des jours qui n'ont su que détruire (1) ? »

Il y aurait beaucoup à répondre à Chateaubriand,

---

(1) *Mémoires d'outre-tombe.*

alors même qu’on ne s’attacherait pas à faire ressortir l’étrange rapprochement, le voisinage profane qu’il établit entre la religion et la *beauté,* en faveur de laquelle il eût probablement pardonné beaucoup de peccadilles aux hôtesses aimables de Sannois, d’Eaubonne et autres lieux, en vrai *païen* qu’il était (1). Et d’ailleurs,

> Les personnes d’esprit sont-elles jamais laides :

lui dirons-nous avec le poète. Est-ce donc qu’il ne compte pour rien ce brillant esprit qui s’est assis au foyer de M^me d’Houdetot ? le génie qui l’a illuminé de ses éclairs ? la bienfaisance qui y a tendu la main au malheur, à l’amitié, à tous ceux qui souffraient, sans acception de condition et de doctrine ? Un bon livre reste à faire, et nous le ferons un jour, si Dieu nous prête vie : c’est celui qui mettrait en lumière les actes de munificence, de dévouement et de sainte abnégation accomplis par les philosophes et leurs disciples, c’est-à-dire ceux qui s’étaient enrôlés sous leur bannière et qu’on

---

(1) On sait que Sainte-Beuve a défini Chateaubriand un *épicurien à l’imagination catholique.* Si juste que puisse être cette qualification, il semble que Sainte-Beuve aurait dû laisser à un autre le soin de l’appliquer à l’illustre écrivain qui lui avait rendu de si éminents services ; mais notre critique académicien oubliait aussi vite ses protecteurs de l’Abbaye-aux-Bois que ses amis dans le monde.

désigne dans un certain camp sous le nom « d'esprits forts, d'utopistes ». Pour ce qui concerne M^{me} d'Houdetot, qui, au cas particulier, est prise personnellement à partie, il suffirait, à notre avis, de rappeler une lettre qu'elle écrivait en 1806 à un homme en place, et dans laquelle elle dit : « Qu'une habitation de plus de quarante années dans une contrée (vallée de Montmorency) où ses parents possédaient de grandes propriétés a accoutumé les habitants à s'adresser à elle dans leurs besoins ; qu'elle n'a jamais repoussé leurs prières toutes les fois qu'elles lui ont paru justes, et que c'est encore en faveur de ces habitants qu'elle réclame une nouvelle grâce, etc. (1). »

Sans contredit, il y avait alors en France, dans les régions intermédiaires et peut-être plus que de nos jours, de l'humanité, de la justice, une solidarité réciproque parmi les hommes, acheminement vers l'amour des humbles et des petits. Et c'est à ce culte que M^{me} Dupin sacrifiait, à cette religion qu'elle était dévote et fidèle. C'est dire que, dans les relations ordinaires de la vie, elle ne négligeait rien de ce qui pouvait être utile et bon aux autres. Accorte, délicate, affectueuse, elle avait un pardon pour tous les repentirs, de l'indulgence pour tous les travers, des consolations pour toutes les souffrances. Un exemple, pris

---

(1) *Catalogue d'autographes*, Charon, 5 février 1844.

parmi un grand nombre de faits analogues, donnera une idée de son exquise courtoisie, de même que de son penchant à obliger.

Un jour, un M. Pavyot de Lavilette arrive au Blanc, où il demande au régisseur de M^me Dupin un logement dans la maison qu'elle y possède; mais on le lui refuse par le motif que M^me Dupin y est attendue prochainement. Informée de ce qui se passe, elle prend l'initiative et écrit à M. de Lavilette la lettre suivante :

10 juillet 1773.

J'apprends, monsieur, que vous êtes actuellement au Blanc ; que vous avez fait demander un logement dans ma maison ; que les personnes qui y sont en passant, pour mes affaires, ont répondu que, m'attendant incessamment, elles craindraient que vous ne pussiez être gêné par mon arrivée, etc.

Ces personnes ont voulu me laisser le plaisir de vous assurer que vous ne seriez point gêné, ni moi non plus, lors de mon arrivée, et de vous offrir, en attendant, la maison telle qu'elle est, ainsi que tout ce que la terre pourrait fournir à votre commodité et à votre amusement. Ce sera m'obliger, monsieur, que de l'accepter.

Il est même aujourd'hui vraisemblable que mon voyage est différé; que, si je puis partir, ce sera seule et à la légère ; ainsi je ne dois entrer dans vos arrangements que pour me donner la satisfaction de vous être bonne à quelque chose.

Celui qui vous remettra cette lettre vous ouvrira la maison et vous en laissera le maître. Depuis quelques semaines, des circonstances particulières m'ont obligée d'y envoyer plusieurs personnes de confiance qui n'y peuvent rester. Il n'y aura que deux seuls domestiques à qui M. Lefèvre, avant son départ, donnera les ordres qui pourront vous convenir. C'est une personne qu'une connaissance de plus de trente ans me fait estimer, et qui, depuis cette date, gouverne pour moi une habitation agréable que j'ai en Touraine.

Je regrette que les lieux où vous êtes ne soient pas plus en état de vous recevoir, et de n'y être pas moi-même pour chercher à réparer ce qui y manque et à vous en faire les honneurs. J'ai celui d'être, monsieur, avec tous les sentiments qui vous sont dus, votre très humble servante.

L. de Fontaine-Dupin.

A notre avis, toute la fleur de la politesse de ce qu'on appelait le *monde* au xviii<sup>e</sup> siècle se trouve là, dans ce simple billet, souriante et épanouie; elle s'y étale écrite en toutes lettres, elle s'y cache discrète et transparente entre les lignes et sous les mots.

Heureuse au milieu de la cour qu'elle s'était formée, M<sup>me</sup> Dupin s'y fût tenue et serait volontiers restée chez elle, si ces mêmes lois d'un monde qu'elle connaissait si bien ne lui avaient imposé l'obligation d'aller quelquefois chez les autres. C'est ainsi qu'on la trouve de temps en temps soupant chez M<sup>me</sup> du Deffand, cette femme qui, d'après son propre aveu, n'avait « ni roman ni tempérament », ou chez M<sup>me</sup> d'Epinay, qui en avait trop. Mais hâtons-nous de dire qu'elle voyait très rarement cette dernière, et jamais sans être accompagnée de son mari. Au surplus, ses visites à ces deux dames, qu'elle savait estimer à leur juste valeur, n'avaient aucune portée. C'était une concession faite aux convenances, une satisfaction donnée aux exigences de la société, et peut-être, avant tout, un acte de prudence en ce qui concerne M^{me} du Deffand, qu'il n'était pas bon d'avoir contre soi (1).

Après quoi on était des mois entiers sans se voir.

Toutefois elle coupa court à toute relation avec M^{me} La Poupelinière, bien que cette dernière fût elle-même petite-fille de Dancourt, et par conséquent sa cousine germaine. On peut lire dans les mémoires de Marmontel le récit de la rare adresse que M^{lle} Deshayes employa pour se faire épouser par La Poupelinière, aidée du concours de M^{me} de Tencin, qui mit dans cette négociation presque autant de profonde politique qu'elle en avait déployé naguère pour élever son frère à la dignité de cardinal. Cependant ce n'est pas précisément le manège auquel recourut M^{lle} Deshayes dans cette circonstance qui attira sur elle le blâme et le mépris ; loin de là : elle avait affaire à un vieux libertin, qui, disait-elle, l'avait séduite, elle

(1) *Confessions*, liv. XI. Rousseau dit, en parlant de M^{me} du Deffand, « qu'il aime mieux s'exposer au fléau de sa haine qu'à celui de son amitié ».

*jeune innocente,* et, comme on savait à quoi s'en tenir à cet égard, les rieurs étaient de son côté; car le ridicule retombait tout entier sur le financier qui avait été assez faible, assez crédule pour se laisser prendre au trébuchet. Mais, ce qu'on ne pouvait pardonner à M^me La Poupelinière, c'était sa conduite actuelle, sa vie dissolue, qui la fit bientôt une des femmes les plus décriées de son temps; et, dès lors, M^me Dupin s'éloigna d'elle.

Mais il fallait une amie à M^me Dupin, une compagne d'affection et de cœur, et elle la trouva dans la comtesse de Forcalquier, celle que la sèche M^me du Deffand appela d'abord du sobriquet amical et mignard de « petit chat », de « minet », de « bellissima », mais à laquelle, changeant de note, elle donna ensuite le nom de « bête obscure et entortillée, pleine de galimatias qu'elle prend pour des pensées (1) ». Car c'est ainsi comme on sait, que M^me du Deffand, dans ses noirs accès d'ennui, aimait à prendre la revanche des surprises de son cœur et à les faire expier à ses amies, en supposant qu'elle ait jamais eu des amies et un cœur.

M^lle de Carbonnel de Canizy était d'une bonne maison de Normandie, et quand elle épousa, le 6 mars

_________

(1) *Correspondance complète de M^me du Deffand,* édition de M. de Lescure, t. I, p. 480.

1742, M. de Forcalquier, elle était veuve du marquis d'Antin, fils du premier mariage de la comtesse de Toulouse. Dans ses *Mémoires* (t. IV, p. 203), le duc de Luynes nous a laissé son portrait, tracé au moment où, présentée à la cour trois mois après son mariage, elle y prit le tabouret en sa qualité de femme d'un grand d'Espagne. « On ne peut pas être plus jolie, dit-il, que l'est M^me de Forcalquier ; elle est petite, mais fort bien faite ; un beau teint, un visage rond, de grands yeux, un très beau regard, et tous les mouvements de son visage l'embellissent. » Du reste, établissant une comparaison entre elle et M^lle de Conti, il donne la préférence à cette dernière, qui, si nous ne nous trompons, épousa l'année suivante le duc de Chartres, plus tard duc d'Orléans, qu'elle abreuva d'amertumes et d'outrages (1). Il n'en fut pas ainsi de M^me de Forcalquier, qui vécut en « honnête personne » (M^me du Deffand ne peut s'empêcher de le reconnaître), et c'est au contraire son mari qui ne la rendit pas heureuse.

On raconte même à ce sujet une petite scène domestique pleine de saveur arrivée entre les deux époux, à propos de laquelle M^me de Forcalquier prouva qu'elle avait l'esprit aussi vif que la main. Voici

(1) Voir notre *Louis XV et sa famille*, Dentu, 1873, p. 67 et suiv.

comment. Un jour, dans un tête-à-tête avec elle, son mari s'étant oublié jusqu'à lui donner un soufflet, elle voulut plaider en séparation et alla consulter un avocat célèbre, qui lui dit de renoncer à ce projet, attendu qu'elle n'avait pas de témoins. Sur-le-champ elle revient chez elle, entre dans le cabinet de son mari, et, rendant à celui-ci ce qu'elle en avait reçu : « Tenez, monsieur, lui dit-elle, voilà votre soufflet. Je n'en puis rien faire (1). »

Ce trait n'est pas d'une « bête obscure et entortillée », et c'est peut-être le cas de dire qu'elle avait de l'esprit jusqu'au bout des doigts. Son mari dut rire de l'algarade, et, ayant ri, se sentir désarmé; car il avait aussi beaucoup d'esprit, à ce point que M^me de Flamarens prétendait qu'il « éclairait une chambre en y entrant ». Le président Hénault est moins hyperbolique. « Il était gai, dit-il; un ton noble et facile, un peu avantageux, peignant avec feu tout ce qu'il racontait ; » et donnant probablement des soufflets avec la même verve, ajouterons-nous.

Telle est la compagne, l'amie intime que M^me Dupin se choisit. On les voyait souvent ensemble, soit chez l'une d'elles, soit en visite dans le monde. M^me du Deffand les recevait avec de grandes démonstrations

(1) *Lettre de M^me du Deffand*, édit. Ponthieu, 1827, t. I, p. 16, note.

d'amitié, leur faisait la meilleure mine, sauf à se dédommager sournoisement de sa contrainte dans ses lettres à Horace Walpole, où, à l'occasion, elle n'épargnait pas plus M^me Dupin qu'elle n'avait épargné M^me de Forcalquier. Mais elle procédait autrement. Ce n'est pas de front qu'elle attaquait M^me Dupin. Elle y mettait de la retenue, des nuances, des réticences, des insinuations. Evitant de s'exprimer nettement sur son compte, elle donnait seulement à entendre que M^me Dupin était une femme à prétentions, un esprit alambiqué, une espèce de précieuse, de femme savante; mais n'a-t-elle pas dit à peu près la même chose de M^me Necker, en prétendant que l'esprit de cette femme distinguée « était d'une sphère trop élevée pour qu'on pût communiquer avec elle » ? Enfin, peu de personnes ont trouvé grâce devant les traits acérés de M^me du Deffand ; mais ce qu'elle aimait surtout, sa suprême volupté, c'était de passer au crible de son amère critique les femmes composant sa société (1).

Il n'y a donc pas lieu de s'étonner des accès de sa

(1) Selon elle, la marquise de Boufflers avait toujours l'air d'être surprise en flagrant délit ; M^me de Jonzac était raisonnable, mais froide et commune ; M^mes d'Aubeterre et de La Vallière jabotaient comme des pies ; la duchesse d'Aiguillon parlait comme une inspirée, ne sachant presque jamais ce qu'elle disait; la duchesse de Lauzun était un petit oiseau qui n'avait encore appris aucun des airs qu'on lui sifflait, etc., etc.

mauvaise humeur, non plus que de son peu de justice
à l'égard de M^me Dupin et de son amie; et nous n'en
parlons ici que parce que notre impartialité nous fait
un devoir de recueillir tout ce qui peut éclairer le jugement du lecteur.

## VII

Nous sommes en 1747, c'est-à-dire que cinq années se sont écoulées depuis que nous avons perdu de
vue J.-J. Rousseau et le jeune Armand Dupin. Nous
allons conduire d'abord le lecteur à Chenonceau, où
nous retrouverons le citoyen de Genève, qui vient
d'y arriver ; ensuite nous retournerons auprès du fils
de M^me Dupin, lequel achèvera de nous faire connaître
tout ce que l'âme de sa mère renfermait de tendresse
expansive, d'indulgence et de virilité.

Pendant cet intervalle de cinq années, Rousseau
avait voyagé en Italie. Il y avait suivi, en qualité de secrétaire, le comte de Montaigu, nommé ambassadeur
à Venise, où il lui était arrivé des aventures *sui gene-
ris,* de ces histoires qui seraient incroyables si elles ne
se rapportaient pas à lui. Après s'être brouillé avec le
comte, il était revenu à Paris, s'y était lié avec Thérèse Levasseur, dont la funeste influence devait peser
sur sa vie entière, et, malgré le crédit de Francueil, il
n'avait pu réussir à faire recevoir à l'Opéra *les Muses*

*galantes,* ouvrage dont il avait composé les paroles et la musique. Dans son ardent désir de faire jouer cet opéra, il s'était mis en rapport avec M. et M^me La Poupelinière, qui étaient les Mécènes du musicien Rameau, dont il espérait obtenir l'appui; mais il ne trouva que morgue et mauvais vouloir dans ce dernier, qui, suivant Diderot, était « sombre, triste et hargneux ». Et comme, en continuant de voir les La Poupelinière, Rousseau s'apercevait qu'il se fermerait pour toujours la porte de l'hôtel Dupin, il pria son ami Thieriot « de tâcher de l'y ramener »; ce que fit Thieriot, aidé sans doute par Francueil, le seul membre de la famille que Rousseau n'eût pas négligé depuis son retour.

Rousseau fut accueilli par M. et M^me Dupin avec cette bonté affectueuse, avec cette bienveillance aimable qui étaient presque aussi naturelles au mari qu'à la femme. C'était le retour de l'enfant prodigue. On lui fit fête, on lui pardonna et on se l'attacha à titre de secrétaire.

Voilà donc notre philosophe installé rue Plâtrière, tantôt s'occupant de chimie et d'histoire naturelle avec Francueil, qui « aspirait à l'Académie des sciences et voulait pour cela faire un livre », tantôt écrivant sous la dictée de M^me Dupin, ou faisant pour elle « des recherches de pure érudition ». M. et M^me Dupin travaillaient alors à un ouvrage sur le mérite des femmes, et Rousseau « les aidait à prendre des notes et à faire des recherches, dit M^me Sand ; il entassa à ce sujet des matériaux considérables qui subsistent encore à l'état de manuscrits au château de Chenonceau. L'ouvrage ne fut point exécuté, ajoute M^me Sand, à cause de la mort de M. Dupin, et M^me Dupin, par modestie, ne publia jamais son travail. » (*Histoire de ma vie*, t. I, p. 63.)

Les beaux jours de l'automne arrivèrent et la famille de M. Dupin partit pour Chenonceau, accompagnée de Rousseau, qui retrace ce voyage dans les termes suivants :

En 1747, nous allâmes passer l'automne en Touraine, au château de Chenonceau, maison royale sur le Cher, bâti par Henri II pour Diane de Poitiers (1), dont on y voyait encore les chiffres, et maintenant possédé par M. Dupin, fermier général. On s'amusa beaucoup dans ce beau lieu ; on y faisait très bonne chère, j'y devins gras comme un moine. On y faisait beaucoup de musique. J'y composai plusieurs trios à chanter, pleins d'une assez forte harmonie. On y joua la comédie. J'en fis, en quinze jours, une en trois actes, intitulée *l'Engagement téméraire*, qu'on trouvera parmi mes papiers, et qui n'a d'autre mérite que beaucoup de gaieté. J'y composai d'autres petits ouvrages, entre autres une pièce en vers intitulée

(1) Rousseau fait erreur. Comme on l'a vu, ce château a été bâti au commencement du XVI^e siècle par Thomas Bohier, et pour son agrément particulier.

*l'Allée de Sylvie,* nom d'une allée du parc qui bordait le Cher; et tout cela se fit sans discontinuer mon travail sur la chimie, et celui que je faisais auprès de M^me^ Dupin (1).

Vie délicieuse que cette vie de château au xviii^e^ siècle! C'était l'élégance et le confortable de la ville entés sur la rudesse et la sobriété du hameau, le beau monde transplanté au milieu d'une pastorale de Florian ou d'une idylle de Gesner, et y apportant ses goûts, ses coquetteries, ses plaisirs. Enfin cette vie consistait à éparpiller ses heures entre la conversation et la lecture, le recueillement et la bonne chère, les promenades sur l'eau et les cavalcades dans la forêt; puis, le soir, la musique, le jeu et le spectacle égayaient les conviés : car on jouait la comédie à Chenonceau, comme l'a dit Jean-Jacques, et il y a lieu de croire que *l'Engagement téméraire* dont il parle y fut représenté et qu'il y remplit un rôle, ainsi que cela eut lieu plus tard quand cette pièce fut jouée à la Chevrette chez M^me^ d'Epinay (2). D'un autre côté, la France

(1) *Confessions,* liv. VII. L'allée de Sylvie existe encore. Les deux premiers chênes portent le nom de J.-J. Du reste, on trouve les vers de Rousseau dans ses œuvres, et ils sont loin d'être aussi poétiques que sa prose.

(2) Après avoir subi un temps d'arrêt, cette vie de château a été reprise, on l'a vu, par M^me^ Pelouze, qui lui a donné une nouvelle impulsion, un nouvel éclat.

était encore sous l'impression glorieuse de la victoire de Fontenoy, et tous les cœurs se livraient à la joie (1).

Du reste, on aime à se représenter Rousseau avec une face pleine et fleurie, comme César les voulait; Rousseau faisant bonne chère et devenant *gras comme un moine*. Un joyeux suivant de Rabelais n'eût pas mieux fait, et Jean-Jacques avait raison de saisir au passage la bonne aubaine qui lui était offerte de savourer le superflu, lui qui manqua si souvent du nécessaire. Heureux s'il avait pu rester toujours ainsi dans ce riant pays de Cocagne, dans cette seconde et plantureuse abbaye de Thélème — honnête et intelligente celle-là ! — dégagé de soins, de soucis, uniquement occupé de celui de son bien-être ! A la vérité, nous y eussions perdu d'admirables chefs-d'œuvre, de brûlantes et incomparables pages d'éloquence et de passion ; mais il y eût gagné le calme, le repos du cœur, la sérénité de l'âme qu'il poursuivit en vain toute sa vie, et qui valent peut-être mieux, après tout, que le sourire si souvent perfide de la gloire et la reconnaissance toujours douteuse de la postérité.

(1) Dans les *Poésies inédites* de Gresset, publiées en 1863 par M. de Beauvillé, nous voyons qu'il existait à Chenonceau un chêne sous l'ombrage duquel M^me Dupin aimait à se reposer, et qui, pour cette raison, prit son nom. Gresset s'était proposé de faire une pièce de vers sur ce chêne, mais cette composition resta à l'état de projet; elle manque du moins dans son livre, où le titre seul est indiqué : *le Chêne de M^me Dupin.*

Mais il n'en était pas ainsi. Bientôt il allait quitter Chenonceau avec ses généreux hôtes, et, loin d'être affranchi des soucis du lendemain, il songeait au contraire à ceux qui l'attendaient à son retour à Paris : car, en partant, il y avait laissé Thérèse enceinte, et cette pensée le préoccupait douloureusement.

Nous n'avons pas entrepris d'écrire l'histoire de Jean-Jacques; mais cette histoire se trouve mêlée par tant de côtés à la vie de famille de M<sup>me</sup> Dupin, que nous sommes naturellement amené à en résumer certains épisodes qui se lient étroitement à notre sujet.

Par suite de ses relations avec Thérèse, Rousseau s'était créé des charges relativement lourdes. Indépendamment du loyer de la chambre garnie qu'il occupait à ses frais à côté de l'hôtel Dupin, il avait à payer un autre logement tout en haut de la rue Saint-Jacques, à l'hôtel *Saint-Quentin,* où il avait connu Thérèse et où elle continuait d'habiter, en travaillant à des ouvrages de couture. Et pour faire face à ces dépenses et aux frais nouveaux qu'allait entraîner ce qu'il appelle quelque part, dans un réalisme un peu cru, « les embarras de la marmaille », il n'avait d'autre ressource que ses appointements, qui étaient de huit à neuf cents francs par an. Il y a lieu de croire que la perspective de la misère, autant que celle des « pernicieux exemples » qu'il redoutait pour son enfant,

le décida à s'en séparer ; et très probablement aussi
il revint de Chenonceau ayant formé dans sa tête ce
projet d'abandon.

Son premier soin, en rentrant à Paris, fut de mettre fin au double ménage qu'il avait entretenu jusque-
là et de n'en former plus qu'un désormais avec Thérèse. Ce projet, il le nourrissait depuis longtemps déjà ;
mais l'argent lui avait manqué pour acheter des meubles. Heureusement M^{me} Dupin, de concert avec
Francueil, venait de porter, « uniquement de son
propre mouvement, » dit Jean-Jacques, les honoraires de celui-ci « jusqu'à cinquante louis ; et de plus,
ajoute-t-il, M^{me} Dupin, apprenant que je cherchais à
me mettre dans mes meubles, m'aida de quelque secours pour cela (1). » Il loua bientôt un petit appartement pour lui et pour Thérèse à l'hôtel de
*Languedoc,* rue de Grenelle-Saint-Honoré, et ils y
demeurèrent plusieurs années, jusqu'à leur « déloge-
ment pour l'Ermitage », où les fit venir M^{me} d'Epinay.

Rousseau avait mis plusieurs personnes dans la
confidence de l'*arrangement,* pour parler son langage,
qu'il avait pris successivement à l'égard de ses cinq
enfants (Diderot, Grimm, M^{me} d'Epinay, M^{me} de
Luxembourg étaient du nombre) ; mais il respectait

(1) *Confessions,* liv. VIII.

trop M<sup>me</sup> Dupin pour l'en instruire, et il eût craint d'ailleurs qu'un pareil aveu ne lui aliénât ses bonnes grâces. Mais M<sup>me</sup> Levasseur, la mère de Thérèse, que Rousseau avait introduite avec cette dernière chez M<sup>me</sup> Dupin, mit leur bienfaitrice dans le triste secret du ménage.

M<sup>me</sup> Dupin, ajoute-t-il, qui est bonne et généreuse, et à qui M<sup>me</sup> Levasseur ne disait pas combien, malgré la modicité de mes ressources, j'étais attentif à pourvoir à tout, y pourvoyait de son côté avec une libéralité que, par l'ordre de sa mère, Thérèse m'a toujours cachée durant son séjour à Paris, et dont elle ne me fit l'aveu qu'à l'Ermitage, à la suite de plusieurs autres épanchements du cœur. J'ignorais que M<sup>me</sup> Dupin, qui ne m'en a jamais fait le moindre semblant, fût si bien instruite ; j'ignore encore si M<sup>me</sup> de Chenonceau, sa bru, le fut aussi ; mais M<sup>me</sup> de Francueil, sa belle-fille, le fut et ne put s'en taire. Elle m'en parla l'année suivante, lorsque j'avais déjà quitté leur maison. Cela m'engagea à lui écrire à ce sujet une lettre qu'on trouvera dans mes recueils, et dans laquelle j'expose celles de mes raisons que je pouvais dire sans compromettre M<sup>me</sup> Levasseur et sa famille, car les plus déterminantes venaient de là, et je les tus. (*Confessions, liv.* VIII.)

Cette étrange lettre, en forme de justification, a été publiée dans la correspondance de Rousseau, et porte la date du 20 avril 1751 ; mais, comme il le donne à entendre, les « raisons déterminantes » ne s'y trou-

vent pas ; elles sont indiquées ailleurs, au livre IX
des *Confessions* et dans les *Rêveries* (huitième promenade) ; et il y revient au livre XII et dans l'*Emile*.
On voit, par tous ces retours sur des faits lamenta-
bles, que sa conscience ne fut jamais suffisamment
tranquille, malgré tous les sophismes qu'il employa
pour la rassurer. Et ce sera peut-être là sa seule excuse devant la postérité (1).

Quelque peu concluante qu'elle soit, la lettre qu'il
écrivit à M^me Francueil est du moins un hommage de
déférence et de respect ; elle prouve combien Rousseau tenait à l'estime de cette dame, ainsi qu'à celle de
la famille de M. Dupin, dont il avait cessé, depuis
quelque temps, d'être le commensal sans avoir cessé
d'être l'ami. C'est que les révélations rétrospectives
de Thérèse lui apprenaient chaque jour à connaître
davantage M^me Dupin ; il savait maintenant tout ce
que cette noble femme lui avait pardonné, tout ce
qu'elle avait répandu de libéralités autour de lui, « les
multitudes de présents qu'elle avait faits à son intention (2) », et toujours en s'enveloppant de cette pudeur charmante, de ce mystère délicat qui en dou-
blaient le prix.

(1) Croira-t-on qu'un auteur a eu le triste courage d'entreprendre
la justification de Rousseau ? *Vie de J.-J. Rousseau,* par le comte
de Barruel-Beauvert. Londres, 1789, 1 vol. in-8°, p. 378 et suivantes.
(2) *Confessions,* liv. IX.

Grimm — ce petit baron allemand ingrat et vani-
teux, homme d'esprit plus qu'homme de cœur, qui
ne laissa jamais échapper l'occasion de nuire à Jean-
Jacques, après en avoir reçu des services, — Grimm
prétend que l'on *congédiait* le secrétaire de M^me Dupin chaque fois qu'elle réunissait à sa table ses amis
les philosophes et hommes de lettres (1). C'est une ca-
lomnie.

Il n'était pas plus dans le caractère de M^me Dupin
d'infliger une pareille humiliation à son secrétaire,
qu'il n'était dans le caractère de Rousseau de l'accepter. Congédié une fois, il ne serait pas revenu.

Pendant son séjour chez M^me Dupin, Rousseau
avait été chargé par elle de faire l'extrait des ouvrages laissés par l'abbé de Saint-Pierre, qu'elle appelait,
comme nous l'avons dit, son *enfant gâté,* et qui était
mort en 1742, à Paris, après avoir fait une grave
maladie à Chenonceau. M^me Dupin avait pour sa mémoire, dit Rousseau, « un respect et une affection
qui faisaient honneur à tous deux, et son amour-propre eût été flatté, ajoute-t-il, de voir ressusciter par
son secrétaire les ouvrages mort-nés de son ami (2). »
Mais Rousseau ne mit pas à ce travail, dont il continua de s'occuper à l'Ermitage, la suite et la défé-

(1) *Correspondance littéraire,* mars 1769.
(2) *Confessions,* liv. IX.

rence que lui commandaient à la fois les sympathies
de sa bienfaitrice et le caractère de l'auteur. Il traite,
en effet, ce dernier avec un sans-gêne par trop familier; l'ironie, la moquerie percent souvent dans son
langage; tout en reconnaissant que cet homme de
bien présente çà et là des « vues grandes et belles »,
il s'égaye sur son style, qui n'est pas à la hauteur de
ses conceptions, et l'appelle le « vieux bonhomme »,
le « pauvre homme ». Mais il a suffi d'un coup d'aile
de M^{me} Sand pour remettre Rousseau à sa place et
l'abbé de Saint-Pierre à son rang.

Nous ne pouvons que renvoyer le lecteur à l'*Histoire de ma vie* (1), où, dans un langage plein d'é-
clat et de force, M^{me} Sand venge l'abbé de Saint-
Pierre des dédains de Rousseau et fait à ce fidèle ami
de M^{me} Dupin la part de gloire qui lui est due. Elle
est bien près de le présenter comme l'initiateur,
comme l'apôtre des idées nouvelles. « Il me semble,
dit-elle, que ce rêveur a vu plus clair que tous ses
contemporains, et qu'il était beaucoup plus près des
idées révolutionnaires, constitutionnelles, saint-simo-
niennes, et même de celles qu'on appelle aujourd'hui
humanitaires, que son contemporain Montesquieu et
ses successeurs Rousseau, Diderot, Voltaire, Helvétius, etc. »

(1. T. I, pp. 64 à 67.

Nous rappellerons qu'en 1718 l'abbé de Saint-Pierre avait été exclu de l'Académie française pour un acte de courage : il avait parlé de Louis XIV avec trop de hardiesse, trop de liberté. « Ayant osé dire, raconte Morellet dans ses *Mémoires,* que ce prince courait après la *gloriole,* il fut chassé de l'Académie pour n'avoir pas rempli sa fonction de compère selon l'esprit de l'institution. » (T. II, p. 296.) Du reste, Voltaire l'appelait *Aristide* de Saint-Pierre. (*Lettre à Thieriot,* du 31 octobre 1738.) Terminons en constatant, à la gloire du régent, qu'il défendit que le fauteuil académique laissé par le bon abbé fût occupé de son vivant. On n'y nomma en effet qu'après sa mort. Ce fut Maupertuis qui le remplaça (1).

En dehors de l'augmentation que M^me Dupin avait faite aux appointements de Rousseau, Francueil avait voulu améliorer la situation de son ami. A cet effet, il lui offrit la place de caissier devenue vacante à la recette générale des finances, dont il était titulaire. Après de longues hésitations, Rousseau avait accepté et s'était mis tant bien que mal au courant de sa nouvelle tâche ; mais Francueil ayant fait un petit voyage, en lui laissant la garde de la caisse, qui ne renfermait alors que 25 à 30,000 francs, Jean-Jacques fut si effrayé de la responsabilité qui avait pesé sur lui,

_______

(1) *Essais dans le goût de Montaigne,* D'Argenson, p. 221.

qu'il jugea n'être « point fait pour être caissier ». Il renonça donc à cet emploi pour se mettre à copier de la musique à tant la page ; ce qu'il ne fit pas, au reste, sans écrire « un petit billet à Francueil pour le remercier, ainsi que M^{me} Dupin, de toutes leurs bontés, et pour leur demander leur pratique. » (*Confessions,* liv. VIII.)

C'est alors que la place fut donnée à Dalibard, l'ancien gouverneur d'Armand, vers lequel cette transition nous ramène naturellement.

## VIII

Armand a grandi. Le jeune Chenonceau est devenu presque un homme. Il est entré dans sa vingtième année, à cet âge où le sang circule ardent dans les veines, où le cœur bat, où les regards fixés à l'horizon s'élancent vers l'avenir, vers l'inconnu. Il est aimable, beau, spirituel, généreux ; son cœur est honnête et bon, mais son caractère est aventureux et léger ; il cède aisément à l'entraînement, parfois au mauvais exemple, et l'on craint pour lui les influences pernicieuses de ses amis, et il en a beaucoup. Il a même déjà des flatteurs, des courtisans, des parasites. On songea donc à le marier. En lui donnant une compagne estimable, une femme vertueuse, on préviendra probablement des écarts précoces et on assurera son bonheur.

Le choix de cette compagne fut un objet de méditation soucieuse et profonde, surtout de la part de M^{me} Dupin, qui y rattachait ses tremblantes et suprêmes espérances. Elle réfléchissait, elle hésitait, elle comparait, plongée dans cette concentration d'amour maternel qui est comme une illumination intérieure, comme une seconde vue. Ses préférences s'arrêtèrent enfin sur la fille de la vicomtesse de Rochechouart (Marie-Alexandrine-Sophie), jeune personne charmante, raisonnable, ayant à peu près l'âge de Chenonceau, et à la sollicitation de laquelle, devenue alors le modèle des mères, Jean-Jacques écrira plus tard son *Émile* (1).

Mais laissons encore une fois la parole au chroniqueur domestique, à l'historiographe familier de la maison Dupin, au témoin oculaire qui raconte les faits et les personnes avec une spontanéité d'émotion qui n'a d'égale que la sincérité de ses aveux, alors même qu'ils doivent tourner contre lui.

(1) « J'entrepris l'*Émile* à la sollicitation d'une mère; mais cette mère, toute jeune et tout aimable qu'elle est, a de la philosophie et connaît le cœur humain. Elle est par la figure un ornement de son sexe, et par le génie une exception. C'est pour les esprits de la trempe du sien que j'ai pris la plume et non pour messieurs tels et tels qui me lisent sans m'entendre et qui m'outragent sans me fâcher. » Rousseau, *Lettres écrites de la montagne*.

Le mariage de M. de Chenonceau, écrit Jean-Jacques,
me rendit la maison de sa mère encore plus agréable, par
le mérite et l'esprit de la nouvelle mariée, jeune personne
très aimable, et qui parut me distinguer parmi les scribes
de M. Dupin. Je lui trouvai l'esprit métaphysique et penseur, quoique parfois un peu sophistique. Sa conversation, qui n'était point du tout celle d'une jeune femme
qui sort du couvent, était pour moi très attrayante. Cependant elle n'avait pas vingt ans; son teint était d'une
blancheur éblouissante; sa taille eût été grande et belle si
elle se fût mieux tenue; ses cheveux, d'un blond cendré
et d'une beauté peu commune, me rappelaient ceux de
ma pauvre maman (1) dans son bel âge, et m'agitaient le
cœur. Mais les principes sévères que je venais de me
faire, et que j'étais résolu de suivre à tout prix, me ga-
rantirent d'elle et de ses charmes. J'ai passé, durant tout
un été, trois ou quatre heures par jour tête à tête avec
elle, à lui montrer gravement l'arithmétique et à l'en-
nuyer de mes chiffres éternels, sans lui dire un seul mot
galant ni lui jeter une œillade (2).

A la bonne heure! mais nous l'avons échappé belle.
Sans les principes *sévères* dont il parle et qu'on ne lui
soupçonnait pas, Rousseau nous eût infailliblement
fait assister à une nouvelle campagne amoureuse, à
une seconde édition de sa déclaration à M^me Dupin et
de ses suites.

Ce que Rousseau ne dit pas, c'est que M^lle de Ro-

(1) On sait que *maman* était M^me de Warens.
(2) *Confessions*, liv. VIII.

chechouart était « fort pauvre », au rapport du duc de Luynes (*Mémoires*, t. X, p. 46). Elle apporta seulement en dot un blason, sa beauté et ses qualités aimables : triple diamant après tout, et à diamant donné on ne regarde pas à la sertissure. Et puis M. et M^me Dupin étaient assez riches pour assurer à leurs enfants une vie élégante et choisie, le plus large confort.

A cette époque, où l'argent commençait à avoir le pas sur les titres et les dignités, il n'était pas rare de voir des filles de noble maison sans fortune épouser des financiers, des roturiers enrichis : c'est ce que l'une d'elles, dans son orgueil aristocratique, appelait dédaigneusement *fumer ses terres*. Plusieurs alliances analogues venaient de s'accomplir, et nous trouvons dans les *Mémoires* de d'Argenson ces lignes piquantes, qui s'adressent précisément en partie au mariage dont nous nous occupons : « On dit de trois filles de condition qui ont épousé trois financiers ces trois turlupinades : que M^me de Béthune a reçu la pomme d'or de Pâris, M^lle de la Tour du Pin a bien dit son oraison de Saint-Julien, et M^lle de Rochechouart a épousé M. de Chenonceau pour « Dupin ». (T. VI, p. 89.)

Quoi qu'il en soit, voilà un jeune et charmant ménage qui entre dans la vie par la porte d'ivoire, la porte aux doux songes. Fortune, considération, esprit, amour, et là-dessus une fraîche couronne de vingt ans : rien ne leur manque. Pour eux le présent est une fée prodigue et l'avenir un ami souriant dont la main est pleine de promesses. Ils n'ont qu'à tendre les lèvres pour boire à toutes les ivresses permises, à toutes les coupes que présente le plaisir.

Les voilà donc vivant heureux et attendris, s'épanouissant au chœur chantant des jeunes espérances, et mollement bercés dans les brises printanières d'un premier amour. Et ce n'est pas tout : au bout d'un an un enfant leur était né, qui doubla leur joie et couronna leur tendresse ; on lui donna les noms de Claude-Sophie Dupin de Rochefort.

M$^{me}$ Dupin avait voulu avoir ses enfants auprès d'elle, dans son hôtel. Elle les y avait établis dans un corps de logis à part, richement décoré par ses soins, et ils y vivaient à leur guise, ayant personnellement à leur service gens de livrée, carrosses et chevaux. L'heure des repas seulement les réunissait à la table commune ; et, pour que chacun fût libre, gardât son entière indépendance, les jeunes gens voulurent payer une pension annuelle à M. Dupin, qui les laissa faire. Cette pension fut fixée à huit mille francs par an. Nous en avons sous les yeux quelques quittances signées de M. Dupin (1750 à 1754). Elles portent que cette somme s'applique également au logement et à la nourriture des domestiques et de deux chevaux, ainsi qu'à la fourniture « du bois et des chandelles ».

Il faudrait aujourd'hui le quintuple de cette somme pour tenir honorablement à Paris un semblable train de maison. Et cependant on voit qu'en 1750 on était déjà loin de 1670, époque où, réglant le budget de sa belle-sœur récemment mariée, M^{me} Maintenon écrivit cette fameuse lettre restée à l'état de problème, et d'après laquelle la dépense annuelle d'une maison composée de douze personnes, dont dix domestiques, plus quatre chevaux, voiture, loge à l'Opéra, location d'hôtel, etc., ne s'élevait qu'à douze mille livres par an.

Comme si ce n'eût pas été assez de tous les avantages que nous venons d'énumérer, un nouvel élément de prospérité survint au jeune ménage, en même temps qu'un motif de légitime orgueil. Après avoir formé son fils aux opérations financières, M. Dupin obtint l'autorisation de se l'adjoindre en qualité de suppléant dans l'exercice de sa charge, dont la survivance fut dès lors assurée à Chenonceau (1). En même temps celui-ci reçut le titre d'écuyer et de secrétaire du cabinet et chambre du roi. C'était entrer à la fois et de plain-pied dans les fonctions publiques et les honneurs. Tout semblait conspirer à sa félicité, à son rapide avancement dans le monde. Mais il avait une

(1) Cette autorisation lui avait été accordée, avec la survivance, le 29 mars 1750. — Manuscrit de la bibliothèque du ministère des finances, intitulé : *Mémoires du roi*, t. II, p. 129.

ambition plus haute, ou plutôt un vague besoin de
changement et d'activité. Cette situation brillante, acquise plutôt que conquise, cette vie égale et facile
qu'il menait, ne lui suffirent pas longtemps. Il lui fallait l'imprévu, la difficulté, la lutte.

Il forma des entreprises, entama des négociations
en dehors de l'action et du contrôle de son père, dont
il négligeait trop souvent de consulter l'expérience
éclairée et le bon cœur. Il avait, en outre, la manie
des expéditions lointaines. Il envoyait tantôt en Amé-
rique, tantôt aux colonies, des cargaisons de produits
industriels, des pacotilles d'objets d'art : toutes choses
où l'on gagnait beaucoup d'argent, mais où l'on pouvait aussi beaucoup en perdre. C'est ce qui lui arriva ;
et, une fausse spéculation l'ayant obligé, vers l'année 1754, à se rendre dans plusieurs ports de mer de
la Bretagne, sa mère désolée lui écrivit quelques lettres que nous avons sous les yeux et qui nous la montrent aux prises avec les anxiétés de sa tendresse et
les inquiétudes de sa raison. Car l'absence de son fils
se prolongeait indéfiniment. Enfin il mit un terme à
ses pérégrinations.

Il revint à Paris, et, rendu ainsi aux doux empressements, aux soins affectueux de sa jeune
femme et de sa famille, l'enfant prodigue se montra,
pendant quelque temps, assez raisonnable pour qu'on
pût espérer son retour complet à la sagesse. Mais,

hélas! ce ne devait être qu'une trêve. Demander davantage à Chenonceau, attendre de lui une réconciliation solide et durable, c'eût été rêver la paix perpétuelle du bon abbé de Saint-Pierre et la confraternité universelle des peuples.

Nous l'avons dit : il avait une bonté native qui était comme un héritage sacré transmis par sa mère. Mais il y avait deux hommes en lui : il était à la fois impétueux et faible, ardent et irrésolu; de telle façon qu'il flottait sans cesse entre les témérités de son esprit et les défaillances de son cœur. En un mot, ce n'était pas le moule qui manquait, mais le bronze. C'est dire que les faux amis et les mauvais conseillers avaient facile accès auprès de lui, et neutralisaient l'ascendant, la douce autorité de sa femme et de sa mère. Ils le poussaient le plus possible dans les voies hasardeuses des spéculations, où ils recueillaient tous les profits, et lui, pour se récupérer de ses mécomptes, s'adonnait au jeu. Il y perdit, en une seule nuit, 700,000 livres (1). Au train dont il allait, si l'on

(1) Voici un renseignement qui a été fourni par M. le comte René de Villeneuve à M<sup>me</sup> Sand, sa cousine, et que nous empruntons à l'*Histoire de ma vie*, p. 77 : « L'hôtel Lambert était habité par notre famille et par l'amie intime de M<sup>me</sup> de Chenonceau, la belle et charmante princesse de Rohan-Chabot. C'était un vrai palais. En une nuit, M. de Chenonceau, fils de M. et M<sup>me</sup> Dupin, cet ingrat élève de Jean-Jacques, marié depuis peu de temps à M<sup>lle</sup> de Rochechouart, perdit au jeu 700,000 livres. Le lendemain, il fallut

n'y eût mis bon ordre, il aurait promptement dévoré Chenonceau et ses dépendances, y compris la fortune de son père et celle du vieux Samuel Bernard brochant sur le tout.

On crut couper court au danger en lui donnant un conseil judiciaire ; mais, ses dilapidations ayant continué et ses créanciers le poursuivant à outrance, on recourut à une extrémité douloureuse : on obtint contre lui une lettre de cachet, moyen que beaucoup de familles employaient alors pour mettre les enfants dissipés dans l'impossibilité de mal faire et, en même temps, hors des atteintes des procureurs et des sergents. Dans une lettre adressée par M$^{me}$ Dupin à M. de Bory (1), gouverneur du château de Pierre-

payer cette dette d'honneur. L'hôtel Lambert fut engagé, d'autres biens vendus. De ces splendeurs, de ces peintures célèbres, il ne reste qu'un très beau tableau de Lesueur, représentant trois Muses, dont une joue de la basse. Il l'avait peint deux fois ; l'autre exemplaire est au Musée. M. de Chenonceau, notre grand-oncle, et notre grand-père Francueil ont mangé 7 à 8 millions d'alors. Mon père, marié à la sœur de ton père, était en même temps propre neveu de M$^{me}$ Dupin de Chenonceau et son unique héritier. Voilà comment depuis quarante-neuf ans je suis propriétaire de Chenonceau. »

(1) Frère de Gabriel de Bory, de l'Institut, le gouverneur du château de Pierre-Encise était lui-même un homme fort distingué. Poète facile et élégant, il a traduit la plupart des Odes d'Horace et composé quelques pièces de vers : *La mort d'Eglé, l'Immortalité de l'âme*, etc. Il mourut en 1791. Nous avons eu plusieurs lettres de lui.

Encise, nous lisons les lignes suivantes : « Depuis que les torts de celui qui nous intéresse (son fils) ont éclaté, on a enfermé M. le duc de Bouteville, les deux fils de M. le comte de Lauraguais, dont l'aîné, qui a trente-deux ans, qui a femme et enfants, vient de partir depuis quatre jours pour la citadelle de Metz; M. de Deilhou, le fils, est enfermé depuis quelques mois; un frère de M<sup>me</sup> de Collandre, grand maître des eaux et forêts, l'est aussi; M. de la Borde, ci-devant fermier général, ancien camarade et ami de M. Dupin, a un fils colonel de dragons, maréchal-des-logis de l'armée, qu'il a été obligé d'enfermer également, et bien d'autres que j'ignore. La cruelle maladie de la déraison devient trop commune ». (Lettre du 25 juillet 1763.)

À l'aide de la lettre de cachet dont nous avons parlé, Chenonceau fut placé sous la « sauvegarde et protection du roi », comme on disait agréablement alors, et, à ce titre, désigné pour être enfermé à Charenton. Mais ici commence pour lui une véritable odyssée.

Pour éviter les bonnes grâces de Sa Majesté, dont il se trouvait trop protégé, il quitta précipitamment la maison de son père et erra quelque temps à Paris et dans les environs sous des déguisements plus ou moins pittoresques, mais il finit par être découvert et conduit à Charenton. Il y était depuis quelques semaines quand il parvint à s'échapper, la nuit, avec un autre fils de famille, le jeune comte de Vence, qui, comme lui, avait été privé de sa liberté par suite de prodigalités folles.

Après mille aventures et quelques dangers, ils gagnèrent la Hollande, où le premier soin de Chenonceau fut de tâcher de se faire recevoir bourgeois d'Amsterdam. A cet effet, il rédigea, en forme de pétition, un petit mémoire, écrit de sa main, et il l'adressa au grand pensionnaire. Sa demande fut accueillie; un acte de bourgeoisie en règle lui fut délivré le 11 mai 1762, et il crut être désormais à l'abri de la protection du roi de France. Mais il se trompait : le bras de Sa Majesté ne s'était pas raccourci et il put l'atteindre au sein d'une république comme il l'avait fait en plein pays de royauté. Un ordre vint de France, et nos deux fugitifs furent mis en lieu sûr, puis reconduits à la frontière (1). Le comte de Vence alla je ne sais où, mais Chenonceau fut dirigé sur le château de Pierre-Encise (2), où il devait rester jusqu'à la conclusion d'un procès que des gens de mauvaise foi lui avaient intenté, après avoir surpris sa signature pour des sommes considé-

(1) La correspondance échangée à cette occasion entre M. de Choiseul et M. de Sartines se trouve à la bibliothèque de l'Arsenal de Saint-Pétersbourg, où l'a vue le comte de la Ferrière. (*Deux Années de mission à Saint-Pétersbourg*, p. 218).

(2) Château situé sur la Saône, vis-à-vis de Lyon, autrefois la demeure des archevêques, et qui, cédé à Louis XIII, devint une espèce de prison d'Etat.

rables. Ce procès se termina entièrement à son avantage; mais, comme il avait eu quelque éclat et qu'on pouvait craindre d'ailleurs des rechutes de la part du jeune homme, on résolut de l'éloigner, de le faire voyager pendant quelque temps.

Dans ce but, il partit pour l'île de France, où il avait du reste quelques intérêts à régler, et l'on espérait que ce voyage détournerait de lui l'attention publique et achèverait de mûrir sa raison.


## IX


Tandis que Chenonceau allait ainsi de Charenton en Hollande et de Pierre-Encise à l'île de France ; tandis qu'il traversait les mers pour aborder à des plages lointaines qui ne le lui rendront peut-être jamais, M^me Dupin souffrait et gémissait. Exprimer les douleurs, les angoisses qui la déchirent pendant ces cruelles épreuves serait une tâche difficile. Elle n'a pour consolation et pour confident que son mari et son amie, M^me de Forcalquier : son mari qui se montre de plus en plus pour elle tendre, empressé, respectueux ; son amie, qui ne l'abandonnera jamais.

Elle avait bien aussi à côté d'elle sa belle-fille, la jeune femme de Chenonceau, cette intéressante victime condamnée à une espèce de veuvage anticipé;

mais, au dire de Rousseau, il n'existait pas entre elles une parfaite entente, une entière intimité (1). Peu de temps après son mariage, soit qu'elle « fût fière de son mérite, soit qu'elle le fût de sa naissance », M^me de Chenonceau, paraît-il, ne se montra pas aussi docile aux conseils de sa belle-mère que celle-ci était peut-être en droit de l'attendre. De là une contrainte réciproque, de la gêne, sinon de la froideur. Il paraîtrait même, d'après une lettre de M^me Dupin, que sa belle-fille cessa d'habiter auprès d'elle. Dans cette lettre, datée du 23 juin 1763 et écrite du temps que Chenonceau était à Pierre-Encise, M^me Dupin mande ceci à M. de Bory, gouverneur de ce château : « Mon fils dit qu'il sent ce que perd sa femme en quittant notre maison. C'est par son choix à elle si elle nous quitte, et peut-être par ses conseils à lui. Nous sommes du moins fondés à le croire. Quoi qu'il en soit, lui, sa femme et son fils trouveront toujours en nous les sentiments paternels, la justice exactement rendue et de l'honnêteté au-delà ; mais nous voudrions toujours nous-mêmes nous faire cette dernière règle, ne devant pas la recevoir d'eux. » Toutefois une affection commune les rapprochait : c'était celle qu'elles portaient également au jeune Rochefort, à cet enfant de Chenonceau, qui grandissait alternativement bercé sous

_______________

(1) *Confessions*, liv. VIII.

leur aile et qui était devenu pour la famille comme un sujet de suprême espoir.

Sous l'empire des maux qui assiégeaient M^me Dupin, une femme de trempe ordinaire se fût retirée à l'écart pour pleurer en silence, livrée à une résignation morne et stérile : elle, au contraire, saura lutter ; elle redoublera d'activité et d'efforts et triomphera du désespoir, sinon de la douleur ; car, si elle avait la douceur, elle avait aussi la force.

Gardienne vigilante et attendrie de la sécurité, du bonheur de son fils, elle écrivait sans cesse, et, tandis que M. Dupin faisait des démarches officielles, rédigeait des notes et des mémoires dans l'intérêt de Chenonceau, elle intervenait auprès des magistrats et des personnes qui pouvaient l'aider à adoucir le sort de son malheureux enfant. Elle leur adressait des lettres pleines d'une sensibilité expansive, d'une rare éloquence de sentiment. On peut dire, sans forcer l'image, que chacune de ces lettres est comme une des perles échappées de ce riche écrin, de cet inépuisable trésor qu'on appelle « le cœur d'une mère ». Enfin, elle cherchait à intéresser tout le monde à sa cause, à gagner les gens par des promesses, par des présents. A l'un, elle envoyait une riche tabatière; à l'autre, une montre ornée de rubis; à tous des supplications et des caresses, mais sans jamais faiblir, sans désapprouver les sévérités justes et salutaires dont M. Dupin usait envers son fils, qui était loin d'être encore ce qu'on désirait qu'il fût.

Quant à ce dernier, elle espérait toujours lui faire faire un retour sur lui-même, l'amener à une réforme morale, et alors elle s'adressait directement à lui, faisant un double appel à sa raison et à son cœur. Chenonceau lui écrivait aussi. Ses lettres, qui sont très nombreuses, ont quelquefois un air dégagé et presque gai, absolument comme s'il était étranger à tout ce qui se passe ; leur ton s'aiguise même parfois en pointe d'épigramme ; quelquefois aussi elles sont empreintes de cet accent de componction d'un homme qui reconnaît ses torts et veut les réparer. Mais on n'osait pas s'y fier, tant il avait abusé du pardon, tant on savait combien son humeur était inconsistante, sa volonté sujette aux variations. En un mot, on trouve un peu de tout dans sa correspondance : des élans de sensibilité, de l'ironie et des larmes. Et une semblable liberté d'esprit ainsi déployée au milieu des complications qui l'entouraient constitue une exception et mérite peut-être qu'on s'y arrête, comme sujet d'étude psychologique.

Embarqué à Lorient le 26 octobre 1765 sur un vaisseau de la compagnie des Indes, *le Comte d'Artois,* Chenonceau arriva à bon port à l'île de France. Il y vendit la pacotille que, sur sa demande, M. de Bory lui avait formée, et qui consistait en bijoux, marcassites, montres, etc., et, pour remplir ses loisirs, il continua de s'occuper de négoce. Dix-huit mois se passèrent, et, devenu « sage et tranquille », comme le constate une lettre du gouverneur adressée à M^me Dupin le 9 mars 1767, Chenonceau allait rentrer définitivement en grâce auprès de sa famille et retourner en France, quand la mort le frappa.

Voici comment M^me du Deffand raconte cette mort et les douleurs de la pauvre mère, dans sa lettre à Horace Walpole en date du 8 novembre 1767 :

Le mercredi, je passai la soirée, moi sixième, chez votre ambassadeur... Selwyn était chez M^me de Praslin ; il vint nous trouver à minuit. M^me de Forcalquier vint à la même heure ; elle avait été priée, mais elle resta avec sa bonne amie M^me Dupin pour la consoler ; elle venait d'apprendre que son fils était mort le 3 mai à l'île de France, où il était relégué ; mais les entrailles de mère dans les âmes vertueuses, sensibles, honnêtes ! Et puis, quand on a de grands principes, on a de grandes douleurs, on fait de profondes réflexions ; enfin on retient M^me de Forcalquier, qui rend tout cela d'une manière fort pathétique (1).

Ainsi, après avoir contesté à M^me Dupin les qualités brillantes de son esprit, M^me du Deffand devait lui refuser la sensibilité vraie et méconnaître cette fibre

_______________

(1) *Correspondance complète*, édition de M. de Lescure, t. I, p. 449.

d'exquise maternité qui vibrait si profondément en elle. Toute la vie de M^me Dupin proteste contre une pareille insinuation. Le lecteur est édifié. Et, quand une femme parle de la sorte des douleurs d'une mère, elle est jugée. Mais quel bon mouvement, quel sentiment humain attendre d'un vieux bas bleu au cœur sec, de cette espèce de rhéteur en cotillon qui, le jour même de la mort de Pont de Veyle, dans l'intimité duquel elle avait vécu cinquante ans, se rend à un grand dîner et répond aux personnes qui l'interrogent sur son vieil ami : « Hélas ! il est mort ce soir à six heures ; sans cela, vous ne me verriez pas ici !... »

M^me Dupin pleura son fils comme une simple femme, comme une sainte mère. Bien qu'elle fût depuis longtemps déjà rompue au jong de la douleur, où elle avait acquis une force presque surnaturelle, cette catastrophe la prit au dépourvu et sa pauvre âme se brisa.

Ce n'était pas, en effet, une mort ordinaire que la mort de cet unique enfant expirant à la fleur de l'âge sur une terre étrangère, seul, loin des siens, lui que toutes les joies d'ici-bas avaient accueilli à son berceau et qui, s'il l'avait voulu, aurait pu vivre heureux et puissant au milieu d'un monde qui l'enviait et d'une famille dont il était adoré. N'était-ce pas une ironie, une malédiction, une fatalité ?

Du reste, une épreuve nouvelle était réservée à

M^me Dupin. Son mari n'avait pas été préparé non plus
à la mort de son fils ; ses larmes se mêlèrent amère-
ment à celles de sa femme et de sa bru ; mais le coup
qu'il reçut eut une portée funeste. Sa santé, déjà affaiblie par les années — il avait plus de quatre-vingts
ans, — s'ébranla, s'altéra de plus en plus et, pendant
les dix-huit mois qui suivirent, il ne fit que languir et
végéter. Il acheva de mourir, enfin, le 25 février
1769. Voici son acte de décès, relevé dans les registres de la paroisse de Saint-Eustache :

Ledit jour 26 (février 1769), messire Claude Dupin,
écuyer, avocat au Parlement, ancien capitaine d'infanterie au régiment de Noailles, ancien receveur général des
finances de Metz et Alsace, ancien fermier général et secrétaire du roy, maison et couronne de France et de ses
finances honoraires, âgé de quatre-vingt trois ans, demeurant rue Plâtrière, décédé aujourd'hui, a été inhumé
dans notre église, en présence de messire Claude Dupin
de Francueil, écuyer, receveur général des finances de
Metz et Alsace, son fils, et de messire Pierre-Armand
Vallet de Villeneuve, écuyer, receveur général des finances, son petit-fils et neveu.

*Signé :* Dupin de Francueil, de Villeneuve
et Dupin de Rochefort.

Ainsi s'éteignit « un homme d'honneur et de bon
sens », comme l'appelle M^me Dupin dans le mémoire

déjà cité (1). Plus loin elle ajoute que c'était « un homme d'esprit et de talent », et nous confirmerons de tous points ces divers témoignages. Son essai de réfutation de l'*Esprit des lois* (2) est, selon M^me Sand, « un très bon livre, d'une critique serrée, qui relève toutes les contradictions de l'ouvrage de Montesquieu, et présente de temps à autre des aperçus beaucoup plus élevés sur la législation et la morale des nations. » (*Histoire de ma vie,* t. I, p. 63.)

Afin qu'on ne puisse pas accuser M^me Sand de plaider ici dans un intérêt de famille, c'est-à-dire *pro domo sua*, nous rappellerons que l'opinion qu'elle exprime se trouve ratifiée,même avec amplification, par celle du marquis de Paulmy, fils de d'Argenson l'historien (3).

Du reste, comme nous l'avons dit plus haut, l'ouvrage en question causa assez de souci à Montesquieu pour qu'il en demandât la suppression à M^me de Pom-

---

(1) Mémoire manuscrit relatif au procès de M^me Dupin et de Francueil.

(2) Observations sur un livre intitulé : *De l'esprit des lois,* Paris, 1752 ou 1753. Guérin et Delatour, 3 vol. in-8°. Barbier, *Dictionnaire des anonymes,* 1^re édit., t. II, p. 136. — Quelques écrivains ont prétendu que cet ouvrage parut en 1757-58. C'est une erreur. Montesquieu, étant mort en février 1755, n'aurait pu demander la suppression d'un livre publié en 1757.

(3) Barbier, *Dictionnaire des anonymes.* — Quérard, *France littéraire,* t. II, p. 694.

padour, sa protectrice. Cinq ou six exemplaires échappèrent à la destruction : l'un d'eux était entre les mains de M^{me} Sand, un autre a longtemps appartenu à la famille d'Argenson, et un troisième a été brûlé par la Commune, hélas! avec tant d'autres richesses bibliographiques et artistiques, dans l'incendie de la bibliothèque du Louvre. M. Louis Barbier, l'aimable et obligeant conservateur, nous l'avait communiqué en 1869. Au surplus, M. Dupin eut, prétend-on, des collaborateurs pour cet ouvrage : sa femme d'abord, qui en aurait écrit la préface; puis l'abbé Berthier, qui en aurait rédigé certaines parties techniques. Mais il publia trois autres opuscules dont il peut revendiquer la paternité exclusive, qui lui appartiennent en propre; ce sont : 1° *les Œconomiques,* Carlsruhe, 1743, 3 vol. in-4°, dont il n'a été tiré que douze à quinze exemplaires (l'un d'eux a été consumé dans l'incendie de la bibliothèque du Louvre); 2° *Mémoires sur les blés avec un projet d'édit,* etc., Paris, 1748, in-4° ; 3° *la Manière de perfectionner les voitures.* Paris, 1753, in-8°.

En somme, M. Dupin était un homme éminemment pratique, un de ces esprits à la fois positifs et déliés qui réussissent dans toutes les carrières et trouvent leur voie dans tous les temps. Il mourut en laissant une fortune qui, déjà considérable à l'origine, s'était prodigieusement accrue par ses soins. La dot

que M^me Dupin avait apportée en mariage, « dot très
honnête, dit-elle, par rapport au bien de son mari,
était devenue le plus petit objet de leur fortune » (1) ;
et la communauté prospéra à ce point, que M^me Dupin
crut devoir renoncer à la plus grande partie de la succession de sa mère — morte en 1740 — en faveur
de son frère et de ses deux sœurs. Les domaines de
Chenonceau, du Blanc et autres terres de la Touraine,
du Berry et du Poitou furent acquis pendant les quarante-cinq années que les époux passèrent ensemble
et qui eurent alternativement leurs jours de joies et de
tristesses ; les joies procédaient d'eux-mêmes, de leur
mutuelle affection, du touchant accord qui régnait
entre eux ; les tristesses leur vinrent de leur fils, de ses
faiblesses, de son incurable mobilité.

Nous allons voir maintenant M^me Dupin, rendue à
elle-même, agissant sans contrôle dans le libre exercice de ses droits et de son autorité ; s'emparant enfin,

___

(1) *Mémoire manuscrit* sur le procès. M. Dupin laissa une succession évaluée à plus de deux millions. Le partage en fut fait entre
sa veuve, Francueil et Rochefort. Elle eut dans son lot la terre du
Blanc en Berri, Chenonceau, avec le mobilier estimé 50,000 livres,
l'hôtel Lambert (un des plus magnifiques de Paris), avec le mobilier estimé 100,000 livres, le collège de Narbonne, situé rue de la
Harpe, un hôtel dans la rue des Francs-Bourgeois Saint-Michel et
diverses créances. Elle eut ainsi plus de 75,000 livres de rente,
chiffre où Chenonceau figurait pour 9,000 livres et le Blanc pour
27,000. — *Histoire de Chenonceau*, par l'abbé Chevalier.

d'une main légère et forte, du sceptre de son petit royaume.

C'est sur ces entrefaites, c'est-à-dire peu après la mort de son mari, que survint entre elle et Francueil ce débat, ce procès dont il a été parlé et qui se rattachait tout ensemble à une insuffisance de dot et à des comptes de tutelle des biens maternels de Francueil. M^me Dupin ne comprenait rien à ces deux affaires, surtout à la dernière, qu'elle croyait réglée depuis longtemps, et *la tutelle du Grand Turc*, disait-elle, ne l'eût pas étonnée davantage. Au surplus, qui avait raison de la belle-mère ou du beau-fils? Nous l'ignorons. Peut-être avaient-ils tort tous les deux, comme il arrive souvent dans les procès où les hommes de loi ont intérêt à multiplier les malentendus, les interprétations, et à obscurcir les notions les plus nettes aux yeux prévenus de leurs clients :

> . . . . . . . . . . . . . . . . . . .
> Griefs et faits nouveaux, baux et procès-verbaux;
> Quatorze appointements, trente exploits, six instances,
> Six-vingts productions, vingt arrêts de défenses,
> Arrêt enfin...

Mais à quelque chose malheur est bon, dit le proverbe, et dans le grimoire qu'échangèrent les procureurs nous trouvons des détails intimes, des incidents qui nous mettent sur la voie de faits curieux et personnels dont on chercherait en vain la trace ailleurs; et, comme nous ne voulons rien négliger de ce qui peut mettre M^me Dupin en pleine lumière, nous continuerons de reproduire quelques-uns de ces détails.

Voici, en raccourci, le langage que, selon M^me Dupin, Francueil aurait dû tenir au rédacteur de ses factums, au lieu de le laisser se livrer à des récriminations souvent injustes :

« Monsieur, j'ai toujours été traité dans ma famille d'une manière très différente de celle dont vous agissez sous mon nom; lassé moi-même de vos chicanes, j'ai tranché sur ce diamant dont vous parlez sans cesse et que j'ai laissé à ma mère (1)... A l'occasion de mon mariage, je n'ai rien payé de la réception de la charge qu'on m'a donnée; mes ameublements, mon trousseau, l'équipage, les chevaux, la livrée, la toilette, la corbeille, les bijoux, etc., rien de cela ne m'a été compté pour une obole... J'ai vécu marié environ douze à treize ans chez mon père. Il m'a donné des quittances de la pension que je devais payer chez lui, selon qu'elle avait été stipulée. Je sais dans ma conscience ce que j'ai payé pour ces treize ans. Dans cet intervalle, nous avons changé deux fois de maison : il ne m'en a pas coûté un écu, ces déplacements ayant

---

(1) Il s'agit d'un des deux diamants légués par M^me de Fontaine à M^me Dupin et à son mari, et que Francueil revendiquait. Ce diamant avait été estimé 100 louis sur l'inventaire.

été payés par mon père et ma mère... Songez de plus, monsieur, qu'ayant perdu ma mère avant l'âge de sept ans, époque du second mariage de mon père, je n'ai senti depuis, à aucun moment de ma vie, le malheur de l'avoir perdue ; qu'à dater de ce jour, mon enfance a été entourée de soins maternels ; que j'ai trouvé dans la propre famille de M^{me} Dupin (sûrement par égard pour elle jusqu'à l'âge où j'ai pu le mériter moi-même) l'affection et les mêmes traitements que si j'eusse été le véritable enfant de la maison nouvelle où mon père entrait ; enfin, que j'ai été l'objet d'une suite de bons procédés non interrompus, même depuis que vous les interrompez sous mon nom... »

Il est certain qu'un pareil langage eût rajusté bien des choses, et Francueil finit par se le tenir à lui-même : car peu après, croyons-nous, intervint entre lui et M^{me} Dupin une transaction qui donna satisfaction aux intérêts de chacun.

C'est ici le lieu de compléter la physionomie de Francueil, et pour cela nous n'avons qu'à laisser parler sa femme, Aurore de Saxe, veuve alors, à qui M^{me} Sand, sa petite-fille, va servir de secrétaire :

Votre grand-père, ma fille, a été beau, élégant, soigné, gracieux, parfumé, enjoué, aimable, affectueux, et d'une humeur égale jusqu'à la mort. Son esprit était une encyclopédie d'idées, de connaissances et de talents qui ne s'épuisa jamais pour moi. Il avait le don de savoir tou-

jours s'occuper d'une manière agréable pour les autres
autant que pour lui-même. Le jour, il faisait de la musique avec moi, car il était excellent violon, et faisait des
violons lui-même, car il était luthier, outre qu'il était
horloger, architecte, tourneur, peintre, serrurier, déco-
rateur, cuisinier, poète, compositeur de musique, menui-
sier, et qu'il brodait à merveille. Je ne sais pas ce qu'il
n'était pas. Le malheur, c'est qu'il mangea sa fortune à
satisfaire tous ces instincts divers et à expérimenter toutes choses; mais je n'y vis que du feu, et nous nous rui-
nâmes le plus aimablement du monde (1).

Un détail piquant et qui mérite d'être noté en passant, c'est que, malgré ses brillants agréments personnels, Francueil ne plut pas d'abord à M^me^ d'Epinay.
Elle trouvait « qu'il portait le menton trop en l'air et
qu'il était trop poudré ». Mais on sait avec quelle ra-
pidité cette poudre sauta aux yeux de la belle dame,
qui en fut aveuglée au point de ne plus connaître bientôt de bornes à son amour.

A l'époque où nous sommes arrivés, Francueil était
veuf depuis 1754 de sa première femme (Suzanne
Bollioud de Saint-Julien', et il venait de marier, en
1768, la fille qu'il en avait eue à M. Pierre-Armand
Vallet de Villeneuve. Il vécut ainsi jusqu'en 1777,
date à laquelle, après vingt-trois ans de veuvage, il
se décida à demander la main d'Aurore de Saxe,

(1) *Histoire de ma vie*, t. I, p. 59.

veuve elle-même du comte de Horn, bâtard de Louis XV, et âgée de trente ans. Francueil en avait alors soixante-deux.

Ce mariage éprouva des lenteurs, des difficultés, par le motif que, bien qu'il appartînt « à une famille bien apparentée et ancienne, ayant quatre in-folio de lignage bien établi par grimoire héraldique, avec vignettes coloriées fort jolies », Francueil était regardé par l'entourage d'Aurore de Saxe comme un trop petit personnage à mettre en regard d'un aussi grand nom. Toutefois « le préjugé céda devant des considérations de fortune, Francueil étant fort riche à cette époque... » Le mariage se fit donc, et on ignore pour quel motif il fut célébré en Angleterre, dans la chapelle de l'ambassade (1).

Neuf mois après, jour pour jour (13 janvier 1778), M^me de Francueil accoucha d'un fils, son unique enfant, qui fut nommé Maurice-François-Elisabeth Dupin. Volontaire de la république française, capitaine sous l'empire, Maurice Dupin devint le père de

(1) Le maréchal de Saxe étant fils naturel de la belle Aurore de Kœnigsmark et de Frédéric-Auguste, roi de Pologne, grand-père, par Marie-Josèphe de Saxe, des rois Louis XVI, Louis XVIII et Charles X, il s'ensuit qu'un sang royal coulait dans les veines de M^me Sand. N'est-ce pas le cas de s'écrier : O jeux bizarres de la destinée! ô ironie de la filiation ! quand on songe aux « bouillonnements d'indépendance » et à l'amour démocratique qui fermentaient dans le cœur du grand écrivain ?

M^me George Sand, qui, avec le chaud coloris dont sa
plume a le secret, va donner le dernier coup de pinceau au portrait de son grand-père.

Receveur général du duché d'Albret, Francueil passait,
avec sa femme et son fils, une partie de l'année à Châteauroux. Ils habitaient le vieux château, qui sert aujourd'hui de local aux bureaux de la préfecture, et qui
domine de sa masse pittoresque le cours de l'Indre et les
vertes prairies qu'elle arrose. Francueil, qui avait pris le
nom de Dupin à la mort de son père, établit à Châteauroux des manufactures de drap et répandit, par son activité et ses largesses, beaucoup d'argent dans le pays. Il
était prodigue, sensuel, et menait un train de prince. Il
avait à ses gages une troupe de musiciens, de cuisiniers,
de parasites, de laquais, de chevaux et de chiens, donnant
tout à pleines mains, au plaisir, à la bienfaisance, voulant
être heureux et que tout le monde le fût avec lui. Mon
grand-père, poursuit M^me Sand, mourut dix ans après
son mariage, laissant un grand désordre dans ses affaires
avec l'Etat et dans ses affaires personnelles. Ma grand'-
mère montra la bonne tête qu'elle avait en s'entourant de
sages conseils et en s'occupant de toutes choses avec activité. Elle liquida promptement et, toutes ses dettes
payées, tant à l'Etat qu'aux particuliers, elle se trouva
« ruinée », c'est-à-dire à la tête de 75,000 livres de
rente (1).

En mourant, Francueil recommanda à sa femme

(1) *Histoire de ma vie,* t. I, pp. 76, 77.

de « lui survivre longtemps et de se faire une vie heureuse », dernier adieu d'un véritable épicurien (1).

En définitive, et pour conclure, nous dirons que, si célèbre que soit Francueil par ses amours et ses relations intimes avec Jean-Jacques, par la distinction de son esprit et son exquise politesse, son vrai titre de gloire est ailleurs : c'est d'être le grand-père de M^me Sand.

C'est là, sans contredit, le plus beau trait de sa vie.

Son procès terminé avec Francueil, M^me Dupin en eut un autre à soutenir contre les habitants du Blanc, qui lui réclamaient la construction, à ses frais, d'un pont, dont la promesse, disaient-ils, leur avait été faite par M. Dupin. Il pouvait paraître étrange qu'on eût attendu la mort de M. Dupin pour formuler cette mise en demeure, sur l'exactitude de laquelle sa veuve éleva des doutes. « Je ne prendrai pas le soin de défendre la mémoire de M. Dupin, écrit-elle ; sa répu-

---

(1) M^me Sand nous apprend (t. VII, p. 176) que des amours de Francueil et de M^me d'Epinay naquit un fils, dont la naissance fut tenue secrète et qui devint évêque, puis archevêque « in partibus ». « Il est étrange, remarque M^me Sand, que le fils de deux êtres remarquablement intelligents fût à peu près stupide. Tel était cet homme, qui, par compensation, n'avait pas un grain de malice dans sa balourdise. » Il se nommait Le Blanc de Beaulieu. Il fut évêque de Soissons, puis archevêque élu d'Arles, siège qui ne fut pas érigé, et en dernier lieu chanoine de Saint-Denis. *M. l'abbé Chevalier*.

tation dans les différents états de sa vie le défend assez. »

Les braves Berrichons en furent donc pour leurs frais de procédure, et, ce petit démêlé vidé, M^{me} Dupin put se livrer paisiblement à l'administration de ses vastes domaines.

## X

Or c'est ici qu'il faut suivre les actes de cette intelligence si droite, si correcte, les manifestations de ce cerveau si parfaitement équilibré (1).

On la voit d'abord s'assurer de la fidélité et de la capacité des différents agents qu'elle emploie, sous le titre de régisseurs, d'intendants, d'hommes d'affaires (les Drouin, les Jacob, les Mabille, les Marivault, les Montreuille, les Ballue, les Lefèvre). Elle en a à Chenonceau, au Blanc, à Châteauroux, etc., et partout elle entretient avec chacun d'eux une correspondance active. Tout en traitant de ses foins et de ses vignes,

(1) Voici un quatrain que Jean-Jacques adressa à M^{me} Dupin, en forme d'amende honorable, c'est-à-dire quand il eut reconnu la sagesse, la raison imperturbable de sa bienfaitrice :

> Raison, ne sois point éperdue :
> Près d'elle on te trouve toujours.
> Le sage te perd à sa vue,
> Et te retrouve en ses discours.

de ses vaches et de ses moutons, elle trouve l'occasion de glisser dans ses lettres un mot aimable, spirituel ou charmant, soit à l'adresse de son correspondant rustique, qui était parfois un homme de bonne compagnie, soit à l'adresse de sa famille, de ses proches, de ses amis. Ailleurs, après avoir recommandé à son régisseur « de veiller à tout pour le bon ordre de sa maison, où elle en veut mettre, et qui en a trop longtemps manqué », elle formule, à propos d'un jardinier qui voulait la quitter en lui offrant d'attendre son successeur, un axiome à l'usage des maîtres envers leurs serviteurs :

« Je vous envoie M. Brelat pour aider le compte du départ du jardinier. Je ne profiterai point de l'attente qu'il m'offre. Quand les gens demandent leur congé, il est juste de le leur laisser prendre, et tout de suite. »

Dans d'autres lettres, elle s'étend, détaille les choses par le menu et donne la mesure de son entente des affaires. Elle eut besoin, dans une circonstance, de toute son habileté, de toutes les ressources de sa dialectique, pour échapper à une mesure de voirie qui menaçait de défigurer son beau parc de Chenonceau, en établissant le long des berges un chemin de halage. Sa défense est aussi piquante qu'ingénieuse. Chaque objet y est touché avec autant de précision que de légèreté, et la victoire lui resta.

Mais ce n'est pas assez pour M^{me} Dupin que cette espèce de surveillance rétrospective et de seconde main, que ce contrôle à distance; il ne lui suffit pas d'être renseignée par les gens à ses gages sur la situation de ses intérêts; de temps à autre elle enverra dans ses terres un homme de confiance, un homme de loi, au besoin, pour prendre langue au pays, y étudier personnes et choses, et lui faire un rapport. Le plus souvent elle s'y rendait elle-même et y séjournait des semaines, des mois entiers. C'était alors une grande joie, une véritable fête parmi ces bons villageois, qui savaient avec quel soin, avec quel empressement leur vénérée châtelaine recherchait les occasions de leur faire du bien; et ils l'en remerciaient d'avance et saluaient sa bienvenue. Car les laboureurs et les vignerons étaient encore cette race malheureuse, taillable et corvéable des temps féodaux, dont la misère avait peu changé depuis le tableau effrayant que La Bruyère en a tracé quand il a dit :

« L'on voit certains animaux farouches, des mâles et des femelles, répandus par la campagne, noirs, livides et tout brûlés par le soleil, attachés à la terre qu'ils fouillent et qu'ils remuent avec une opiniâtreté invincible; ils ont comme une voix articulée, et, quand ils se lèvent sur leurs pieds, ils montrent une face humaine, et en effet ce sont des hommes, etc. »

Outre que chaque moment de la présence de

Mᵐᵉ Dupin au milieu de ses paysans était marqué par une grâce, un bienfait, ses charités se répandaient également sur les mendiants étrangers, sur ces infortunés errants sans feu ni lieu, si tristement *illustrés* par le crayon de Callot, et qui, plus que de nos jours encore, voyageaient isolément ou avec leur gémissante et nombreuse famille; pauvres créatures déshéritées que le gouvernement et les particuliers ont souvent traitées avec une extrême rigueur, et qui cependant sont parfois dignes d'intérêt et de pitié. Elle ne voulait pas qu'on les accueillît avec trop de faveur, qu'on les attirât au pays, où les souffrances, les misères locales n'avaient pas besoin de ces parasites ; mais elle ne voulait pas non plus qu'on usât de dureté envers eux, ainsi que le prescrivait une loi récente.

« Une de vos précédentes lettres, écrit-elle à M. de Montreuille, me mandait que vous étiez débarrassé de vagabonds demandeurs et votre dernière en cite quelques-uns, malgré les secours que vous donnez et malgré les défenses du gouvernement pour ne pas souffrir cette profession. Toutefois, si le nombre en est petit, il vaut peut-être mieux ne pas user d'une trop grande sévérité. »

Du reste, elle n'entend pas que les gens qui ont été à son service, n'importe à quel titre, « soient jamais à la charité publique ».

« Après tout, ajoute-t-elle, je m'en rapporte à votre

sagesse. J'en fais de même pour l'aumône en général. »

De plus, elle dit à son régisseur que « c'est une bonne chose que de ne point faire de frais aux fermiers ; c'en est encore une bonne, poursuit-elle, de se faire payer très régulièrement de ce qu'ils doivent et de recouvrer promptement l'arriéré, enfin de les mettre au courant et de les y tenir. Comme il est nécessaire de s'acquitter, cela leur est avantageux de payer exactement, aussi bien qu'à celui qui reçoit de percevoir le revenu qui le fait vivre. Je vous prie de conformer à cette règle tous vos actes et tous vos discours. »

M^{me} Dupin ne se bornait pas à répandre ses dons sur les souffrances individuelles ; elle les étendait aux églises, aux écoles, aux hospices. Elle faisait des présents en nature aux curés des paroisses voisines et leur donnait, en outre, des chasubles, des chapes, des nappes d'autel, des vases sacrés. Mais la netteté qu'elle avait l'habitude de mettre dans ses affaires d'intérêt, elle l'introduisait dans ses actes de munificence, dont elle voulait connaître parfaitement le mobile, la moralité, le but. Sans avoir été précisément indiscret, M. de la Goutte, procureur fiscal au Blanc, était intervenu auprès d'elle pour lui demander quelques objets du culte destinés à l'église de Concremier ; mais il n'avait pas fait ressortir suffisamment l'opportunité de ce don, et M^{me} Dupin de lui écrire sur-le-champ :

J'ai reçu, en même temps que la vôtre, une lettre de M. le curé de Concremier, qui ne me parle point des deux choses que vous me dites qui sont nécessaires. Je les suppose telles, puisque vous me l'écrivez, et je vous les enverrai d'ici ; mais je me crois obligée de vous dire ma façon de penser : je suis bien aise qu'on m'aide à faire ce que je dois, je ne trouverais pas le même plaisir à être aidée pour ce que je ne dois pas. Je ferais volontiers dans plusieurs occasions au-delà de ce que je devrais, mais je voudrais en être prévenue et savoir au moins par là dans quel cas j'agirais.

En 1779, elle se trouva de nouveau engagée dans un procès à l'instigation de son procureur, qui crut devoir revendiquer pour elle certains droits honorifiques et seigneuriaux qu'elle avait, disait-il, dans l'église de Pouligny. Nous ignorons au juste ce qui sortit de ce procès, mais nous savons qu'une enquête fut ordonnée et que des magistrats descendirent sur les lieux afin de consulter les registres, les traditions locales et de recueillir la déposition de témoins plus ou moins intéressés au débat. A cette occasion, l'abbé Rofay, curé de Pouligny, lui avait écrit que ni M$^{me}$ de Parabère (1), qui avait vendu en 1738 la terre du Blanc et ses dépendances à M. Dupin, ni les familles

(1) « M$^{me}$ la comtesse de Parabère paya 1,100,000 livres la terre et seigneurie du Blanc en Berri, qui rapportait 28,000 livres de rente. » *Journal manuscrit de la régence*, cité par M. de Lescure dans les *Maîtresses du régent*. Dentu, 1860, p. 189.

qui avaient possédé antérieurement ce domaine n'avaient joui des droits en question.

Nous avons sous les yeux la réponse de M^me Dupin, qui, sans entrer dans le vif de la discussion, en dit assez pour laisser entendre, d'une part, qu'elle regrettait d'avoir cédé aux conseils de son procureur et que, d'un autre côté, elle était trop libérale, trop avancée dans les idées nouvelles pour ne pas faire bon marché des privilèges du bon vieux temps qui pouvaient être attachés à ses terres.

Ce à quoi elle eût peut-être renoncé moins volontiers, c'est le poisson, le gibier, la volaille que ses fermiers et régisseurs lui envoyaient à Paris. On se figurerait difficilement la quantité prodigieuse de lièvres, de lapins, de perdrix, de bécasses, de poulets, de canards sauvages et de basse-cour qu'elle recevait. Il y avait là de quoi défrayer une noce de Gamache, et sans doute M^me Dupin y trouvait la facilité de soulager bien des malheureux, bien des malades. Mais ces envois n'étaient pas toujours irréprochables; ils prêtaient parfois à la critique, et un jour elle se plaignit qu'on lui avait expédié des poules qui étaient loin d'être tendres. On lui répondit bel et bien que ces poules étaient dures à la vérité, mais qu'elles lui feraient d'excellent bouillon, « car, ajoute le signataire de la lettre, nous ne désirons que ce qui peut concourir à votre conservation; vos jours nous sont précieux. »

Que répliquer à des gens qui vous envoient des poules dures en vue de prolonger vos jours et qui sont d'une pareille force sur la théorie du pot-au-feu ?

M^me Dupin garda le silence et tâcha de faire de bon bouillon. Mais avouons que, dès ce temps-là, les Berrichons n'étaient pas des sots, et l'on comprend qu'ils aient mérité plus tard d'être célébrés dans cette série de romans adorables que tout le monde a lus et retenus, tant les tableaux sur lesquels ils reposent ont de fraîcheur naïve et de saisissante vérité.

Autre anecdote : les pourvoyeurs de la table de M^me Dupin ne s'en tenaient pas à la volaille et aux petits pieds. Un jour on voulut lui faire accepter un sanglier vivant, qui, disait-on, serait bon à tuer au carnaval. On était alors en janvier. M^me Dupin ayant refusé de recevoir un tel pensionnaire, on insista en disant que c'était un animal bien élevé, un peu susceptible, mais doux au possible, quand on ne le taquinait pas, et familier au point de manger avec les chats de la maison et de partager leurs jeux ; à la vérité, il en avait étranglé un la veille, ajoutait-on, mais ce devait être une distraction de sa part, ou peut-être ce chat avait-il manqué de déférence à son égard, etc.

M^me Dupin ne fut pas rassurée. Elle trouva le commensal qu'on voulait lui imposer ou trop délicat ou trop susceptible, et persista dans son refus.

Mais, tandis que M^me Dupin se livrait tout entière

aux soins de ses intérêts et plus encore à ceux de la bienfaisance, les événements ont marché et l'horizon politique s'est rembruni ; en d'autres termes, la révolution avance à grands pas. Les fins dîners, les réunions charmantes, les causeries intimes du salon, tous ces riants tournois des élégances et du bien dire, où M<sup>me</sup> Dupin brillait d'un si vif éclat, sont devenus de plus en plus rares, s'ils n'ont même cessé tout à fait. Ce n'est pas seulement la gravité des temps qui y met obstacle : c'est aussi la mort, qui a passé, impitoyable, dans les rangs de ses convives et de ses amis. Après l'abbé de Saint-Pierre et Fontenelle, elle a frappé Marivaux et Mairan, puis Gresset, puis, dans la même année, à trois mois d'intervalle, Voltaire et J.-J. Rousseau. Toutes ces grandes intelligences ont rendu leur poussière à la tombe; ces bouches aimables ou éloquentes sont fermées pour toujours, et ceux qui restent s'enveloppent dans le silence, n'ayant ni la force ni le courage peut-être de faire revivre les plaisirs nobles et décents de l'esprit, qui s'enfuient effarouchés au bruit redoublé de la tribune et du forum.

Cependant, de loin en loin, M<sup>me</sup> Dupin a une réminiscence de ses loisirs studieux, de ses doux passe-temps d'autrefois. On trouve de temps à autre dans sa correspondance comme un retour involontaire vers le passé, un écho affaibli, un reflet de ses goûts, de

ses amusements favoris ; mais, hélas ! elle est impuis-
sante à les ressaisir. Si elle a une loge à l'Opéra, elle
en disposera en faveur d'un ami, le président de Cha-
vaudon, par exemple, et, si elle se décide à aller au
bal, ce sera pour y conduire quelques personnes de
son entourage. Puis elle est réduite à la société de
M. Suard, l'académicien homme d'esprit succédant
à Voltaire homme de génie, un clair de lune après le
soleil !

Vous demandez à M^lle Thérèse (1) des nouvelles de ma
santé, écrit-elle à un de ses régisseurs ; elle est assez
bonne, à un rhume près, qui vient de nous faire grand
dommage. Je comptais aller au bal de M. l'ambassadeur
de Sardaigne (quant à présent, le bal est mon seul spectacle), et je n'ai pu y aller ni y mener M^me de Villeneuve
et M^lle Thérèse. Mais nous sommes toutes si raisonnables
que nous nous en sommes consolées. Nous avons eu un
violon pour faire danser M^lle de Barbançois ; M^lle Thérèse étudie, M. Suard vient, et on ne perd pas tout à fait
son temps.

Cette dernière réflexion, ce trait final est significatif.
Il nous rend la fée d'autrefois, la châtelaine des bons

(1) M^lle Marie-Thérèse Adam, passait pour être fille naturelle de
Chenonceau. C'est du moins une tradition locale. Elle épousa, en
1800, le docteur Bretonneau, qui, pendant qu'il faisait ses études
médicales à Paris, avait trouvé chez elle des soins presque maternels. Elle avait vingt-cinq ans de plus que lui.

jours, des jours de délassement, d'émulation et d'étude. On revoit l'Egérie inspiratrice et inspirée du cénacle littéraire, jetant un long regard de regret sur les bonheurs évanouis et se rattachant encore au présent par l'amour sacré des lettres. Non, elle « ne perdait pas tout à fait son temps », pour parler son langage, et elle ne le perdit jamais, la noble femme !

M. Suard lui restait avec d'autres littérateurs de second ordre ; mais, comme nous l'avons dit, la chute avait été grande de Voltaire à M. Suard et *tutti quanti*. Après tout, il fallait bien s'en contenter ; car c'était le moyen de s'étourdir, de se cramponner, si l'on peut dire, aux rives vertes et fleuries d'un passé qui lui souriait d'autant plus qu'elle s'en éloignait davantage. Elle se reforma donc un petit cercle où, bercée dans les pures joies intellectuelles et vénérée de ses nouveaux amis, elle tâchait de donner le change à ses terreurs, d'oublier l'orage qui grondait au dehors et menaçait de tout emporter. Parmi ces amis de la dernière heure, on doit compter en première ligne le docteur Bretonneau. Elle le prit, enfant encore, sous son égide, lui aplanit les premières difficultés de l'étude et l'aida à ses débuts dans le monde. En un mot, elle l'entoura de cette tendresse maternelle qui sommeillait dans son cœur depuis la mort de Chenonceau et celle de Rochefort, son petit-

fils, décédé lui-même quelques années avant la révolution (1).

Le jeune Bretonneau répondit d'une manière mer-
veilleuse aux soins et à l'attente de M^me Dupin et devint un homme extrêmement distingué. Il exerça la
médecine pendant près d'un demi-siècle à Tours, où
l'aménité de son caractère, sa science et son humanité
l'ont rendu cher à toute une génération. Le célèbre
Trousseau fut son élève. Il se maria deux fois : la
première avec M^lle Adam, que M^me Dupin avait également élevée et dont le mérite était hors ligne. Le docteur Bretonneau avait pour ami notre immortel Bé-
ranger, qui parle de lui avec le plus grand éloge dans
sa *Correspondance* et lui a même adressé directement
plusieurs lettres (2). « Il possédait sur sa bienfaitrice
nombre d'anecdotes qu'il racontait avec une sensibilité
et un esprit dont on ne peut se rendre compte quand
on ne l'a pas entendu. » Du reste, il chérissait
M^me Dupin comme une mère, et, lorsqu'on le com-
plimentait sur son esprit, qui rappelait celui du
xviii^e siècle, il en attribuait tout le mérite à M^me Dupin et à sa première femme » (3). Né en 1771, le

(1) Il mourut le 18 septembre 1788, ne laissant point de postérité, et sa veuve, née de Saint-Romain, se remaria avec le jeune
avocat qui devait être un jour le chancelier Pasquier.

(2) Voyez tome III de cette *Correspondance*, pp. 3, 318 et 424.

(3) Cette citation et celle qui précède sont tirées de deux lettres

docteur Bretonneau est mort il y a seulement quelques années. Il était alors médecin en chef de l'hôpi-
tal de Tours.

M^me Dupin, on le sait, avait en politique un idéal
très élevé. Celle qui avait écrit et établi en principe
que « tous les hommes ont un droit égal au bonheur »
devait saluer avec conviction, avec enthousiasme
l'aurore de la révolution, dont l'astre s'était levé si
éclatant et si pur. Elle y voyait le triomphe de la justice, l'émancipation de l'humanité, bref une rénova-
tion sociale qui devait remettre chaque chose à sa
place; mais, si elle voulait le progrès, elle abhorrait la
violence, et, quand elle vit les excès qui se commet-
taient autour d'elle au nom d'une liberté mal définie,
mal comprise, elle se prit à douter, non de la légitimité
du but, mais des moyens employés pour l'atteindre.

Le cœur navré, l'âme en deuil, elle quitta alors Paris et se retira à Chenonceau; mais là une nouvelle et
dernière épreuve l'attendait. Le gouvernement révolutionnaire voulut s'emparer de ce château, comme ayant
fait partie autrefois du domaine public, et M^me Dupin
fut obligée de plaider. Par extraordinaire, elle gagna
son procès et put continuer de demeurer à Chenonceau
sans y être autrement inquiétée. Les heureux qu'elle

que M. le comte L. Clément de Ris et M^me Bretonneau, seconde
femme du docteur, nous ont fait l'honneur de nous écrire en 1865
et 1870.

y avait faits dans des temps meilleurs, les services
qu'elle avait rendus la protégèrent et firent qu'elle put
traverser sans danger les jours les plus troublés de nos
discordes civiles. A la moindre crainte, au plus léger
bruit qui circulait dans l'air, les paysans faisaient
bonne garde autour du château ; ils veillaient sur les
jours précieux de leur bien-aimée châtelaine, et leur
vigilance à assurer son repos et sa sécurité donnait la
mesure de leur gratitude courageuse et dévouée.

« Belle et charmante, simple, forte et calme,
M<sup>me</sup> Dupin, dit M<sup>me</sup> Sand, finit ses jours à Chenonceau dans un âge très avancé. »

Elle mourut le 20 novembre 1799, âgée de quatre-
vingt-douze ans, et entourée de respects et des conso-
lotions spirituelles du curé de Chenonceau, l'abbé
Lecomte, un homme de cœur et d'intelligence, a dit
M<sup>gr</sup> Chevalier, dont le dévouement ne lui fit pas défaut dans les moments les plus terribles, sans pouvoir
lui épargner toujours les tracasseries et les vexations.
Le culte n'étant point encore rétabli, ses petits-neveux
placèrent son tombeau dans le parc de Francueil, au
centre de l'un des cirques créés par Bernard Palissy. »
Voici son épitaphe que nous avons recueillie sur place :

Valor E cortesia
Si dispartiro nel suo partire
El mondo infermo giacque
E virtù spende
I suoi più chiare lumi.

— Monpellier fecit. anno 1802.

Indépendamment de son travail sur *le Mérite des femmes* et du *Traité du bonheur,* ouvrages dont il a été parlé, en dehors aussi de sa collaboration anonyme aux publications de son mari, M^me Dupin a laissé, écrits de sa propre main et sous le titre d'*Essais,* quelques résumés de ses opinions qui, selon M^me Sand, « mériteraient de voir le jour, ne fût-ce que comme document historique à joindre à l'histoire philosophique du siècle dernier. » De plus, elle traduisit plusieurs compositions de Pétrarque, et aucun de ces opuscules ne fut imprimé, tant elle avait de modestie et cultivait les lettres et la philosophie avec peu d'ostentation. Malgré la réputation d'esprit et de charme dont elle a joui et les éloges que lui ont accordés ses contemporains, cette femme remarquable n'a jamais voulu occuper dans la république des lettres sérieuses la place qu'elle méritait... La forme de ses écrits, continue M^me Sand, est aussi limpide que son âme, aussi délicate, souriante et fraîche que les traits de son visage. Cette forme est sienne, et la correction élégante n'y nuit point à l'originalité. Elle écrit la langue de son temps, mais elle a le tour de Montaigne, le trait de Bayle, et l'on voit que cette belle dame n'a pas craint de secouer la poussière des vieux maîtres. Elle ne les imite pas, mais elle se les est assimilés, comme un bon estomac nourri de bons aliments. »

Il faut dire encore à sa louange, ajoute M^me Sand, que, de tous les anciens amis délaissés et soupçonnés par la douloureuse vieillesse de Rousseau, elle est peut-être la seule à laquelle il rende justice dans ses *Confessions,* et dont il avoue les bienfaits sans amertume. Elle fut bonne, même à Thérèse Levasseur et à son indigne famille. Elle fut bonne à tous et réellement estimée : car l'orage révolutionaire entra dans le royal manoir de Châteauroux et respecta les cheveux blancs de la vieille dame. Toutes les mesures de rigueur se bornèrent à la confiscation de quelques tableaux historiques dont elle fit le sacrifice de bonne grâce aux exigences du moment. Sa tombe, simple et de bon goût, repose dans le parc de Chenonceau sous de mélancoliques et frais ombrages. Touristes qui cueillez religieusement les feuilles de ces cyprès sans autre motif que de rendre hommage à la vertueuse beauté aimée de Jean-Jacques, sachez qu'elle a droit à plus de respect encore. Elle a consolé la vieillesse de l'homme de bien de son temps (l'abbé de Saint-Pierre), elle a été son disciple ; elle a inspiré à son propre mari la théorie du respect pour son sexe, grand hommage rendu à la supériorité douce et modeste de son intelligence. Elle a fait plus encore : elle a compris, elle, riche, belle et puissante, que « tous les hommes avaient droit au bonheur ». Honneur donc à celle qui fut belle comme la maîtresse d'un roi, sage comme une matrone, éclairée comme un vrai philosophe et bonne comme un ange ! *(Histoire de ma vie,* t. I, p. 62, 69, 70.)


Après un pareil langage, nous ne pouvons que déposer la plume. Il n'était pas possible de mieux finir notre récit sur M^me Dupin que par une citation de M^me Sand.

Dans les chapitres suivants, nous allons essayer d'esquisser la physionomie de M^mes d'Arty et de La Touche, ces deux sœurs de M^me Dupin, si peu semblables à elle sous certains rapports, mais qui forment avec elle un groupe que Jean-Jacques n'hésitait pas à qualifier comme on sait.

# MADAME D'ARTY

# MADAME D'ARTY

## I

M^me d'Arty a précédé la comtesse de Boufflers dans les bonnes grâces du prince de Conti, et s'y est maintenue une vingtaine d'années. La petite cour de l'Isle-Adam était placée sous son patronage immédiat, sous sa direction omnipotente. Elle en faisait les honneurs, en réglait le programme, le cérémonial, comme elle en était l'ornement et l'attrait. Son esprit égalait sa grâce et sa beauté. Favorite d'un prince du sang, elle était une puissance avec laquelle il fallait compter; elle avait ses flatteurs, ses adorateurs et ses esclaves. A ces différents titres, elle mérite d'être connue. Jean-Jacques Rousseau s'est plu à nous la présenter et à la caractériser, ainsi que ses sœurs, dans les termes suivants, que nous croyons devoir rappeler :

« ... Elles étaient trois sœurs qu'on pouvait appeler les trois Grâces : M^me de la Touche, qui fit une escapade en Angleterre avec le duc de Kingston; M^me d'Arty, la maîtresse et bien plus l'amie, l'unique et sincère amie de M. le prince de Conti, femme adorable autant par la douceur, par la bonté de son charmant caractère, que par l'agrément de son esprit et par l'inaltérable gaieté de son humeur; enfin M^me Dupin, la plus belle des trois, et la seule à qui l'on n'ait point reproché d'écart dans sa conduite (1). »

Ces lignes de Jean-Jacques excitent la curiosité et ne la satisfont pas. M^me d'Arty est restée dans l'ombre, dans la demi-teinte, plus encore que ne l'était M^me Dupin, sa sœur, avant notre travail la concernant; et c'est pour cette raison que, se trouvant à bout de voies, le dernier éditeur des *Mémoires* de M^me d'Epinay s'est écrié, en parlant de M^me d'Arty :

« Il est étrange qu'on ne trouve pour ainsi dire rien, dans les mémoires et dans les journaux littéraires du temps, sur une femme qui était remarquable par sa beauté et son esprit (2). »

Quand M. Paul Boiteau exprimait ainsi ses regrets, il n'avait probablement pas lu les *Mémoires* du marquis d'Argenson, non plus que d'autres écrits contemporains où il est question de M^me d'Arty, le plus souvent d'une façon incidente et peu détaillée, il est

(1) *Confessions,* liv. VII.

(2) *Mémoires* de M^me d'Epinay. — Charpentier, 1865. 2 vol. in-18, t. I, p. 276.

vrai, mais suffisante néanmoins pour qu'on puisse, à l'aide d'un examen attentif et en recueillant avec soin les traits éparpillés çà et là sur son compte, réconstituer son individualité.

C'est ce que nous allons entreprendre, tout en ne nous dissimulant pas la difficulté de certaines parties de notre tâche. C'est tout un coin de terre à défricher.

Et d'abord, pendant longtemps il nous eût été difficile d'expliquer le nom d'épouse que porte notre héroïne, attendu que nous n'avions vu figurer son mari nulle part à ses côtés, soit en famille, soit dans certains actes publics où son autorisation, à défaut de sa présence, était légalement nécessaire. Dans le monde officiel comme dans celui des salons, nous n'avions pas rencontré non plus de personnage, noble de race ou d'aventure, qui fût revêtu du nom qui nous préoccupait. Nous commencions donc à croire que ce mari pouvait bien être un mythe, un pur être de raison, une espèce de porte-respect enfin, inventé pour les besoins de la cause; et, lorsque nous admettions son existence, nous pensions qu'il était mort jeune ou qu'il avait vécu séparé de sa femme. Cette dernière supposition était la vraie. Le hasard — cette providence des historiens dans l'embarras, — nous ayant conduit à exposer nos doutes à M. Charles Read, ce spirituel érudit, dont nous connaissions déjà l'obligeance, a pu les lever sur-le-champ, au moyen des documents inédits qu'il recueille depuis des années en vue d'écrire la biographie complète de Samuel Bernard. M. Read nous a donc appris que Marie-Anne-Guillaume de Fontaine a été mariée à Antoine-Alexis Paneau, sieur d'Arty, directeur général des aides, qui habita longtemps l'hôtel de Bretonvilliers dans l'île Saint-Louis; qu'elle en a été séparée juridiquement en 1725, après lui avoir donné un fils, Alexis-Armand Paneau d'Arty, personnage qui se fit d'église et que nous retrouverons dans le cours de ce récit (1).

Malheureusement les informations de M. Read s'arrêtaient là. Il ne put nous renseigner sur les premières années, sur la jeunesse de M^me d'Arty, non plus que sur sa fin. Mais, si les deux extrémités de sa carrière nous échappent, nous en connaissons le milieu, et nous pourrons l'y suivre, en la conduisant même assez avant dans son âge mûr.

Le premier aspect sous lequel elle nous apparaît est celui de Diane chasseresse, ni plus ni moins que M^me de Pompadour se montra, pour la première fois, aux regards éblouis de Louis XV, dans la forêt de Sénart. Nous avons sous les yeux un carré de papier

---

(1) Le nom de « d'Arty » est emprunté d'une terre, probablement située en Vendée ou en Champagne, où il en existait deux de ce nom.

large comme la main, signé de Beringhen, grand
écuyer du roi, et daté de Compiègne le 19 juillet 1739,
qui autorise M^me d'Arty « à tirer des lapins dans le
bois de Boulogne ». Cette autorisation est accompagnée de la lettre d'envoi qui suit :

Je suis trop heureux, madame, de trouver une occasion
de contribuer à votre plaisir. Je vous envoye une permission pour chasser. Vous seres la seule pour ce moment-
cy quy en aures. Je me suis chargé seulement de vous
prier de ne point mener de chiens dans le bois jusques à
ce que le roi ayt chassé dans la Meutte (1). Alors vous
seres la maîtresse comme par le passé ; ce n'est que par
rapport aux faisandeaux qui sont encore en traisne (2).
Ainsy, madame, vous voyes que le sieur Gilles (3) trouvera votre plaisanterie fort bonne et aura besoin de votre
protection. Je seray toujours charmé en toute occasion de
vous marquer avec combien de respect j'ay l'honneur
d'être, madame, etc.

Cette lettre nous met sur la voie. Outre qu'elle
donne la mesure du crédit dont jouissait M^me d'Arty
en haut lieu et du prix qu'on attachait à lui être agréable, elle nous fait connaître un de ses penchants,
une de ses inclinations, c'est-à-dire tout un côté de son

---

(1) Le château de la « Muette », qu'on appelait alors la « Meutte »,
et où Louis XV faisait de fréquentes apparitions et même des sé-
jours, marqués par toutes sortes de folies orgiaques et autres.

(2) C'est-à-dire pas assez forts pour voler.

(3) Gardien du château de la « Muette ».

caractère. Car, remarquez que le goût cynégétique qui se manifeste en elle n'est pas un simple accident, affaire de caprice ou d'oisiveté; c'est une habitude prise de longue date, un passe-temps favori, dont elle a déjà usé en plusieurs endroits. Pour le moment, il lui est permis de chasser de nouveau au bois de Boulogne, où elle sera la maîtresse, *comme par le passé;* mais où elle ne pourra point *mener de chiens.* Or, tout chasseur sait qu'en de telles conditions la poursuite et le tir du lapin dans les fourrés, au milieu d'épines et de broussailles, sont une fatigue, un travail autant qu'un plaisir, d'où il suit que la chasse était une passion réelle pour M^me d'Arty, qui ne reculait pas devant les exercices violents plus spécialement réservés à l'homme.

Nous insistons sur cette disposition de son esprit, qui pourra nous expliquer plus tard certains actes accomplis par elle, certains faits et gestes empreints de virilité et dus à son initiative.

Du reste, il y a lieu de croire qu'à la date que nous avons rappelée (1739), elle était déjà, dans l'acception la plus tendre du mot, l'amie du prince de Conti, dont on sent le voisinage, l'influence invisible, mais présente, dans le langage soumis et obséquieux de Beringhen. Celui qui aurait pu la protéger à l'égal d'un prince, celui qui l'aurait placée haut dans l'estime des courtisans toujours prêts à s'incliner devant l'opulence,

Samuel Bernard, en un mot, était mort à cette époque, et il est peu vraisemblable que, si aimable et si
spirituelle qu'elle pût être, M^me d'Arty, réduite aux
seules recommandations de son entourage, eût pénétré aussi avant qu'on l'a vu dans les bonnes grâces
des gens de cour, généralement dispensateurs des faveurs qu'on leur arrache.

Quelques années après (1746), nous retrouvons
M^me d'Arty faisant, accompagnée de Francueil, une
visite à M^me d'Epinay, qui s'exprime ainsi sur son
compte :

« J'ai fait ces jours-ci deux nouvelles connaissances, M^me d'Arty et M. de Francueil. M^me d'Arty a
une figure singulière qui m'a longtemps prévenue contre elle; mais, l'ayant vue un peu plus souvent cet
été, et M^me de Maurepaire m'en ayant dit du bien,
j'ai prié celle-ci de me l'amener, parce que mon état
ne me permet pas encore de sortir (1). »

Il ne faut pas prendre en mauvaise part les mots de
*figure singulière* employés par M^me d'Epinay, lesquels ne signifient pas que dans l'air de son visage,
dans l'arrangement de ses traits, M^me d'Arty mît de
l'apprêt, affectât de se distinguer; ils signifient seulement qu'elle avait dans la physionomie ce quelque
chose de particulier, d'original, d'imprévu qui tran

_______

(1) *Mémoires* de M^me d'Epinay, t. I, p. 64.

chait avec les autres visages, et c'est là un éloge à
toutes les époques, surtout à celle dont nous nous
occupons, où, au milieu d'un effacement à peu près général, les types neufs et vivement frappés étaient
rares.

Quant à la *prévention* qui existait, paraît-il, dans
l'esprit de M^me d'Epinay contre M^me d'Arty, nous n'en
sommes guère surpris, et nous y voyons encore un
éloge à l'adresse de cette dernière. C'était, en effet,
une très jolie femme, fort à la mode, très recherchée,
et probablement, avec ce tact supérieur des grandes
coquettes, M^me d'Epinay flairait en elle une rivale.
Au reste, sa prévention ne tint pas longtemps devant
les grâces attirantes de M^me d'Arty; bien qu'elle y
résistât, elle subit le charme, fut entraînée, et bientôt,
comme nous le verrons, liée étroitement avec elle, elle
la suivra les yeux fermés dans plusieurs parties de
plaisir, notamment dans une démarche assez scabreuse
dont nous aurons à parler. C'est que le genre de
beauté dont était pourvue M^me d'Arty, par cela même
qu'il étonnait au premier moment, avait des séduc-
tions d'autant plus sûres. On y réfléchissait, la pensée
s'y reportait, involontairement d'abord, puis avec curiosité, avec intérêt ensuite, et, à la seconde entrevue,
on était asservi, entraîné, la fascination était complète. Jugez-en. Deux mois s'étaient à peine écoulés
que M^me d'Epinay écrivait dans son journal :

« Nous attendons aujourd'hui M. de Jully (1); Mᵐᵉ d'Arty doit aussi venir passer l'après-dînée avec moi. Je ne connais point de femmes plus gaies, plus aimables, ni qui aient un tour d'esprit plus amusant; il me semble qu'elle a autant d'amitié pour moi que j'en ai pour elle. Mᵐᵉ la marquise de Vignolles ne l'aime point; elle la trouve trop étourdie. Je sais pourtant des traits d'elle, qui prouvent que ce que l'on croit étourderie n'est souvent que vivacité; au moins n'est-elle pas sans mérite : elle est même capable de prendre des partis courageux (2). »

C'est en effet ainsi que nous nous représentons Mᵐᵉ d'Arty : humeur gaie, parole vive, rire éclatant; en un mot, une nature expansive, pleine d'énergie vivace, d'enthousiasme et de spontanéité.

Mᵐᵉ d'Epinay continue :

« Cela n'empêche pas que mes parents ne voient avec peine mes grandes liaisons avec elle, sans doute parce qu'ils ne la connaissent pas. S'ils savaient l'intérêt qu'elle prend à ce qui me regarde; avec quelle tendresse, avec quelle sensibilité elle me le marque, ils ne m'en parleraient pas comme ils font. Elle me paraît d'un commerce si sûr que je lui ai confié aussi tous mes chagrins passés, avec d'autant moins de

(1) Frère de M. d'Epinay.
(2) *Mémoires,* t. I, p. 83.

scrupule que j'ai une lueur d'espérance de ne plus en avoir de semblables. Elle m'a dit des choses qui me font regretter de ne pas m'être liée avec elle plus tôt. Je me serais livrée à ses conseils sur une matière où elle paraît avoir plus d'expérience que moi, et vraisemblablement mes chagrins n'auraient pas duré si lougtemps. »

Voilà donc M^me d'Epinay prenant la défense de M^me d'Arty, qu'elle regrette de n'avoir pas connue plus tôt ; elle vante sa tendresse, sa sensibilité, son expérience, et l'on voit qu'elle parle avec sincérité, avec conviction ; enfin, elles sont au mieux ensemble ; elles échangent mutuellement leurs pensées, se communiquent leurs joies et leurs chagrins ; et de ces confidences, faites dans l'abandon du cœur, naît entre elles une estime, une amitié qui est d'autant plus vive qu'elle est gênée dans son essor par les obstacles que leur suscite la famille de M^me d'Epinay. Cependant elles se voient souvent et passent l'une chez l'autre des journées entières. Une fois même, M^me d'Epinay resta deux jours chez son amie, ce dont elle fut grondée, comme elle le dit dans ce billet adressé à M^me d'Arty :

J'ai été un peu grondée, ma reine, d'avoir passé deux jours de suite chez vous ; moyennant cela, je n'ose plus aller vous voir aujourd'hui. Si vous sortez, passez un moment chez moi, comme par hasard. Mais non, ne venez

pas, car cela donnerait encore de l'humeur à mes parents ;
j'aime mieux être privée du plaisir de votre société aujourd'hui, afin d'en jouir plus à mon aise demain. Adieu.
Je ne sais comment cela se fait, mais je ne puis plus me
passer de vous. Si vous voyez Francœur (1), dites-lui de
venir me voir.

A quoi M^me d'Arty répondit :

Cela est, en effet, bien scandaleux de voir deux femmes
passer leur journée et veiller en tête à tète ; en vérité, vos
parents sont fous. S'ils veulent encore s'opposer à notre
liaison, je louerai un appartement aux Capucins (2), je
vous regarderai toute la journée sur votre balcon et, s'ils
mettent le nez à la fenêtre, je leur ferai la grimace pour
leur apprendre à vivre. On m'a éveillée pour me remettre
votre lettre, et je n'ai qu'un œil d'ouvert ; encore ne l'est-
il qu'à moitié. J'ai le bout des doits gelé ; mais cette sensation ne va pas plus loin lorsqu'il s'agit de vous. Adieu,
ma belle ; je ne vous réponds pas, malgré votre défense
de ne vous point voir aujourd'hui ; je ne me sens pas
d'humeur à m'imposer cette pénitence, et vous, en serez-
vous moins boudée pour une visite de plus ou de môins ?
Voilà Francœur qui vient dîner avec moi. Je vous l'enverrai après.

Ce Francœur était une espèce d'homme à bonnes

(1). Né à Paris en 1698, mort en 1789. Musicien habile, qui prit
pour trente ans avec Rebel, en 1757, le bail de l'Opéra. Voyez
notre édition du *Journal* de Collé, t. I, p. 82.

(2) M^me d'Epinay demeurait vis-à-vis ce couvent, situé rue Saint-
Honoré près de la place Vendôme.

fortunes, toujours en disponibilité depuis qu'il vivait
mal avec sa femme, qui avait pour mère la fameuse
Adrienne Lecouvreur. Il s'était acquis une certaine
réputation en se faisant bâtonner pour la défense de
la Pélissier, sa maîtresse, qui avait déjà pour amant
un juif opulent du nom de Duliz, lequel, en se brouil-
lant avec elle, exigeait la restitution des riches présents qu'il lui avait faits (1). Cette bastonnade fit grand
bruit, et Francœur fut un homme « posé » dans l'opinion du monde galant. En ce temps-là, rien ne donnait du relief comme les aventures romanesques, les
duels, les bons coups d'épée, même les coups de bâton, quand on les endossait pour une bonne cause, ou
du moins qui paraissait telle aux yeux prévenus de la
galerie, peu difficile en pareil cas. Du reste, M^{me} d'E-
pinay ne connaissait Francœur que depuis quelques
jours ; elle l'avait vu pour la première fois au bal
de l'Opéra, où elle était allée à l'insu de son mari avec
M^{me} d'Arty et une autre dame qu'elle ne nomme pas.
Elles y rencontrèrent le musicien, qu'elles firent *enra-
ger*, dit-elle, et qui garda la tabatière de M^{me} d'Epinay « pour avoir une occasion de lui faire sa cour et
de se présenter chez elle » ; ce qu'il ne manqua pas de
faire peu de jours après, toujours à l'insu du mari, qui,

---

(1) Voyez notre publication des *Œuvres inédites* de Piron, p. 342,
où le malin Bourguignon raconte l'anecdote en l'assaisonnant d'un
condiment gaulois.

du reste, n'en aurait pas pris le plus léger ombrage.

On nous parle de démocratie... C'est alors qu'elle florissait et s'épanouissait, qu'elle était en faveur et en vigueur. Jamais les rangs n'avaient été plus mêlés, plus confondus, mieux nivelés. L'égalité la plus large se pratiquait de comédien à marquise, de maître à danser à présidente. En un mot, on était en plein XVIIIᵉ siècle, à quelques années de la régence, « où l'on fit tout, excepté pénitence », selon Voltaire. Or, dans ce monde-là, il faut marcher avec précaution et sur la pointe du pied pour ne pas réveiller la foi conjugale, qui dort dans son coin, tandis que de petits Cupidons joufflus et égrillards entrent à tire-d'aile par la croisée.

« Ils sont là « une troupe d'amoureux », écrit quelque part Mˡˡᵉ d'Ette, l'amie de la maison.

Elle ajoute :

« En vérité, cette société est comme un roman mouvant. »

En effet, Francueil et Mᵐᵉ d'Epinay d'un côté, le chanteur Jélyotte et Mᵐᵉ de Jully de l'autre ; plus loin, Mˡˡᵉ d'Ette elle-même avec le chevalier de Valory : tout cela forme un essaim de cœurs tendres et gémissants, vivement férus par le petit dieu malin, qui avait beau jeu et n'avait jamais plus fait des siennes.

## II

Les relations des deux amies avec Francœur ne s'arrêtèrent pas là. Un jour M^me d'Arty invita à souper M^me d'Epinay et M. de Jully; on attendait Francœur, avec qui on devait faire de la musique et exécuter à quatre un intermède nouveau de sa composition. Huit heures venaient de sonner et il n'était pas encore arrivé. M^me d'Arty ayant envoyé lui demander la raison de ce retard, il répondit qu'il était enrhumé et qu'il ne lui était pas possible de sortir. Dépit, colère de la part de nos dames, à qui M. de Jully proposa d'aller chez Francœur voir s'il était réellement malade. M^me d'Arty dit tout d'un coup, rapporte M^me d'Epinay :

« Non, mais allons-y tous trois souper. »

« Je fus d'abord choquée de cette proposition, que je ne pris pourtant que comme une plaisanterie, continue M^me d'Epinay. Lorsque je vis qu'elle était sérieuse, je fis quelques représentations; on me ferma la bouche en disant qu'avec mon beau-frère et une autre femme, cette démarche était toute simple. Ensuite j'alléguai mon mari, mon beau-père et ma mère, s'ils venaient à le savoir.

« Bon ! dit M^me d'Arty, mon mari, mon père, ma

« mère ! N'avez-vous pas peur aussi que votre grand-
« père ne revienne de l'autre monde pour vous ser-
« monner ? Allons, allons, ne faites pas l'enfant. Si
« vos parents grognent, vous n'avez qu'à m'envoyer
« chercher : je les mettrai bien à la raison. Votre mari !
« votre mari en fait bien d'autres ; et puis, n'avez-
« vous pas votre beau-frère qui prendra votre parti ?

 « — Oui, certainement, répondit Jully ; venez seu-
« lement et laissez-nous faire (1). »

Il partirent. La nuit était noire ; « on n'y voyait
ni ciel ni terre » ; mais, éclairés par « un falot », ils
arrivèrent sans encombre chez Francœur, qui habitait une maison donnant sur le jardin du Palais-
Royal, probablement dans la rue des Bons-Enfants
ou Richelieu, les rues de Valois et de Montpensier
n'étant pas encore percées. Ils restèrent chez le musicien jusqu'à minuit.

Assurément, la démarche de ces deux femmes n'est
pas des plus régulières. Après tout, elles avaient avec
elles un cavalier, c'est-à-dire une espèce de chaperon,
de sauf-conduit, et, à la rigueur, on peut leur passer
cette étourderie. Mais M<sup>me</sup> d'Epinay feignit de prendre la chose au sérieux ; elle se la reprocha comme
une faute, presque comme un crime ; et l'on a vu avec
quel air de pudeur effarouchée elle en a, par antici-

_________

(1) *Mémoires*, t. I, p. 93.

pation, décliné l'initiative et la responsabilité. A l'entendre, la pauvre innocente n'avait fait qu'obéir, que se soumettre en victime ; mais, à ses yeux, c'était encore une faiblesse, une espèce de complicité morale, et elle ne se la pardonnait pas ; le remords qu'elle en éprouvait était tel qu'en rentrant chez elle, elle n'eut rien de plus pressé que de tout conter à son mari ; mais il y avait dans cette confidence une habile tactique, et le diable n'y perdait rien. Elle avait sur la conscience d'autres péchés plus gros qu'elle voulait cacher à M. d'Epinay, et elle lui fit l'aveu de celui-ci, absolument comme on fait la part du feu dans un incendie quand on sacrifie les dépendances d'une maison pour sauver le corps principal du logis.

Combien nous préférons M<sup>me</sup> d'Arty, avec l'indépendance de son esprit et la franchise cavalière de ses allures ! Du moins elle a le courage de ses caprices, de ses excentricités ; et, si elle cravache en passant quelques conventions sociales, si elle heurte de front certains usages, c'est qu'ils sont pour elle des préjugés, et elle les flagelle à visage découvert, sans se draper majestueusement dans le manteau d'une fausse vertu.

Du reste, comme conséquence logique de son repentir et des torts qu'elle imputait à M<sup>me</sup> d'Arty, M<sup>me</sup> d'Epinay promit à son mari de la voir moins souvent et de l'amener tout doucement à une cessation complète de relations entre elles, ce qui lui semblait plus prudent qu'une rupture éclatante.

« Dans quelle ivresse j'étais de M^me d'Arty il y a peu de jours encore, s'écrie-t-elle. Je la croyais un oracle, sa tournure d'esprit m'enchantait, ses plaisanteries me paraissaient naïves et avaient à mes yeux le caractère de la vraie gaieté ; maintenant elles ne me paraissent que libres et indécentes. Je veux fuir cette femme et je ne sais comment m'y prendre. Elle a tant d'amitié pour moi ! Si je lui donnais quelque avis sur son étourderie ? Elle se moquerait de moi ; elle m'aurait peut-être écoutée autrefois, mais à présent ! il m'en faut retirer peu à peu et comme me l'a conseillé mon mari (1). »

De son côté, M^me d'Arty voyait clair dans le jeu de notre prude ; elle n'était pas dupe de ses petits artifices ; sa finesse d'observation avait pénétré depuis longtemps les voiles plus au moins épais dont M^me d'Epinay cherchait à couvrir les défaillances de son cœur, les singularités de sa vie. Trop fière pour imposer son commerce à qui que ce fût, M^me d'Arty ne chercha point à retenir une amitié qu'on paraissait disposé à lui retirer, et elle ne vit plus M^me d'Epinay qu'à de longs intervalles. Elle n'alla à sa rencontre qu'à trois fois différentes seulement, si nous ne nous trompons,

_______

(1) *Mémoires*, t. I, p. 99.

et encore était-ce pour l'éclairer sur elle-même ou sur les siens ; en un mot, pour l'obliger, lui rendre service. La première fois, ce fut au mois de mars 1748, à l'occasion du mariage de la belle-sœur de M<sup>me</sup> d'Epinay (1) ; elle vint prévenir cette dernière que la mère du futur était « une joueuse de profession, ainsi que le futur lui-même ». Deux ans après, M<sup>me</sup> d'Epinay rend compte dans les termes suivants de la seconde visite :

« Comme j'allais sortir ce matin, M<sup>me</sup> d'Arty, que je n'avais pas vue depuis un siècle, est venue me dire adieu ; elle retourne pour six mois à la campagne, d'où elle arrive. « Croyez-vous, m'a-t-elle dit, que « vous avez beaucoup gagné à la solitude où vos pa- « rents vous ont tenue et au vœu authentique que vous « avez fait de ne plus me voir ? On vous donne une « botte d'amants, ma chère : d'abord Francueil, Du- « clos, Gauffecourt, et je ne fais que d'arriver. »

C'est net, c'est franc, c'est osé, et tout à fait dans le ton de l'humeur de M<sup>me</sup> d'Arty, qui n'eut plus avec la châtelaine de la Chevrette qu'une troisième et dernière entrevue, dont nous parlerons en son lieu.

Pour le moment, nous allons introduire sur la scène celui qui fut plus qu'un épisode dans la vie de

---

(1) Il s'agit de celle qui devait être la charmante M<sup>me</sup> d'Houdetot. Elisabeth-Sophie-Françoise de Bellegarde, née en 1730, morte en 1813 et mariée au comte d'Houdetot, maréchal de camp.

M^{me} d'Arty, et dans la vie duquel elle n'occupa pas une moindre place. Nous avons nommé le prince de Conti.

Dans l'article qu'il a consacré à la comtesse de Boufflers, Sainte-Beuve s'est efforcé de dresser un piédestal au prince de Conti; mais, comme la chose lui est souvent arrivée, il n'a voulu entendre qu'une cloche et n'a rendu dès lors qu'un son. En d'autres termes, il a prêté une oreille complaisante à deux ou trois panégyristes du prince, et n'a tenu aucun compte de ses nombreux critiques, qu'il n'a pas même nommés, bien que, par leur caractère, ils en valussent la peine : d'Argenson, le prince de Ligne, Besenval, etc. Mais on sait que Sainte-Beuve, sans parler de ses ardeurs de partialité et de ses rancunes contre les vivants, écrivait généralement de parti pris en matière d'histoire. Il s'était érigé à son usage une petite chapelle hors de laquelle il n'y avait point de salut. Heureux homme! qui a eu la rare fortune de ne pas être discuté pendant sa vie, et l'habileté de mourir avec un semblant de popularité politique qui n'a pas été sans influence sur les jugements littéraires dont il a été l'objet après sa mort. Ce serait un travail instructif et curieux que celui qui restituerait leurs véritables traits aux personnages qu'il a dépréciés ou surfaits. Tôt ou tard justice sera faite. Quant à nous, nous ne faillirons pas à ce devoir chaque fois que l'occasion s'en présentera; et, pour en revenir au prince de Conti, nous affirmons que le crayon qu'il en a tracé ne rend nullement sa physionomie.

Peu de princes ont eu plus d'apologistes et de détracteurs; et au milieu des éloges et des critiques qui ont été produits tour à tour sur son compte, il est difficile de découvrir la vérité. Sainte-Beuve a trouvé commode de trancher la question en faveur du prince, sans mettre les témoignages en présence, sans les confronter, sans les discuter. C'était, dit celui-ci, un habile politique qui s'était détaché du parti de la cour pour défendre la cause du droit et de la liberté, violée dans la personne des membres de l'ancien Parlement. A en croire celui-là, il était instruit, studieux, éloquent. Louis XV l'appelait ironiquement : « Mon cousin l'avocat; » il avait, en outre, les qualités d'un vaillant homme de guerre. C'était un brutal, un ambitieux, affirment les autres, un tyran, un satrape, un homme borné, un paresseux, un gourmand, etc. (1).

(1). Voici quelques-unes des appréciations que Sainte-Beuve a mises sous le boisseau :

« M. le prince de Conti, dans le sein de la vie dissipée de Paris, conçut la chimère d'être roi de Pologne. Pour s'en rendre capable et pour fuir ses créanciers, il s'enferma à l'Isle-Adam avec M^me d'Arty et quelques complaisants. Il y passa quelques années dans la retraite et la lecture. Il en sortit ensuite pour rentrer dans le monde et le scandaliser par le sérail de filles qu'il entretenait. » *(Mémoires de Besenval.)* — « C'est un composé de vingt ou trente

A tout prendre, nous croyons qu'il était un peu tout cela; mais ce qui pour nous, en définitive, pourrait militer en sa faveur, tout en réservant ses qualités et ses défauts, c'est la bienveillance, la familiarité qu'il mit dans ses relations avec quelques philosophes, et l'appui qu'il prêta à deux illustres persécutés : Jean-Jacques Rousseau et Beaumarchais (1). On le voit, en outre, visitant sans façon le fameux avocat Gerbier à sa terre d'Aulnoy et s'y installant trois jours durant, ou causant en tête-à-tête, et presque d'égal à égal, avec certains coryphées des idées nouvelles, avec Diderot, par exemple, qui, emporté par le feu de la conversation, lui dit un jour :

« Monseigneur, il paraît que vous êtes bien entêté.

hommes, rapporte à son tour le prince de Ligne dans ses *Lettres et Pensées*. Il est fier, il est affable, ambitieux et philosophe tour à tour; frondeur, gourmand, paresseux, noble, crapuleux; l'idole et l'exemple de la bonne compagnie, n'aimant la mauvaise que par un libertinage de tête, mais y mettant beaucoup d'amour-propre; tenant un peu de M. de Vendôme et du grand Condé; voulant jouer un rôle, mais n'ayant pas assez de tenue dans l'esprit. Sa mère disait un jour de lui : « Mon fils a bien de l'esprit; oh! il en a « beaucoup; on en voit d'abord une grande étendue, mais il est « en obélisque, il va toujours en diminuant à mesure qu'il s'élève, « et finit par une pointe, comme un clocher. » D'Argenson l'appelle « homme borné, pédant, injuste et d'un peu de folie, comme il y en a dans toute cette branche de la maison royale. » *Mémoires*, t. VI, p. 160, 2 mars 1750.

(1) *Mémoires* de Bachaumont, édit. Ravenel. t. I, 70; II, 156; III, 20, 29, 228; IV, 308.

— Entêté? Non, répondit le prince; ce mot n'est pas dans mon dictionnaire; mais je suis ferme. »

C'était là son dada, son califourchon; il voulait passer pour avoir de la fermeté, du caractère.

Sans doute, les traits que nous venons de rappeler sont de nature à faire pardonner quelque chose à la mémoire d'un prince qui vivait à une époque où l'affabilité et la popularité n'étaient pas précisément les vertus dominantes des personnages placés sur les marches du trône; malheureusement il est prouvé que cette popularité n'était pas sincère et servait de voile aux projets les plus ambitieux.

Né le 13 août 1717, il se maria, le 22 janvier 1732, à Louise-Diane d'Orléans, fille du régent, et devint veuf le 26 septembre 1736. Il avait donc alors un peu plus de dix-neuf ans, et c'est probablement quelque temps après qu'il fit connaissance de M<sup>me</sup> d'Arty. Du moins plaçons-nous le commencement de leurs liaisons vers cette époque. Dans tous les cas, trois ans après, c'est-à-dire en 1739, date où, comme nous l'avons fait connaître, M<sup>me</sup> d'Arty obtenait si facilement, à l'exclusion de toute autre personne, l'autorisation de chasser au bois de Boulogne, elle devait être dans tout l'éclat de la puissance que donnait alors le titre de maîtresse d'un prince du sang.

Pendant un certain nombre d'années, elle paraît avoir régné sur le cœur du prince, non pas sans partage ; car, léger, amoureux du plaisir comme il était, de fréquents changements avaient lieu dans le choix de ses galantes fantaisies ; mais ce n'étaient là que des éclipses, des écarts passagers, et M^me d'Arty n'avait pas à redouter d'être supplantée par aucune de ces beautés, rivales d'un jour, princesses d'une nuit, que le hasard ou le calcul plaçait sur les pas de son volage amant. Celle qui devait lui disputer le sceptre de la puissance, ou tout au moins le partager avec elle, en attendant qu'elle lui succédât tout à fait dans les bonnes grâces de leur commun seigneur, la comtesse de Boufflers, en un mot, ne viendra que plus tard, vers 1749. Du reste, cette dernière habitera le Temple, dont le prince sera alors grand prieur, tandis que M^me d'Arty demeurera à l'Isle-Adam, où nous la trouvons en ce moment-ci, établie sur le pied de châtelaine, de maîtresse de maison (1).

Le château de l'Isle-Adam, où vivait ordinairement le prince quand il cessait d'habiter, soit son propre hôtel de la rue Neuve-Saint-Augustin, soit celui que possédait sa mère là où est aujourd'hui la Monnaie, avait alors tout l'éclat, tout le prestige d'une résidence royale. La société qui s'y donnait rendez-vous n'avait de rivale que celle que le prince

(1) L'Isle-Adam, aujourd'hui chef-lieu de canton de Seine-et-Oise, était une baronnie qui appartenait à la maison de Conti. Le château était splendide.

de Condé réunissait à Chantilly. C'était, sinon la meilleure de la cour, du moins la plus aimable dans ses folies, la plus libre dans ses jeux. Concerts, bals, galants soupers, spectacles, carrousels et mascarades s'y succédaient à l'envi. M^{me} d'Arty présidait à toutes ces fêtes, y commandait en souveraine, et les familiers du lieu reconnaissaient d'autant plus volontiers son autorité que cette autorité était souriante et légère et tournait toujours au profit du plaisir. Les chasses de l'Isle-Adam se pratiquaient surtout avec un luxe, une magnificence dont le roi lui-même aurait pu se montrer jaloux. Dans son *Journal*, l'avocat Barbier en mentionne quelques-unes organisées par le prince de Conti, père de celui dont nous nous occupons, à qui elles servirent de stimulant et de modèle.

« Il y avait quarante maîtres, rapporte Barbier, et tout ce qu'il y a de plus haut à la cour, hors la maison de Condé, avec laquelle il ne chasse point, comme on dit proverbialement. La tête de cette compagnie était formée de M. le duc de Chartres, M. le comte de Toulouse, MM. le prince de Dombes et le comte d'Eu, fils de M. le duc du Maine; le prince Charles de Lorraine, le comte d'Evreux; ainsi du reste; et dans cette assemblée, deux évêques, savoir : l'évêque de Beauvais, fils du duc de Saint-Aignan, qui est buvant, ayant de bon vin dans sa cave et sa maîtresse à

sa table, dans la ville de Beauvais (1); et l'évêque
de Laon, bâtard de M. le régent. On a fait des parties
de chasse magnifiques, et cela a dû coûter beaucoup
à M. le prince de Conti (2). »

Son équipage ne comptait pas moins de quatre-
vingts chevaux et de cent cinquante chiens (3). Le
fils, avons-nous dit, suivit l'exemple donné par le
père ; il en prit les goûts somptueux, et, si la tradition
de ses splendides et gigantesques parties de chasse est
perdue, le souvenir en est resté parmi les habitants du
pays, dont les descendants se plaisent encore à en raconter les épisodes saisissants, les dramatiques péripéties, et aussi les déprédations dont souffrait le labou-
reur pleurant ses récoltes, douce et frêle espérance. Or,
M<sup>me</sup> d'Arty assistait à ces « jeux de prince », à ces cavalcades à travers champs et forêts, espèces de tournois
où, comme dans les cours d'amour, le prix revenait au
plus adroit, au plus heureux ; et c'est probablement
à cette école que se développa l'amour des exercices
violents que nous avons déjà remarqué en elle, cette
passion ardente du mouvement et du bruit, qui devait

(1) Les *Mémoires* de Maurepas, t. I, p. 289, et t. II, p. 105, renferment des détails circonstanciés et curieux sur la vie licencieuse
de cet évêque, qui se nommait Honoré de Beauvilliers de Saint-
Aignan. Sa maîtresse, M<sup>lle</sup> de la Croix, le suivait partout dans ses
voyages.

(2) *Journal* de Barbier, t. I, 250.

(3) *Idem*, t. I, 281.

en faire une amazone batailleuse, un Nemrod en ju-
pon rose.

Avant tout, elle était femme du monde et faisait
l'enchantement des salons. C'est là qu'elle brillait de
toutes les élégances, de toutes les attractions. Bienveil-
lante, accorte, toujours souriante (peut-être à cause
de ses belles dents), elle rayonnait, elle trônait, elle
était reine. Sa verve folle, son pétillant babil, son
étourdissant esprit lui faisaient des amis enthousiastes,
sans lui susciter beaucoup d'ennemis, car elle était de
ces individualités dont les plaisanteries, les épigrammes
même ne blessent que les sots, parce qu'elles sont dé-
cochées avec une familiarité aimable, spirituelle, une
gaieté communicative qui fait qu'on leur pardonne.
Ayant ri, on était désarmé. Le prince l'aima d'abord
avec fièvre, avec délire ; puis, il l'aima à ses heures, selon
le thermomètre de son cœur, dont les forces effectives,
comme chez un simple mortel, avaient une mesure
et variaient en raison des infidélités plus ou moins ré-
centes. Au surplus, il avait en elle une confiance absolue ; elle était la confidente de ses projets, son Egérie, son amie enfin peut-être autant que sa maîtresse,
ainsi que Rousseau tend à l'établir dans le paragraphe que nous avons cité plus haut. Mais ce rôle un
peu effacé et par trop platonique pour une nature
aussi ardente que l'était M^{me} d'Arty, ne pouvait lui
convenir longtemps. De là des querelles, des scènes

de jalousie qui allaient fort loin quelquefois, comme
nous l'apprend le marquis d'Argenson dans les lignes
suivantes, datées du 9 juin 1748 :

« Voici, dit-il, M. le prince de Conti entièrement
brouillé avec la dame d'Arty, qu'il avait depuis sa
première jeunesse (1) ; ils se battirent, il y a quelque
temps, à coups de poing ; enfin la brouillerie est définitive. Elle a quitté la maison de l'orangerie de l'Isle-
Adam, et, sur-le-champ, toute la famille l'y est venue
voir, comme M^{me} sa mère, sa sœur, etc. » (*Mém.*,
t. V, p. 226.)

Certes, voilà un combat qui n'a rien d'aristocratique ; la gourmade y joue un rôle, et sans doute
aussi l'imprécation et l'injure. Mais, si nous condam-
nons de semblables excès des deux parts, nous en faisons remonter la responsabilité au prince, qui fut
assez lâche pour frapper une femme — on va voir
qu'il fut l'agresseur. Quant à la riposte, elle ne nous
surprend pas ; elle était dans la situation, dans le caractère même de M^{me} d'Arty, qui devait être extrême
en tout, dans ses colères comme dans ses tendresses.

Trois semaines après, d'Argenson reprend :

(1) Le langage de d'Argenson prête ici à l'équivoque. Il veut dire
que c'est le prince qui était très jeune encore (il avait dix-neuf ans,
comme nous l'avons indiqué) quand il obtint les bonnes grâces de
M^{me} d'Arty. Né en 1717, il avait à peine huit ans quand elle se
sépara de son mari (1725), et il est donc de toute imposibilité qu'il
l'ait connue avant qu'elle fût mariée.

« M. le prince de Conti s'est raccommodé et
brouillé, puis raccommodé avec sa maîtresse, la dame
d'Arty. Ils se querellèrent à table, à l'Isle-Adam, devant bien du monde. Le prince donna un coup à la
dame ; elle le prit à la joue, il saigna ; quand il vit
son sang, il devint furieux comme un lion. Chacun se
retira, il ne resta qu'un coureur à qui le prince or-
donna de jeter la dame par les fenêtres ; ce valet la
traîna par les cheveux, on l'enferma dans sa chambre :
on l'y a fait jeûner huit jours au pain et à l'eau ; elle
s'est sauvée par une fenêtre. Elle a confié tout son bien
au prince son amant ; il ne la paye pas, elle s'est
brouillée avec son mari. Depuis cela, elle s'est raccom-
modée avec le prince. Histoire ridicule. » (*Mém.*, t. V,
p. 231.)

Elle le prit à la joue, et le sang coula. Le mot y est.
C'était plus que « Vénus tout entière à sa proie attachée » ; c'était la lionne, blessée et frémissante, se re-
dressant pour venger une injure. Le prince n'avait pas
à se plaindre ; il s'était attiré cette juste représaille.
Quoi qu'il en soit, il peut paraître piquant de rapprocher cette scène de pugilat du portrait anodin et tempéré que Jean-Jacques a tracé de notre héroïne. Après
tout, la brouille ne fut pas de longue durée, et, comme
presque toujours, on put dire avec le poète : *Aman-
tium iræ amoris integratio est.* Toutefois on ne
saurait trop insister sur le genre de châtiment infligé

par le prince à M^me d'Arty. C'est comme une réminiscence des légendes barbares du moyen âge. On croit
voir un de ces vieux barons, soit-disant chrétiens, se
vengeant froidement d'une injure conjugale en enfer-
mant la coupable au fond d'une tour, et l'y laissant
mourir de faim. Le prince de Conti est plus humain,
il pourvoit généreusement à la subsistance de sa pri-
sonnière, de cette femme dévouée qui lui a donné
« tout son bien » avec son amour ; il ne veut pas
qu'elle meure : il la nourrit au pain et à l'eau. Mais
auparavant il veut l'humilier, et il ordonne à un valet
de la saisir, de la traîner par les cheveux, de meurtrir,
de profaner ce beau corps.

Et voilà l'homme que, sur la foi de prôneurs sus-
pects, Sainte-Beuve nous présente comme un modèle
de galanterie, d'urbanité, comme une espèce de philosophe et « le plus poli des gentilshommes ». Mais
notre critique n'avait donc pas lu les contemporains,
et, s'il les avait lus, il tenait donc leur témoignage
comme non avenu, même celui de M^me de Genlis, qui,
tout en vantant le prince outre mesure, ne peut s'empêcher de dire qu'un jour, au moment d'aller entendre
la messe, il condamna à « cent coups de bâton et
trois mois de cachot » un pauvre diable de bracon-
nier qu'on venait de surprendre chassant sur ses terres.
Et le prince « poursuivit son chemin, ajoute M^me de
Genlis, avec l'air du monde le plus tranquille ». Mais,

craignant d'en avoir trop dit, et pour l'excuser, elle s'empresse de déclarer qu'il parlait ainsi pour la *galerie,* qu'il *jouait le tyran* pour justifier la réputation de fermeté qu'on lui avait faite, et « qu'au fond de l'âme il était rempli d'humanité (1) ».

Le loup de La Fontaine aussi était rempli d'humanité. Passons.

## III

Il n'est pas hors de propos de remarquer que les actes de violence dont nous venons d'emprunter le récit à d'Argenson avaient lieu précisément au moment où la comtesse de Bouflers apparaissait à l'horizon (2). On sent son approche. C'est en effet vers cette époque que le prince commença à connaître

(1) *Souvenirs de Félicie.* Edit. de 1806, pp. 79, 82.

(2) Marie-Charlotte-Hippolyte de Camps de Saujon, née en 1725, était fille du marquis de Saujon, lieutenant des gardes du roi, et de Louise-Angélique Barberin de Reignac. En 1746, elle épousa le comte de Boufflers-Rouverel, colonel du régiment de Chartres-infanterie. Au XVIIIe siècle, il y a eu, dans le monde de la galanterie, deux autres grandes dames, du nom de Boufflers, que l'on confond souvent avec celle dont il est question ici, savoir : la marquise de Boufflers, née de Beauvau, un des ornements de la cour du roi Stanislas et qui fut la mère du chevalier poète, et la duchesse de Boufflers, née de Neuville-Villeroi, plus tard maréchale-duchesse de Luxembourg, qui donna un jour un soufflet au comte de Tressan, pour le punir du fameux quatrain que chacun sait.

cette grande dame, si peu désintéressée dans ses amours, qui se berça longtemps de l'espoir de se faire épouser par lui, et qui mit tout en œuvre dans ce but, tandis que M^me d'Arty s'attacha à son amant sans arrière-pensée, lui sacrifiant tout, réputation et fortune, de gaieté de cœur. Quoi qu'il en soit, quelque temps après, M^me de Boufflers, s'étant séparée de son mari pour suivre le prince, fut pompeusement installée au Temple, dont il venait d'être nommé grand prieur. A cette époque, le Temple était un vaste enclos renfermant des jardins et des maisons loués à des particuliers et où s'élevait, dit l'avocat Barbier, « un beau palais », demeure habituelle du grand prieur, qui y logeait à côté de lui ses amis et ses maîtresses (1).

Pendant quarante ans, rapporte Lemontey, le Temple avait été « une maison de délices où la plus brillante, la plus spirituelle et la plus désordonnée société de la terre goûtait la triple ivresse de la bonne chère, de la galanterie et de l'indépendance. Le grand prieur venait souvent lui-même égayer ces orgies, dont il

(1) Un des privilèges attachés au Temple en faisait un lieu de franchise pour les débiteurs insolvables. Toutefois les créanciers avaient le droit de leur adresser leurs *Mémoires* et, comme le chansonnier Gallet, qui s'y était réfugié, en recevait beaucoup, à raison de ses nombreuses dettes, il disait plaisamment qu'il était au *temple des mémoires*. Voy. notre édition du *Journal* de Collé, t. II, p. 38.

aurait pu être l'Orphée et ne voulait être que le Si-
lène (1). » Hâtons-nous de dire que ces lignes s'appliquent au grand prieur M. de Vendôme, frère de celui
qui a fourni à Saint-Simon une esquisse si effrayante
de cynisme et de crudité, et qui lui-même avait des
mœurs non moins dissolues, non moins effrontées. Sa
malpropreté était telle, que le comte de Toulouse, au
rapport de Mathieu Marais, l'avait prié de ne jamais
lui frapper dans les mains (2). Le prince de Conti, une
fois installé au Temple, n'était pas homme à y faire
cesser entièrement les orgies ; elles y devinrent cependant plus rares, sous l'influence bienfaisante de
M^me de Boufflers, qui appela insensiblement à elle une
société peut-être aussi voluptueuse que la précédente,
mais plus délicate, plus raffinée, plus versée en un
mot dans la vraie science du plaisir et la recherche
des jouissances de l'esprit.

A partir de ce moment, plus intempérant dans ses
fantaisies qu'un monarque d'Orient et que le roi lui-
même, qui n'avait qu'une maîtresse en titre à la fois,
le prince en eut deux : l'une pour la ville, l'autre pour

---

(1) Notice sur Chaulieu, placée en tête de ses poésies, 1825, 1 vol.
in-8°. Si l'on veut savoir comment Guy Patin se représentait le
vrai chevalier de Malte, il faut lire le portrait piquant que le malin
docteur en a tracé dans sa lettre du 27 août 1658. Le chevalier du
Temple était à peu près taillé sur le même modèle.

(2) *Mémoires* de Marais publiés par M. de Lescure, t. II, p. 219.

la campagne. Comme chacune d'elles avait son gouvernement à part, où elle exerçait sans contrôle une autorité sans limites, elles se supportèrent mutuellement, et bientôt même se visitèrent, quand leur seigneur et maître en exprimait le désir. M^me d'Arty allait de temps en temps aux brillantes réunions du Temple, qu'elle égayait, qu'elle illuminait de sa verve, de sa vive et éclatante figure. De son côté, M^me de Boufflers, cette « idole » du Temple, comme l'appelait ironiquement M^me du Deffand, faisait de loin en loin des voyages à l'Isle-Adam, où se continuaient sans relâche les fêtes, les chasses et mascarades dont nous avons parlé ; et nous ne sommes pas éloigné de croire que les deux rivales vivaient en bonne intelligence, et, pendant un temps, se virent même avec un réel plaisir, tant ce monde galant, gourmand et extravagant était étrange.

Il existe au musée de Versailles, dans la galerie du haut, un tableau d'Olivier représentant la petite cour du Temple et qui est porté au catalogue sous ce titre : *Le thé à l'anglaise dans le salon des quatre glaces.* Tous les principaux habitués s'y trouvent. On y voit les comtes de Jarnac et de Chabot, le président Hénault, le prince de Conti, Pont de Veyle, Mairan, le prince d'Hénin, la princesse de Beauvau, les maréchales de Mirepoix et de Luxembourg, M^lle de Boufflers, la comtesse de Boufflers, la comtesse d'Egmont, etc. Mozart enfant touche du clavecin et Jélyotte, debout, chante en s'accompagnant de la guitare (1). Mais, hélas! une figure manque à ce groupe, celle de M^me d'Arty. C'est que Mozart est venu France en 1763, époque à laquelle le tableau a été probablement peint, et alors M^me d'Arty avait disparu de la scène.

Nous avons laissé les deux favorites en présence et dans d'assez bons termes pour faire espérer que la guerre ne s'allumera pas entre elles. Rien moins cependant. L'étoile de M^me d'Arty ne tarda pas à pâlir. L'*idole* du Temple ne voulut plus bientôt avoir une rivale *officielle;* cela froissait son amour-propre et amoindrissait son prestige. Plus froide, plus positive et surtout plus rompue que M^me d'Arty à tout ce qui était industrie et manège, elle travailla sourdement à saper l'autorité de celle-ci, à la ruiner dans l'esprit du prince, et insensiblement y réussissait. M^me d'Arty n'ignorait pas la tactique suivie par la comtesse; elle s'apercevait de ses progrès aux intermittences, aux variations de température de plus en plus accentuées que subissait pour elle le thermomètre de l'alcôve et du salon.

D'abord elle s'en affligea, elle en eut du dépit, de

---

(1) MM. de Goncourt ont décrit ce tableau dans *la Femme au* XVIII^e *siècle,* p. 47 et suiv.

la colère, et voulut tout briser chez son perfide amant, puis s'enfuir. Mais bientôt sa fierté lui vint en aide, la soutint dans cette épreuve, l'arma de courage et de dédain. Puis, minaudant devant sa toilette et se trouvant encore belle, elle sourit de pitié et prit sur-le-champ et philosophiquement un parti sage, celui de la retraite.

Sa philosophie n'alla pas toutefois jusqu'à abandonner la place sans y mettre des intelligences et exiger des garanties. Elle n'était pas assez chevaleresque ou assez naïve pour s'en remettre à la générosité du vainqueur. Elle tourna donc ses idées vers des choses plus solides que l'amour d'une altesse, et, comme elle lui avait sacrifié sa fortune, elle voulut, avant de partir, s'assurer une sorte de compensation, dont son frère et son fils devaient profiter, du reste, autant et plus qu'elle-même.

Elle commença par amener le prince à affermer à son frère, le sieur de Fontaine, les revenus du grand prieuré de France, parmi lesquels figuraient les loyers des maisons du Temple (1). Quelque temps après, elle obtint encore du prince, toujours pour son frère, une place de fermier général, avec cette réserve consignée dans l'acte que « les trois septièmes de tous les émoluments attachés à l'emploi appartiendraient à

_______

(1) *Mémoires* de d'Argenson, t. VI, p. 149.

M^me d'Arty et le surplus au titulaire ». Plus tard, cette clause amena une difficulté, un débat, peut-être un procès entre le frère et la sœur, comme pourrait le faire croire la correspondance qu'ils échangèrent à ce sujet et que nous avons eue sous les yeux. Cette correspondance est une page pittoresque et instructive des mœurs du temps, en ce qu'elle montre la facilité avec laquelle le caprice des gens puissants faisait fléchir les règles du droit et de la justice au profit de leurs favoris. Mais n'en a-t-il pas été toujours ainsi et n'en sera-t-il pas toujours de même ?

> C'est un torrent. Qu'y faire ? Il faut qu'il ait son cours.
> Cela fut et sera toujours.

Une fois son frère pourvu, M^me d'Arty songea à pourvoir son fils.

Quelques explications sur ce dernier ne seront pas hors de propos. C'est une figure originale. Comme nous l'avons dit en commençant, le fils de M^me d'Arty était dans les ordres, et, si nous en croyons le *Journal des inspecteurs* de M. de Sartines (1), cet abbé se trompait souvent de culte, et, en vrai païen, brûlait un encens profane aux genoux d'une demoiselle Vésian, déesse de l'Opéra. En un mot, c'était ce qu'on appelait alors, par un complaisant euphémisme, un aimable petit collet, un abbé galant. Légèrement frotté

(1) Bruxelles, Paris, 1863. 1 vol. in-18, p. 160.

de grec et de latin, il s'était fait désigner à deux reprises différentes par l'Académie française pour prononcer devant elle, dans la chapelle du Louvre, le panégyrique de saint Louis et l'oraison funèbre du duc
d'Orléans. N'ayant pu venir à bout de rédiger con-
venablement le panégyrique, où il avait introduit, au
dire de Longchamps, « un ramassis de lieux communs et de capucinades, » il pria Voltaire de s'en
charger ; celui-ci l'écrivit en une matinée et le remit
à l'abbé, qui se dépêcha de l'apprendre par cœur pour
le débiter. Mais une chose l'embarrassait. Voltaire
n'avait pas divisé ce discours par exorde, premier
point, second point, péroraison. L'abbé crut y remé-
dier triomphalement en mettant *Ave Maria* à la fin
d'une phrase qui lui sembla propre à un point de repos, puis il coupa le reste en trois parties par ce mot
trois fois répété : *Amen.* C'était très ingénieux, comme
on voit ; mais son imagination n'alla pas plus loin.
C'est tout ce qu'il mit de lui dans ce discours, qu'il
débita avec un aplomb superbe et qui fut applaudi.
Seulement on lui avait fait espérer un évêché, et il ne
l'obtint pas, bien que Longchamps annonce le contraire ; mais il se trompe, ainsi que Beuchot l'a démontré (1). Après tout, c'est dommage ; il eût été pi-

(1) Voyez les *Œuvres de Voltaire*, édit. Beuchot, t. XXXIX,
p. 125, 126, et les *Mémoires* de Longchamps, t. II, pp. 236, 244.

quant de voir un évêque de la façon de Voltaire.

Quant à l'oraison funèbre du duc d'Orléans, l'abbé s'adressa cette fois à J.J-. Rousseau, qui la composa et en fut payé; mais, par suite de circonstances imprévues, elle ne fut point prononcée. Elle se trouve dans les *Œuvres* de Rousseau, de même que le panégyrique de saint Louis est imprimé tout au long dans celles de Voltaire.

On ne peut s'empêcher de reconnaître que l'abbé d'Arty avait la main heureuse, et qu'il ne choisissait pas mal ses collaborateurs.

N'ayant pu en faire un évêque, sa mère voulut le pousser dans la voie des honneurs officiels, des dignités mondaines.

Le jeune homme avait pour oncle un abbé nommé Levaillant, qui venait de mourir conseiller au grand conseil, et dont il sollicita la survivance (1). Sa demande essuya d'abord un refus; puis, on se borna à lui opposer des lenteurs, des ajournements qui se renouvelaient sans cesse. Le motif secret de ces difficultés, au témoignage de d'Argenson, c'est que, l'abbé appartenant par sa mère au parti du prince de Conti, on le regardait comme un « émissaire » de Son

(1) Nous avons relevé ce renseignement dans le tome III, p. 348, des *Décisions* ou *Mémoires* du roi Louis XV, manuscrit qui existait à la bibliothèque du ministère des finances avant l'incendie de 1871.

Altesse, qui voulait se faufiler au grand conseil pour favoriser le parlement (1). Enfin, il fut reçu conseiller, et, à la sollicitation de sa mère, le prince ajouta bientôt à ce titre ceux de prévôt de Favières et de doyen de Pontoise.

La tâche de M^me d'Arty était désormais accomplie. Il ne lui restait plus, en apparence du moins, que l'alternative de rentrer dans le monde ou de se jeter dans un couvent. Elle ne fit ni l'un ni l'autre. Elle se contenta d'être dévote à son corps défendant et sans éclat, s'il faut en croire M^me d'Epinay, qui, dans une lettre adressée à M. de Lisieux et datée de 1754, mentionne comme il suit la dernière visite que lui fit son ancienne amie :

« ... Je dois vous dire que l'idée de la nouvelle lettre à mon fils m'est venue après une visite que nous a faite, à propos de bottes, M^me d'Arty. Elle est devenue dévote, et blâme tout à tort et à travers, tandis qu'elle avait avec elle une de ses sœurs, qui est une complimenteuse à perte de vue. L'enfant l'a remarqué, et je pars de là (2). »

Ainsi, M^me d'Arty fit une fin digne d'elle et de son siècle. C'était la mode. Les jolies femmes commençaient presque toutes par la galanterie et finissaient

(1) *Mémoires* de d'Argenson, t. IX, p. 263.
(2) Quelle est cette sœur ? M^me de la Touche ou M^me Dupin ?

par la dévotion. On prétend que, de nos jours, les choses n'ont pas beaucoup changé.

Toutefois, une ou deux autres portes de sortie étaient ouvertes à ces charmantes pécheresses du siècle dernier. Nous voulons parler des bureaux d'esprit et des intrigues de cour, où plus d'une trouvait une consolation secrète et l'oubli du passé, parce qu'elle éprouvait cette satisfaction d'amour-propre qui naît toujours de la conscience de la supériorité. Or, c'en était une que de protéger les gens par son crédit ou de les charmer par son intelligence. On brillait, on dominait, on était en vue ; on était donc encore une puissance, une espèce de royauté ; et l'orgueil qui en résultait pouvait tenir lieu, s'il ne les remplaçait même parfois, des triomphes de la coquetterie et du plaisir de plaire et d'être aimée. Pour certaines femmes, la volupté de l'esprit l'emporte sur la volupté des sens. Mais, pour savourer ce sentiment dans toute sa plénitude, dans toute sa délicatesse, il fallait que le cœur ne fût pas trop blessé ou qu'on n'eût à venger que son orgueil, et ce n'était pas précisément le cas où se trouvait M^{me} d'Arty, qui, comme toutes les natures impétueuses et passionnées, avait des retours de tendresse et de sensibilité (1).

(1) Dans les *Mélanges* de M^{me} Necker, t. III, 324, on lit les lignes suivantes : « M^{me} d'Arty avoit la petite vérole; elle étoit aimée du prince de Conti; le confesseur de M^{me} d'Arty lui dit : Madame, il

Assurément, elle ne pouvait professer une adoraration bien vive pour le prince, qui avait eu des torts graves envers elle et dont elle connaissait d'ailleurs les défauts, sur lesquels elle avait si souvent gémi ; mais, par une de ces contradictions ordinaires au cœur de la femme, où tout est force et faiblesse, égoïsme et générosité, ces mêmes défauts l'attiraient, l'attendrissaient à cette heure ; entrevus ainsi à distance et à travers le prisme du souvenir, ils ne trouvaient plus en elle qu'une indulgence émue, voisine des larmes, un immense besoin de pardonner.

D'ailleurs, s'il avait des travers, le prince avait aussi des qualités ; il était confiant, généreux, magnifique ; longtemps il l'avait traitée en amie, en « unique amie », comme dit Jean-Jacques ; il l'avait faite souveraine de ses domaines, reine de cette charmante petite cour de l'Isle-Adam, où elle s'était vue si longtemps fêtée, entourée, écoutée. Enfin, elle avait passé à ses côtés des jours heureux, et elle ne pouvait ni ne voulait l'oublier. C'est pourquoi, au lieu de chercher une diversion, une espèce d'étourdissement dans le fracas et les succès du monde, elle tourna ses regards vers

est temps de renoncer à toutes les vanités du monde ; comment permettez-vous que le prince de Conti passe les jours et les nuits à la porte de votre hôtel pour savoir de vos nouvelles ? — Ah ! mon père, que vous me rendez heureuse ! répondit-elle. Je m'en croyais oubliée. »

Dieu ; elle embrassa cet état de l'âme qui, loin d'éteindre aucun sentiment profond, aucune flamme généreuse, les ravive au contraire, en en changeant seulement la direction. Car, on l'a dit : l'amour de Dieu, c'est encore de l'amour.

M^me d'Arty continua donc de vivre à l'écart, s'adonnant à des œuvres de charité et s'enfonçant de plus en plus dans les pratiques religieuses, jusqu'au moment de sa mort, arrivée vers 1764 ou 1765, suivant nos supputations, car aucune certitude n'est acquise à cet égard.

Quant au prince de Conti, il continua de vivre avec M^me de Boufflers, qui, malgré ses menées, ses entreprises ouvertes ou souterraines, ne put parvenir à s'en faire épouser, et il mourut le 2 août 1776. « Le prince de Conti mourut avant-hier après dîner, écrit M^me du Deffand. Il avait reçu la visite de l'archevêque et des exhortations de M^me de la Borde ; « c'est tout ce qu'il « a reçu ». Son fils s'est très bien conduit ; les d'Orléans et les Condé ne lui ont donné aucune marque d'attention. L'idole est dans la plus grande douleur ; elle s'est retirée à Auteuil. La maréchale de Luxembourg l'y a suivie ; elle vient de me mander tout à l'heure que j'y serais reçue ; c'est une grande faveur : j'irai cette après-dînée (1). »

(1) *Correspondance,* édit de M. Lescure, t. II, p. 566.

Par ces mots : *c'est tout ce qu'il a reçu,* M^me du Deffand veut dire que le prince était mort sans avoir reçu les sacrements, fin logique de celui qui, voyant passer un jour son aumônier et son trésorier, avait dit gaiement : « Voilà les deux hommes les plus inutiles de ma maison (1). » Du reste, il avait bien choisi cet aumônier. C'était l'abbé Prévost, le romancier, l'auteur de *Manon Lescaut* et de tant d'œuvres galantes, lequel s'excusa d'abord en disant tout confus :

« Mais, monseigneur, je n'ai jamais dit la messe.

— Cela ne fait rien, répondit le prince ; moi, je ne l'entends jamais. »

L'abbé Prévost s'empressa d'accepter, ce qui fit dire plaisamment à Collé que l'abbé était devenu le « barbier de l'infante », c'est-à-dire titulaire d'une place sans fonctions (2).

Le prince de Conti n'était ni un esprit fort ni un libre penseur, dans l'acception moderne du mot, encore moins un philosophe. C'était un frondeur, un esprit léger, inquiet, résolu par accès et excès, fanfaron d'impiété à certaines heures, le tout par ton, par calcul, par gloriole, afin de soutenir, comme il a été dit, la réputation de fermeté et d'indépendance que ses familiers lui avaient faite. Il s'était constitué chef d'op-

(1) *Mémoires* de Bachaumont, 6 août 1776.
(2) *Journal* de Collé, t. II, p. 325.

position, sans s'apercevoir qu'il contribuait à creuser l'abîme où devait disparaître la monarchie, seule forme de gouvernement qui pût convenir à ses instincts de grand seigneur. C'était l'homme du bien-être et du faste, du privilège et de la domination par excellence, toutes choses peu compatibles avec le rôle qu'il avait choisi. Il le sentait par intervalles, et jouait alors double jeu. Tantôt bien, tantôt mal avec la cour, il se faisait, selon le vent qui soufflait dans les régions officielles, ou le flatteur du peuple et le champion du parlement, ou le complaisant du roi, « dont il « tirait de grands dons », dit d'Argenson ; il n'en paye pas pour un sol de dettes, ajoute-t-il ; mais il en fait des acquisitions pour arrondir ses terres, comme ferait un simple gentilhomme (1). » Il ne pouvait désirer la destruction des abus dont il vivait, qui formaient le plus clair de ses jouissances, de ses revenus, et, sans le vouloir, sans le savoir, comme nous l'avons dit, il y travaillait, il aidait à l'éclosion d'un monde politique nouveau. C'était un révolutionnaire inconscient, renversant des idoles qui devaient l'écraser dans leur chute ; un ambitieux maladroit que son orgueil aveuglait, qui, voulant prendre le haut du pavé et n'ayant rien de ce qu'il fallait pour y parvenir, faute de décision et de suite dans les idées, devint l'instrument d'un

(1) *Mémoires* de d'Argenson, t. V, p. 226.

parti qu'il prétendait diriger et dont il était la dupe, comme il en eût été finalement la victime, s'il eût vécu quelques années de plus.

Pour résumer notre opinion, nous dirons qu'avec des aptitudes multiples, une instruction au-dessus de la moyenne et un courage éprouvé, brillant héritage des Condé qui le rendait propre aux actions grandes, nobles, élevées, il ne se distingua qu'une seule fois et ne fit qu'une bonne chose en sa vie : la campagne d'Italie, en 1744. Depuis, et pour tout le reste, excepté pour ses plaisirs, il se montra impuissant et négatif, ce qui a fait dire au prince de Ligne — et c'est par ce trait que nous finirons — que ce prince fut « propre à tout et capable de rien (1) ».

(1) *Lettres* et *Pensées* du prince de Ligne. — Paris, Genève, 1809, 1 vol. in-8°, p. 10.

# MADAME DE LA TOUCHE

# MADAME DE LA TOUCHE

## I

M<sup>me</sup> de la Touche, sœur de M<sup>me</sup> Dupin de Chenonceau et de M<sup>me</sup> d'Arty, est encore moins connue que ses deux aînées, bien que cependant son nom figure çà et là dans les écrits contemporains : car elle eut aussi son jour de renommée et d'éclat; mais sa physionomie est de celles qu'on ne voit que de profil, à distance, et qui, en passant coquettement sous nos yeux, laissent après elles un souvenir et un regret : le souvenir des traits charmants qu'on n'a fait qu'entrevoir, le regret de n'avoir pu les contempler à son aise.

La notoriété de M<sup>me</sup> de la Touche consiste en trois points : elle avait de la beauté, beaucoup d'esprit, et elle fut la maîtresse d'un des plus nobles seigneurs de la Grande-Bretagne, le duc de Kingston, qu'elle suivit en Angleterre.

En voilà plus qu'il n'en fallait pour exciter la curiosité autour d'elle, à une époque où la beauté, l'esprit et la galanterie occupaient une si grande place, sans compter que les liens de famille qui unissaient M^{me} de la Touche à M^{mes} Dupin et d'Arty la recommandaient déjà à l'attention du monde des salons, où elle brillait à l'égal de ses sœurs. Sa fuite causa donc une sensation profonde, mais passagère, comme toutes les sensations qui naissent et meurent si rapidement dans notre frivole et chère France. On prit toutefois le temps de décocher à notre héroïne quelques couplets aiguisés en épigramme, dans le goût de ceux que nous avons reproduits plus haut; on s'entretint d'elle encore quelques semaines, puis on n'en parla plus que comme d'une étoile disparue, une vague apparition, un rêve, et la curiosité se porta sur d'autres objets.

C'est dire, en d'autres termes, qu'une fois en Angleterre M^{me} de la Touche échappa à l'attention publique; on perdit sa trace, et jusqu'ici on ignorait généralement ce qu'elle était devenue. On ne savait pas davantage les particularités qui se rattachent à ses premières années, non plus qu'à sa jeunesse. Or, ces différents points nous sont parfaitement connus aujourd'hui, grâce à une notice manuscrite qui nous a été obligeamment communiquée; et, à l'aide de ce document et de ceux que nous avons personnellement recueillis, nous allons pouvoir suivre M^me de la Touche dans les principales phases de sa vie, tour à tour brillante et tourmentée.

Françoise-Thérèse de Fontaine était la plus jeune des « trois Grâces, » pour parler comme J.-J. Rousseau. Elle naquit en 1712, et, à l'âge de seize ans, c'était la fleur de beauté, la reine des cœurs. Son portrait, fait vers cette époque, la représente brune, avec de grands yeux noirs, une bouche souriante, un teint éblouissant; la physionomie est vive et expressive, et une grâce parfaite semble animer toute sa personne.

Ce fut alors que M. Nicolas Vallet de la Touche, jeune gentilhomme issu d'une bonne famille de Saintonge, la demanda en mariage et obtint sa main. M^lle de Fontaine n'avait pas été consultée, mais ce mariage convenait à sa famille; il eut lieu en 1729, et la jeune épouse continua de rester chez sa mère. Voici ce qu'elle écrivait plus tard dans un petit mémoire intitulé *Apologie* (1) :

« Quoique mariée, je demeurai toujours chez ma mère. Là se rassemblait tous les jours une nombreuse compagnie, composée des plus grands et des plus distingués dans Paris; les uns, attirés par l'intérêt,

---

1) Ce manuscrit a passé dans la vente d'autographes faite, le 12 mai 1868, par M. Étienne Charavay.

s'efforçaient d'y rendre des hommages respectueux et rampants à l'idole de la fortune (1), tandis que mes faibles appas et ceux de ma sœur y attiraient les autres. »

M. de la Touche, très préoccupé de ses affaires et de la gestion de ses biens (il possédait de grandes salines à Marennes, près de la Rochelle), abandonnait fréquemment sa jeune femme, qui se trouvait ainsi, sans expérience et sans protection, plongée dans un monde très spirituel, mais très galant. Une grande indifférence présida donc aux premières années de leur union; ils se voyaient rarement, et n'habitaient que fort peu ensemble. Cependant un fils leur naquit, auquel on donna le nom de Vallet de la Touche de Villeneuve (Pierre-Armand), nom emprunté, suivant l'usage du temps, à l'une des terres de son père.

M. de la Touche était toujours par voies et par chemins : ses affaires l'appelèrent en Italie; il partit en août 1734 et ne revint qu'en mai 1736, laissant ainsi pendant près de deux ans sa jeune femme livrée à elle-même dans le monde de Paris.

Parmi les personnages distingués et brillants qui se rendaient assidûment chez M$^{me}$ de Fontaine, se trouvait un seigneur anglais, ce duc de Kingston dont nous avons parlé. Fort bien fait de sa personne et fort ai-

(1) Sans doute Samuel Bernard.

mable de manières, il fit sa cour à M^me de la Touche, et sut lui plaire.

A son retour d'Italie, M. de la Touche témoigna plus d'attention à sa femme; mais il était bien tard. Sa jalousie devint alors intolérable; il la menaçait sans cesse, et elle souffrit beaucoup de ses mauvais traitements. Sur ces entrefaites, lord Kingston fut rappelé en Angleterre par ses affaires ou par ses projets d'ambition : car on prétend qu'il y briguait une charge à la cour.

M^me de la Touche, en apprenant cette nouvelle, fut au désespoir; elle perdit la tête, et, ne résistant pas aux supplications de son amant, elle se décida à partir elle-même pour l'Angleterre; elle quitta Paris neuf jours après le duc de Kingston, et se rendit en Hollande (novembre 1736). Le 29 du même mois, un sieur Bénezet, agent des affaires de M. de la Touche à Dunkerque, écrivit à ce dernier une lettre datée de Londres, lui annonçant que sa femme venait d'y arriver.

Arrêtons-nous ici quelque peu, et examinons avec impartialité la moralité des faits qui viennent de se dérouler rapidement sous nos yeux.

Nous voilà en présence d'une jeune femme qui avait peut-être dans le cœur le germe de toutes les qualités, de tous les nobles dévouements, et qui, comme sa sœur aînée, aurait pu faire le bonheur et l'orgueil d'un époux. Or cette femme commet une faute, et il est conforme aux doctrines reçues dans le monde qu'elle est la *seule* coupable, que, *seule,* les malédictions doivent l'atteindre.

Il serait à propos de s'entendre une bonne fois sur le degré exact de culpabilité de certaines femmes qui succombent, et sur la part de responsabilité qui engage le mari.

Assurément ce n'est pas en semblable matière qu'il est permis de dire : « Œil pour œil, dent pour dent, » et que les torts du mari sont de nature à justifier ceux de la femme ; mais il est de fait que, quinze fois sur vingt, celle-ci peut être admise à invoquer le bénéfice des circonstances atténuantes : car ses écarts sont le plus souvent le résultat de l'attitude de son mari envers elle, de l'abandon où il la laisse, des mépris dont il l'abreuve.

Au cas particulier, on n'aurait peut-être que l'embarras du choix, si l'on voulait signaler les circonstances où M. de la Touche manqua à ses devoirs en négligeant sa femme, en lui refusant la part de tendresse et d'égards qui lui était due.

Sans doute il sacrifiait en cela à la mode qui, dans les hauts rangs de la société, interdisait alors aux maris, sous peine de ridicule, les petits soins et l'assiduité auprès de leurs femmes (1). Il était du bel air de

_______________

(1) Voir la *Correspondance* de la mère du régent, et les *Mémoires de Besenval. Passim.*

s'en dispenser et même d'afficher une parfaite indifférence pour les joies intimes du foyer domestique. Certes, les coquettes qui recherchaient la liberté dans le mariage s'accommodaient au mieux de cet état de choses, qui les affranchissait de toute surveillance, de tout contrôle; mais, quand une jeune femme — et il s'en trouvait encore beaucoup de ce caractère, malgré la frivolité du temps, — quand une jeune femme mettait tout son bonheur dans ces mêmes joies d'intérieur, quand le système d'isolement pratiqué contre elle refoulait toutes ses bonnes impressions, renversait ses projets chéris, ses rêves longtemps caressés de jeune fille, s'imagine-t-on le désenchantement, les mécomptes amers de cette pauvre âme aimante et abandonnée? Plus elle était attachée à son mari, et plus elle se sentait méconnue, atteinte dans son affection, blessée dans sa dignité, dans son orgueil. Et alors... ma foi, alors se présentait à l'Ariane désolée un consolateur, un libérateur

> Jeune, bien fait et beau, d'agréables manières;

et le tour était joué, c'est-à-dire le mari était joué, bafoué, et traité selon ses mérites.

Voilà l'histoire de bien des ménages au xviii<sup>e</sup> siècle et de nos jours, avec cette différence qu'à la place d'un brillant gentilhomme le consolateur est maintenant un épais enrichi. Chaque siècle fournit son monde.

## II

Revenons à M^me^ de la Touche, que nous avons
laissée au moment où elle arrivait à Londres. Le duc
de Kingston l'y attendait et l'accueillit avec les transports de joie et l'empressement enthousiaste compatibles avec le flegme britannique. Ils restèrent peu de
jours dans cette ville : le duc avait hâte de cacher son
bonheur aux regards indiscrets. A cet effet, il emmena
M^me^ de la Touche dans une de ses terres, appelée
« Thoresby », dépendant de la province de Nottin-
gham ; et c'est à un écrivain français, à l'abbé Le
Blanc, qui avait aussi suivi le duc en Angleterre, que
nous devons la description de ce vaste domaine et de
la magnificence de son noble possesseur.

Le duc était lettré. Il avait visité la plupart des ca-
pitales de l'Europe, et s'était lié en France avec un
grand nombre d'écrivains et de philosophes. Nous lisons dans Villemain (1) qu'en passant à Dijon ce seigneur avait fait la conquête de Buffon, qui l'accompagna, non-seulement dans ses voyages sur plusieurs

______

(1) *Tableau de la littérature au* xviii^e^ *siècle,* t. I, p. 203, édit.
Didier, 1841. Voir aussi dans les *Epicuriens et Lettrés* du xviii^e^ siècle, la notice consacrée par M. Desnoiresterres aux voyages du
duc de Kingston et à M^me^ de la Touche.

points de la France et de l'Italie, mais encore à Londres, où le célèbre naturaliste fit un séjour de quelques mois. De même, le duc s'était attaché l'abbé Le Blanc, espèce de maître Jacques littéraire, dont le nom s'est déjà trouvé plus d'une fois sous notre plume (1).

Cet abbé, pendant son séjour en Angleterre, entretenait un commerce de lettres avec le président Bouhier (2), et voici ce qu'il lui mandait, le 3o mars 1737, étant à Thoresby, chez le duc de Kingston :

... Quelque homme que ce soit ne peut pas habiter un plus beau pays que celui-ci, et il n'y a peut-être pas dans toute l'Angleterre une maison de campagne où un homme de lettres puisse se plaire davantage. Le grand-père du duc de Kingston aimait fort les lettres, et il a construit ici une bibliothèque très magnifique et qui occupe le plus grand et le plus bel appartement de cette maison. Elle est composée d'un très grand nombre de livres grecs, latins, anglais et français, bien conditionnés et avec assez de recherche pour le choix des éditions. Il a même fait une dépense que nos seigneurs français ne

(1) Voir dans les *Œuvres inédites de Piron*, pp. 272, 275, 276, 280, et dans notre édition du *Journal* de Collé (*passim*), des détails curieux sur l'abbé Le Blanc, qui fut historiographe des bâtiments du roi. Il était né à Dijon en 1707, et il mourut en 1781. Auteur de poésies oubliées, d'*Aben-Saïd*, tragédie et de trois volumes de *Lettres sur les Anglais,* qui ne sont pas dépourvues de mérite, bien que le style en soit parfois lourd et diffus.

(2) Cette correspondance est au dépôt des manuscrits de la bibliothèque de la rue de Richelieu (*Fonds Bouhier,* vol. IV).

feraient pas, c'est d'en faire imprimer le catalogue : *Bi-bliotheca Kingstoniana*, in-folio, avec des vignettes, culs-de-lampe, etc., gravés exprès.

Cette maison est très belle, et, pour vous donner une idée de la dépense qui s'y fait, il y a ici cent domestiques pour le service du duc de Kingston et de sa compagnie. Il y a aussi quelque chose d'extrêmement curieux : c'est la beauté des eaux naturelles, aussi belles et peut-être plus que celles de Chantilly. C'est également quelque chose de très riant de voir sous nos fenêtres, tandis que nous sommes à table, des troupeaux de daims paissants ou couchés sur les beaux tapis de verdure qui environnent cette maison de toute part...

Il ajoute ailleurs (15 juin 1737) :

On chasse beaucoup ici, et, comme il faut hurler avec les loups, je fais comme les autres, et d'abbé poudré que j'étais à Paris, je suis devenu à Thoresby un campagnard, vêtu de peaux depuis les pieds jusqu'à la tête, et souvent chassant du matin jusqu'au soir... Du reste, tout le monde ici aime la chasse, et, quand le seigneur y va, les gentilshommes de son voisinage se trouvent au rendez-vous ; ses fermiers et même un grand nombre de paysans le suivent...

On voit que le confort ne manquait pas dans cette opulente demeure, nouvel Eden où l'heureux duc trouvait le doux attrait du fruit défendu, et M^{me} de la Touche tous les raffinements, toutes les délicatesses, tous les enchantements de la vie. Elle trônait, elle

était reine en ces beaux lieux... et pourtant elle n'était
pas heureuse... car elle était mère, et son fils lui manquait. Il est des sentiments qui ne se prescrivent jamais dans le cœur d'une femme : celui de la maternité
y survit à toutes les grandeurs, à toutes les misères, à
toutes les fautes ; il emprunte même parfois à ces
dernières — et c'est là le secret de Dieu — un degré
de sensibilité qui en augmente l'entraînement et la
force. M^{me} de la Touche reportait donc souvent sa
pensée vers la France, où elle avait laissé son fils, et
ce retour doux et cruel qu'elle faisait sur elle-même
altérait les plaisirs qu'une main prodigue et ingénieuse
s'efforçait de répandre autour d'elle.

D'un autre côté, son aventure avait fait du bruit en
Angleterre comme en France ; on en parlait un peu
partout ; les nouvellistes de cour, les anecdotiers de
tout rang en faisaient l'objet de leurs commentaires
plus ou moins bienveillants, et l'auteur caustique de
*la Dunciade* ne fut pas le dernier à lancer son lardon.
Voici ce que l'abbé Le Blanc écrivait au président
Bouhier, le 5 mars 1738 :

L'envie que j'avais de voir M. Pope est un peu dimi-
nuée, et je vais vous en dire la raison en confidence. Il
vient de publier une des satires d'Horace (1), imitée à sa

(1) Cette satire, qui emprunte le voile de l'allusion, se trouve au
tome IV, p. 93, des *Œuvres diverses* de Pope. — Paris, 1777,

façon, et il y a maltraité, sinon le duc de Kingston, du moins la dame dont ce seigneur est amoureux, de façon même que ce qu'il en dit fait tort au duc, et, dans les circonstances où je me trouve, la bienséance ne me permet pas de chercher à avoir aucune liaison avec M. Pope.

## III

Nous sommes en 1753, dix-sept ans se sont écoulés depuis que M<sup>me</sup> de la Touche est en Angleterre, et, pendant la plus grande partie de cette période, personne en France n'a eu de ses nouvelles : on ignore sa destinée.

Livré à ses projets de grandeur et de fortune, M. de la Touche, qui, dans l'intervalle, avait été nommé secrétaire du roi, paraissait s'accommoder du silence de sa femme, et en prendre philosophiquement son parti; mais il n'en était pas de même de son fils. Ce jeune homme avait grandi, et, à côté d'une intelligence brillante, il laissait entrevoir l'âme la plus élevée, les sentiments les plus généreux. Souvent ses regards se portaient avec tristesse sur la place restée vide au foyer de la famille; il songeait à sa mère absente, et un jour, cédant aux saintes impatiences de l'amour filial, il de-

---

8 vol. in-18 — c'est l'*Épître II,* imitée d'Horace et adressée à M. Murray.

manda à son père et obtint l'autorisation d'aller la voir en Angleterre.

Accompagné de l'abbé d'Arty, son cousin, M. de Villeneuve arrive à Londres le 6 mars 1753. Ils y apprennent par lady Hervey, une amie de leur tante M^me Dupin, que, depuis plus de deux ans, M^me de la Touche vivait au fond de l'Angleterre, dans un endroit appelé « Cottness, » à 280 milles de Londres, seule, dans la retraite la plus absolue, livrée à la dévotion, aimée et estimée de tout le monde. Aussitôt ils lui dépêchent un ami sûr pour la prévenir de leur arrivée, et partent ensuite eux-mêmes pour Cottness, où ils arrivent quelques jours après.

M^me de la Touche, suivant l'expression de son fils, faillit mourir de joie en le revoyant.

Ainsi tombe d'elle-même cette fable qui, renouvelant le drame antique d'Œdipe et de Jocaste, et plus près de nous celui de Ninon de Lenclos et de son fils, prétend que le jeune de Villeneuve devint amoureux fou de sa mère, qu'il rencontra un jour sans la connaître, etc., etc. (1).

Voilà donc le fils et la mère en présence l'un de l'autre, se serrant étroitement dans leurs bras, échangeant des baisers, des sourires mouillés de larmes, li-

(1) *Mémoires* de M^me d'Epinay, édit. de M. Paul Boiteau. Charpentier, 1865, t. I, p. 277.

vrant enfin passage à toutes les effusions du cœur, à toute l'explosion de sentiments tendres longtemps comprimés. Il semblait au jeune homme que c'étaient là les premières caresses qu'il eût reçues de sa mère, bien qu'il n'eût pas désappris celles qui lui avaient été prodiguées dans son enfance — car nul ne les oublie ces saintes caresses du berceau ! — Quant à M<sup>me</sup> de la Touche, cette scène d'attendrissement élevait dans son âme une joie ineffable, inconnue, où se mêlaient la reconnaissance et la fierté. C'était pour elle comme un nouveau baptême d'innocence, comme une renaissance de jeunesse et d'amour.

Elle raconta à son fils ses dégoûts, ses repentirs, ses expiations, l'abandon où l'avait laissée le duc. Depuis plusieurs années, elle avait quitté le monde pour se retirer dans ce village où son fils la retrouvait. Elle y avait vécu solitairement avec 800 livres sterling de rente viagère, ayant deux vieilles gens pour son service, et pleurant ses fautes passées.

M. de Villeneuve s'établit provisoirement auprès de sa mère, et l'abbé d'Arty repartit pour Paris, emportant une lettre de M<sup>me</sup> de la Touche à son mari pour le remercier de lui avoir envoyé leur fils, et lui demander la permission de rentrer en France, en fixant lui-même le lieu de sa retraite. Après quelques difficultés et pressé par les instances de son fils, M. de la Touche l'autorisa à ramener sa mère, et lui désigna

Calais comme devant être le lieu de sa résidence. Mais M^{me} de la Touche renonça à habiter cette ville ; elle préférait aller s'établir en Flandre, et dans ce but, toujours suivie de son fils, qui ne voulait pas la quitter avant de l'avoir bien installée, elle partit pour Bruxelles, où, conseillé par le duc d'Aremberg (1), qu'il voyait souvent, et par le comte de Lannoy, gouverneur de la ville (2), M. de Villeneuve loua une petite maison pour sa mère, qui vint l'occuper au mois de juin 1753.

Rappelé peu après à Paris, M. de Villeneuve retourna bientôt à Bruxelles, où M^{me} de la Touche était souffrante, et à laquelle les médecins avaient ordonné les eaux de Spa. En s'y rendant avec son fils, elle s'arrêta quelques jours à Aix-la-Chapelle. La société y était nombreuse et choisie ; ils y virent beaucoup, entre autres personnages de marque, le prince de Hesse et la princesse de Looz. Arrivée à Spa, M^{me} de la Touche tombe malade ; elle est atteinte d'une fluxion de poitrine ; on la saigne cinq fois au pied et au bras. Tout le monde lui témoigne le plus vif intérêt, et elle

(1) Aremberg (Léopold-Philippe de Ligne, duc d'), gouverneur de Mons, grand bailli de Hainaut, général de Marie-Thérèse. Né à Mons en 1690, mort en 1754. Il était en correspondance avec Voltaire, et donna un asile et une pension à J.-B. Rousseau.

(2) J.-B. Rousseau a dédié au comte de Lannoy une de ses odes, la neuvième du livre IV.

eut surtout à se louer de l'amitié de M^gr d'Aubigné, ministre de France à Liège, et de sa femme.

Au bout de six semaines, nous retrouvons M^me de la Touche à Bruxelles, très affaiblie et fatiguée. Ayant obtenu de son mari l'autorisation d'aller vivre en Champagne, à Passy, près de Dormans, chez son frère, M. de Fontaine, qui l'aimait beaucoup, elle quitta Bruxelles au milieu de l'hiver de 1755, et, après un voyage rendu très pénible par la neige et le verglas, elle arriva, accompagnée de son fils, chez M. et M^me de Fontaine (celle-ci était une demoiselle de Châteauneuf); elle y fut accueillie avec la plus grande joie.

C'était, du reste, à qui offrirait un asile agréable à M^me de la Touche. Une lutte de courtoisie, une rivalité aimable s'était établie entre ses connaissances pour savoir qui se l'attacherait par les liens de la vie commune, ou par ceux d'une simple politesse. Tantôt c'est une demoiselle de Vendeuil qui désire l'avoir chez elle, tantôt c'est un abbé de Chalemberg qui met son château à sa disposition ; et toutes ces attentions délicates semblent donner la mesure de la considération qui entourait M^me de la Touche, dont les agréments et l'esprit n'avaient rien perdu avec les années. L'expérience avait répandu sur ses traits une tristesse douce et pénétrante et donné à son langage une gravité aimable qui attirait la confiance et gagnait tous

les cœurs. Rien n'est agréable, dans une femme par-
venue à la maturité, comme cette pointe de raison
tempérée par la grâce, et qui nous offre tout à la fois
(pour employer une vieille image classique) les premiers fruits dorés de l'automne et les dernières fleurs
du printemps.

Au surplus, nous allons connaître quelques-uns de
ses sentiments secrets exprimés dans la lettre suivante,
qu'elle écrivit à M. de la Touche, le 22 avril 1755,
quand elle était encore chez son frère, à Passy, en
Champagne :

Monsieur, votre fils vient de me faire voir la lettre que
vous lui avez écrite, et je suis trop sensible à la demande
obligeante que vous avez faite à M^lle de Vendeuil pour ne
vous en pas remercier l'un et l'autre. Vos procédés m'en-
chantent, monsieur, et me font regretter des choses que
je tâche tous les jours de réparer. Je ne serai jamais heureuse que je ne vous sache persuadé de mon repentir et
de ma reconnaissance. Villeneuve a peur d'abuser de la
permission que vous lui avez donnée de rester avec moi,
et, malgré le plaisir qu'il témoigne d'y être, il désire encore plus de vous aller faire la cour; c'est un sentiment
trop légitime pour que je ne l'approuve pas. Cependant
je tâche de lui faire bien employer son temps et de finir ce
que vous avez commencé; car je voudrais être aussi
bonne mère que vous êtes bon père... Adieu, monsieur.
Soyez persuadé de toute ma sensibilité pour vos bons
procédés.

Si profonde que soit une chute, une porte doit toujours rester ouverte au repentir sincère, et nous voyons, par les condescendances qu'il a pour sa femme, que M. de la Touche est bien près de lui pardonner. Il a raison. Il agit en honnête homme et en homme d'esprit, ne rougissant pas d'accepter sa part de responsabilité dans un fait regrettable qui l'accuse lui-même, où il sent sa conscience secrètement engagée (1). D'ailleurs, un lien commun, un intérêt sacré rapproche les deux époux : c'est leur fils, c'est ce digne et intéressant jeune homme qui a tant fait pour rétablir des relations entre eux, et qui, à peine âgé de vingt-trois à vingt-quatre ans, a déjà acquis dans ses voyages en Espagne, en Hollande, en Autriche et en Angleterre, ce tact exquis, cette expérience du monde que donne la fréquentation de la bonne compagnie (2).

Un peu plus tard — le 29 juillet de la même année

(1) M. de la Touche, homme du monde, possédait des talents agréables. Il dessinait et maniait le burin avec grâce. Les *Œconomiques*, ouvrage de M. Dupin, son beau-frère, et dont nous avons parlé, renferment plusieurs frontispices ingénieusement composés et fort habilement gravés par M. de la Touche. *Histoire de Chenonceau*, par l'abbé Chevalier, p. 484.

(2) C'est lui qui, en 1768, épousa la fille que M. Dupin de Francueil avait eue de son premier mariage avec Suzanne Bollioud de Saint-Julien. Devenu conseiller d'Etat et l'un des trois membres du comité des finances, puis trésorier général de la ville de Paris, il n'échappa que par une mort subite et prématurée, le 21 ventôse an II, à l'échafaud dont il était menacé par le gouvernement révolutionnaire.

— M^me de la Touche insiste sur son repentir, sur son ferme propos de reconquérir l'amitié et la confiance de son mari.

Je ne me consolerais point, monsieur, de vous causer quelque chagrin. Je ne veux être occupée qu'à tâcher de réparer mes torts et à vous prouver l'envie que j'ai d'obtenir votre amitié et votre confiance. Je vous envoie du pain d'épice ; étant si près de Reims, on ne peut se refuser le plaisir d'en envoyer à ses amis...

M. de la Touche ne repoussera pas cet appel amical, cette communauté d'affection que sa femme cherche ainsi à rétablir entre eux, et bientôt il lui permet de s'installer en France partout où bon lui semblera. Elle lui écrit à cette occasion :

Je suis bien sensible, monsieur, à la galanterie que vous venez de faire ; elle m'est d'autant plus flatteuse qu'elle est faite de bonne grâce. Votre fils me parle à tous moments de vos bontés pour lui et de sa reconnaissance. C'est la bonne éducation que vous lui avez donnée qui le rend essentiellement honnête homme. Tous les gens qui m'en parlent ne cessent de vous approuver, et moi particulièrement, j'ai beaucoup à me louer de toutes vos indulgences, et de vos attentions pour moi. J'en serai toute ma vie pénétrée de reconnaissance.

M^me de la Touche « avait la plus vive impatience » de revoir ses sœurs, qui avaient projeté de l'aller visiter à Passy pendant qu'elle était chez M. de Fontaine ; mais M^me d'Arty avait été indisposée durant une partie de la saison, et M^me Dupin, qui devait l'accompagner, attendait son rétablissement pour effectuer ce voyage; il allait avoir lieu, quand M^me de la Touche vint s'installer chez cette dernière, à Paris, rue Plâtrière.

Pendant les années 1757 et 1758, les relations entre M. et M^me de la Touche continuèrent sur un pied amical, et furent marquées par des cadeaux et des galanteries réciproques; mais ils ne se voyaient pas. Du reste, M^me de la Touche vivait très retirée; sa santé était détruite, elle s'affaiblissait de jour en jour depuis sa dernière maladie; mais ici une lacune existe; ses lettres manquent depuis 1759 jusqu'en 1765, année de sa mort, dont la date est exactement connue par cette lettre de son beau-frère, le fermier général Dupin, chez qui elle demeurait, comme il a été dit:

Paris, le 21 avril 1765.

*A monsieur Lefèvre, procureur de cour de la châtellenie de Chenonceau, à Amboise.*

Vous m'avez demandé par votre dernière des nouvelles de M^me de la Touche. Après avoir langui six mois, elle est morte ce matin presque subitement, ce qui nous afflige beaucoup, et retardera mon départ de quelque temps.

Dupin.

Ainsi mourut, au milieu de sa famille et regrettée, une femme qui, comme tant d'autres grandes dames

du temps, eut son heure d'entraînement et d'oubli;
mais qui, contrairement à tant d'autres belles pécheresses, eut aussi son heure de repentir et d'expiation :
car elle mourut après s'être relevée de sa faute et avoir
reconquis son rang d'épouse et de mère, sinon aux
yeux du monde, souvent trop sévère en pareil cas, du
moins aux yeux de Dieu, qui sonde les cœurs et leur
tient compte de leur droiture et de leur sincérité.

Quant au duc de Kingston, il fit une lamentable fin.
Devenu amoureux fou d'une espèce d'aventurière de
haute volée qu'il épousa en 1764 et qui se nommait
miss Elisabeth Chudleig, il fut tyrannisé, exploité par
cette femme, qui vengea cruellement M<sup>me</sup> de la Touche; et il mourut cinq ans après son mariage, qui fut
un enfer. Miss Elisabeth Chudleig avait, en effet, quelque chose de satanique. Avec de la beauté, de l'esprit, elle avait le cœur pervers et un tempérament
de feu. « Elle vous forçait à l'amour, dit son historien;
toute sa personne était comme un tourbillon qui vous
emportait hors de vous-même (1). » Le tourbillon
avait déjà emporté le fils du comte de Bristol, ou,
pour parler sans métaphore, miss Elisabeth s'était
fait épouser, en premier lieu, par ce jeune seigneur,
dont elle s'était séparée pour s'unir au duc de King-

_____

(1) *Histoire de la vie et des aventures de la duchesse de Kingston*. Londres, 1789. Guillot, 2 vol. in-18.

ston, alors son amant, et qui mourut en lui laissant,
sa vie durant, l'usufruit de son immense fortune.
Mais ce testament fut attaqué par les neveux du défunt, qui traduisirent la veuve devant la cour des
pairs, et la firent condamner comme coupable de bi-
gamie (1).

A partir de ce moment, la vie de cette dangereuse
sirène est une véritable odyssée. On la trouve un peu
partout : en Russie, en Autriche, en Pologne, où elle
inspire une vive passion au prince Radziwill, en Italie, où elle se lie avec un intrigant se disant être le
prince Castriotto d'Albanie, et qui, convaincu publiquement d'imposture, — il était fils d'un muletier
nommé Stéphano Zannowich, — fut enfermé dans
une forteresse. Lasse de voyages et d'aventures, la
duchesse de Kingston se réfugia à Paris, rue Coq-
Héron, à l'hôtel du *Parlement d'Angleterre,* où elle
menait grand train et recevait la plus brillante société.
Enfin, en 1787, elle acheta du comte de Provence,
qui le tenait de M^me de Montesson, le magnifique
château de Sainte-Assise, près de Melun. Elle y mou-

(1) Ce procès eut un retentissement considérable en France, même
en Europe. M^me du Deffand en parle, à diverses reprises, dans ses lettres à Horace Walpole. Les *Mémoires* de la baronne d'Oberkirch, t. II,
p. 264 à 288, renferment l'histoire de la duchesse de Kingston,
écrite et *arrangée* par elle-même, et l'on trouve la relation de son
curieux procès au tome XVII, p. 74 à 124, des *Annales du crime et
de l'innocence,* par MM. R** et P. V'*. Paris, 1813, 20 vol. in-12.

rut le 28 août 1788, c'est-à-dire l'année suivante, laissant, tant en terres qu'en meubles et diamants, une succession évaluée deux cent mille livres sterling, indépendamment des propriétés qu'elle avait acquises en Russie.

# SAMUEL BERNARD

# SAMUEL BERNARD

## I

Fils d'un artiste qui maniait alternativement et avec une égale habileté le burin et le pinceau (1), Samuel Bernard, né à Paris vers 1651 (2), ne se sentit aucun penchant pour la carrière suivie par son père. Livré de bonne heure aux opérations financières, il se fit une position brillante et devint le plus riche banquier de son temps. Les contrôleurs généraux avaient souvent recours à lui, et il prêta des sommes considérables à Louis XIV et à Louis XV. Le premier de ces princes ayant besoin d'argent, son ministre Desmarets en demanda au financier qui refusa. Mais Bernard avait de

(1) Bernard (Samuel), peintre et graveur, né à Paris en 1615, mort en 1687. Professeur à l'Académie de peinture. A laissé beaucoup de miniatures et de gouaches et gravé de grandes compositions d'après Raphaël, le Guide, etc.

(2) Contrairement à toutes les biographies, l'avocat Barbier le fait naître à Sancerre (Berry).

la vanité et le rusé ministre proposa au roi un expédient, que celui-ci, à bout de ressources, « ne sachant plus de quel bois faire flèche, » dit Saint-Simon, se vit bien forcé d'accepter. Il s'agissait de flatter Bernard, de l'amener adroitement à délier les cordons de sa bourse. La cour était à Marly... Mais laissons la parole à Saint-Simon :

« ... Desmarests se présenta avec le fameux banquier Samuel Bernard, qu'il avait mandé pour dîner et travailler avec lui. Le roi dit à Desmarets qu'il était bien aise de le voir avec M. Bernard, puis, tout de suite, dit à ce dernier :

« Vous êtes bien homme à n'avoir jamais vu Marly; « venez le voir à ma promenade, je vous rendrai après « à Desmarets. »

« Bernard suivit, et, pendant qu'elle dura, le roi ne parla qu'à Bergheyck (1) et à lui, et autant à lui qu'à d'autres, les menant partout et leur montrant tout également avec les grâces qu'il savoit si bien employer quand il avoit dessein de combler. J'admirois, et je n'étois pas le seul, cette espèce de prostitution du roi, si avare de ses paroles, à un homme de l'espèce de Bernard. Je ne fus pas long temps sans en apprendre la cause, et j'admirai alors où les plus

_______

(1) Homme d'Etat flamand, qui fut chargé de négociations tant à la cour de France qu'à celle d'Espagne.

grands rois se trouvent quelquefois réduits... Bernard revint de la promenade du roi chez Desmarets tellement enchanté, que d'abordée il lui dit qu'il aimoit mieux risquer sa ruine que de laisser dans l'embarras un prince qui venoit de le combler, et dont il se mit à faire des éloges avec enthousiasme. Desmarets en profita sur-le-champ et en tira beaucoup plus qu'il ne s'étoit proposé. » (Saint-Simon, t. IV, p. 131.)

Louis XV mettait moins de façons dans les emprunts qu'il faisait à Samuel Bernard. Un jour, dédaignant d'entrer personnellement en relation avec lui, il lui envoya un tiers pour traiter. Le financier, offusqué de la barrière qu'on établissait ainsi entre lui et Sa Majesté, répondit au négociateur que, « lorsqu'on avait besoin des gens, c'était bien le moins qu'on fit ses demandes soi-même. » Il fut donc présenté à Louis XV ; mais il n'en obtint pas les mêmes condescendances, les mêmes aménités dont le roi soleil l'avait honoré. Plus orgueilleux ou plus modeste que son bisaïeul, Louis XV se borna à charger un seigneur de la cour de faire au banquier les honneurs de la demeure royale. Du reste, tous les courtisans lui firent fête. Il dîna ce jour-là chez le duc de Noailles et soupa chez la duchesse de Tallard (1), où il joua et

---

(1) Fille du duc de Rohan, prince de Soubise. Elle fut nommée, en 1729, gouvernante des enfants de France, en survivance de

perdit tout ce qu'on voulut, comme le raconte cette
dernière dans des pages si piquantes et si gaies, et en
même temps si peu connues, qu'on nous saura gré de
les rapporter ici.

C'est toute une mise en scène.

La duchesse de Tallard, en grande toilette, est dans
son salon, entourée d'une brillante compagnie, réunie
ce jour-là tout exprès pour recevoir Samuel Bernard,
que le duc d'Ayen doit présenter. On annonce ce dernier, qui fait son entrée en poussant devant lui le financier, « une figure incroyable, écrit la duchesse;
tout le monde croit voir M. Turcaret ou le Bourgeois
gentilhomme. Au-dessus d'une assez belle figure, il
avait une perruque immense et, sur sa grande taille,
un habit, ou plutôt une espèce de pourpoint de velours
noir, veste et doublure de satin cramoisi, brodés en
or, et une grande frange à crépines d'or au bas de sa
veste ; que sais-je ? une cravate de dentelle, des bas
blancs brodés en or et roulés sur les genoux ; enfin des
souliers carrés, avec la pièce rouge. Je me lève bien
vite, prends mon air sérieux et complimenteur, et
allant au-devant de lui, dès que le duc d'Ayen me l'a
nommé, je lui parle du service insigne qu'il a rendu
au roi, et, après quelques lieux communs, je lui pro-

Mᵐᵉ de Ventadour. C'est à son mari que Louis XIV adressa ces paroles après la bataille d'Hochsted : « Monsieur le maréchal, on n'est
plus heureux à notre âge ! »

pose un brelan. « C'est, lui dis-je, un jeu fort agréa-
« ble ; on y joue ce qu'il plaît, on le quitte quand
« on veut. — Pour moi, répond Bernard, je ne le
« quitte jamais ; il m'amuse beaucoup, et j'y joue
« presque tous les soirs, pour m'empêcher de dormir
« de trop bonne heure. -- Eh bien, lui dis-je, pour
« vous tenir éveillé, monsieur, je ferai votre partie, et
« je vais proposer à ces dames d'en être. »

Aussitôt la duchesse prend les cartes et les présente
à M<sup>me</sup> de Brissac et à la jeune M<sup>me</sup> de Flamarens, qui
d'abord s'en défendent, prétendant qu'elles n'ont que
deux ou trois louis dans leur poche, et qu'on va jouer
un jeu énorme.

« Point du tout, répond tout bas la duchesse,
M. Bernard se piquera sûrement d'être beau joueur.
La partie sera bonne pour vous. J'aurai l'œil à tout,
prenez bien vite. »

Elles prennent donc les cartes. On tire les places, et
le sort met Bernard entre la duchesse et M<sup>me</sup> de Flamarens, « laquelle, poursuit la narratrice, n'avait pas
eu le temps de se déshabiller en descendant de là-
haut (1). Elle était donc en habit de cour, et par conséquent obligée de montrer à M. Bernard un cou fait
et blanc comme celui d'un cygne, les plus belles épau-

--------

(1) La scène se passait à Versailles, et par ces mots « là-haut »
M<sup>me</sup> de Tallard désignait les grands appartements.

les du monde et une gorge parfaite. Bernard s'assied, s'approche d'elle, s'en éloigne, recule, avance sa chaise, et ne sait où se placer. »

On commence la partie, le jeu s'engage, et d'abord la fortune est favorable à Bernard; puis il perd, et on lui gagne sa boîte.

« Ma foi, dit-il en riant, il faut recourir maintenant à la bourse; » et, mettant la sienne sur la table : « je cave, ajoute-t-il, au plus fort. »

Alors l'attention redouble, les têtes s'échauffent; l'un fait dix louis, l'autre quinze, le troisième vingt. Bernard tient tout, et, comme il perdait toujours, sa bourse se vide en quelques tours de brelan.

« C'en est trop, lui dit alors la duchesse; vous êtes en malheur, il faut céder votre place à quelqu'un.

— La céder ! dit-il, nenni-da, s'il vous plaît. Vous n'avez eu que l'argent du gousset; j'en ai davantage à votre service dans ma veste. »

Aussitôt il y introduit sa main gauche, la retire pleine de rouleaux, les pose sur la table, et plonge son autre main dans la gorge de M$^{me}$ de Flamarens en lui disant :

« Ma belle, qu'en pensez-vous? Va-tout! »

« Après le premier cri de surprise, n'ayant garde de nous y méprendre, continue la duchesse, nous voilà toutes parties de rires immodérés, et ce fou rire gagne tout le monde... Chacun quitte sa place. On entoure

M. Bernard, on veut le voir et profiter de l'occasion de rire à son nez de lui-même. C'est à qui de nous fera va-tout (1). »

Bref, Bernard, enivré de son succès, n'entend plus rien, ne sait plus ce qu'il fait, perd jusqu'à son dernier écu, et quitte la compagnie, tout gonflé de gloire et léger d'argent.

## II

Evidemment, M^me de Tallard a quelque peu chargé le tableau ; néanmoins elle nous donne la note, et nous connaissons maintenant notre héros, qui revit tout entier dans ce curieux épisode de sa vie. Nous voyons qu'à la vanité il joignait des goûts somptueux, des habitudes de luxe et de dépense, et que, de plus, il affichait ouvertement des prétentions à la galanterie. Au surplus, le président Hénault va achever de nous le faire connaître.

« Bernard vaut bien la peine qu'on s'y arrête, dit-il. Ce n'est point M. Jourdain, ce n'est point Turcaret, ce n'est rien de ce qu'on a joué à la Comédie, parce qu'il n'y a jamais eu de fou de son genre. Il avoit un orgueil extravagant qui, en quelque sorte, l'ennoblis-

(1) *Tableaux de genre et d'histoire,* par F. Barrière. Ponthieu, 1828, p. 89.

soit; il étoit insolent, de bonne foi. Les louanges les plus absurdes pâlissoient devant ses prétentions. Il avoit servi le roi dans ses armées ; c'étoit le Phorbas qui se souvenoit d'avoir été au siège de Troye; il avoit eu des combats particuliers; il avoit aimé les plus belles princesses d'Allemagne (où il n'avoit jamais été), il racontoit les fêtes qu'il leur avoit données, etc... Mais il tenoit un grand état; il jouoit et on trouvoit chez lui la plus grande compagnie. Je dois ajouter qu'il étoit généreux, quel qu'en fut le motif; qu'il a rendu de grands services, et que, dans le militaire surtout, il a aidé à de grandes fortunes et a empêché de grandes chutes (1). »

Ce que ne nous dit pas le président Hénault, non plus que M^me de Tallard, et ce qui nous est révélé par des écrits contemporains, c'est que Bernard avait une dose de superstition singulière. Ainsi il nourrissait une poule noire à l'existence de laquelle il croyait fermement sa propre existence attachée; et il est aisé d'imaginer, dès lors, de combien de soins attentifs et délicats on entourait le fatidique volatile, qui était pour lui le tison de Méléagre. Du reste, ce qu'il y eut de vraiment étrange, c'est que l'homme et la bête moururent presque en même temps (2). A la vérité,

(1) *Mémoires du président Hénault, publiés par le baron de Vigan. Dentu, 1855, p. 25.

(2) *Curiosités biographiques* par Ludovic Lalanne, p. 33. — *Sa-

Bernard avait alors quatre-vingt-huit ans. Mais n'anticipons pas.

Notre financier, comme on peut le penser, ne se bornait pas à venir en aide aux têtes couronnées dans l'embarras. Les courtisans eurent leur tour, et mordirent à belles dents au fruit vermeil de sa prospérité : « Où la guêpe a passé, le moucheron demeure. » Et ces grands seigneurs firent peut-être à sa fortune une brèche plus difficile à combler que celle qu'y pratiquaient les rois ; car ceux-ci se liaient envers lui par des engagements portant intérêt et qui recevaient tôt ou tard leur exécution, tandis qu'il prêtait souvent son argent aux courtisans sans prendre aucune garantie. Les militaires pauvres ou infirmes lui inspiraient surtout une vive sympathie ; souvent ils avaient recours à lui, et rarement il les renvoyait sans les obliger. Aussi, quand il mourut, ses prêts aux particuliers seulement s'élevèrent-ils à dix millions de francs, dont la moitié ne produisait aucun intérêt ; et le reste était fort compromis, si l'on en croit les *Souvenirs* peu authentiques de la marquise de Créquy, où il est dit (t. I, p. 218) qu'après la mort de Bernard on trouva pour cinq millions de reconnaissances dont il avait raturé les signatures.

*muel Bernard et Jacques Borgarelli*, par Rey Dussueil, t. IV, p. 113 et suiv.

Quoi qu'il en soit, cet homme si confiant, si généreux en apparence, se montrait, de temps en temps, d'une étrange avarice. Au moment même où il jetait son or à la tête des gens de cour, il prenait des précautions inimaginables comme garantie d'une somme de 100,000 livres qu'il avançait à son fils pour acheter une charge de conseiller au Parlement; il forçait l'emprunteur d'affecter au payement de cette créance non-seulement la charge elle-même, mais encore tous ses biens (1). Plus tard, à l'âge de soixante-neuf ans, il se remaria à une jeune et jolie personne, qui lui appartenait déjà par les liens du sang (2) et à laquelle il donna par contrat, pour tout avantage et à titre de douaire, 12,000 livres de rente et la jouissance, sa vie durant, de l'un des deux corps de logis du château de Coubert et de l'enclos du parc y attenant.

Telles furent les libéralités du vieux financier envers sa jeune femme. De pareilles mesquineries ont lieu de surprendre de la part d'un homme qui jouissait d'une fortune immense et qui avait besoin de faire oublier son âge (3). Mais les vieillards riches qui épousent

(1) Rey Dussueil. t. IV. p. 153.

(2) Elle se nommait Pauline-Félicité de Saint-Chamans et était la propre sœur de la première femme du fils de Samuel Bernard. La première femme de ce dernier était Marie Clergeau, « fille de la bonne faiseuse de mouches de la rue Saint-Denis. » (*Mémoires* de Matthieu Marais, publiés par M. de Lescure, t. I, p. 175.)

(3) Bernard s'était montré relativement plus généreux envers

des jeunes filles agissent souvent ainsi. Les uns ont la coquetterie de vouloir qu'on les adore pour eux-mêmes ; les autres — et ce sont les plus rusés — font mine de réserver les manifestations de leur munificence, et cette perspective du testament à intervenir, cette alternative de récompense ou d'exclusion, espèce d'épée de Damoclès appendue au-dessus de l'alcôve conjugale, leur paraît la plus sûre garantie de la paix et du bonheur domestiques. Peut-être n'ont-ils pas tort.

Le commerce et le crédit de Samuel Bernard s'étendaient au loin et allaient vivifier tous les comptoirs de l'Europe. Il avait des représentants un peu partout, des succursales dans la plupart de nos grandes villes. Peu de temps après sa promenade triomphale dans les jardins de Marly et l'emprunt olympien qui en avait été le prix, il s'était trouvé, soit à cause de ce même emprunt, soit par suite du discrédit où les « billets de monnaie » étaient tombés, dans l'impossibilité de satisfaire aux engagements pris par les maisons de banque qu'il avait à Lyon et à Genève. Il en résulta une banqueroute de vingt à trente millions, « dont la cascade, dit Saint-Simon, fit de terribles effets ». Heu-

---

Mᵐᵉ de Fontaine, mère de Mᵐᵉ Dupin, et de ses sœurs. Au témoignage de Barbier, il avait donné à cette dame la seigneurie de Passy, où il avait fait faire des embellissements pour plus de 300,000 livres (t. II, p. 418).

reusement Desmarets, ce même ministre qui, l'année d'avant, l'avait si fort déplumé, le secourut à son tour; mais il ne put pas l'aider dans une mesure suffisante pour le dégager entièrement : car les temps étaient terribles.

On était en 1709, à cette année implacable où le froid, la guerre et la famine sévirent de concert avec une violence inouïe, et où la France « se tira par miracle des mains de toute l'Europe résolue et prête à la faire périr ». (Saint-Simon, t. IV, p. 336.) Les ennemis de Bernard — et ils étaient nombreux et puissants — prirent texte de cette banqueroute pour déblatérer contre lui; ils élevèrent la voix, crièrent à la friponnerie et le rendirent responsable du désastre. (*Journal* de Barbier, t. I, p. 91.) Du reste, suivant Saint-Simon, son crédit fut entièrement ruiné « à Lyon et dans la partie de l'Italie qui en est voisine ». Mais il l'avait conservé intact dans les autres contrées, où ses transactions commerciales n'avaient pas été interrompues un instant. Bientôt il put rétablir sa fortune, et la Régence le retrouva riche, puissant et honoré. Il avait sauvé la caisse.

Constatons, en passant, que Samuel Bernard était susceptible de dévouement en amitié. Lors de la disgrâce de Chauvelin, garde des sceaux, il lui resta fidèle, et même le servit de ses démarches et de son crédit.

Placé, avec son collègue Crozat, à la tête de la compagnie des Indes, il lutta de toutes ses forces contre l'établissement de la banque de Law, et ce dernier n'eut pas de plus redoutable adversaire. Le régent, qui avait dédaigné primitivement les avis de Bernard, fut forcé d'y recourir plus tard, quand la prospérité fictive créée par le banquier écossais eut fait place aux déceptions, aux émeutes, à la misère. « On a entendu dans le conseil, rapporte Matthieu Marais (30 juillet 1720), plusieurs banquiers sur l'état des affaires présentes. Samuel Bernard, banquier célèbre et d'un esprit sublime pour le commerce, a dit : « Vous savez « bien, Monseigneur, que je n'ai jamais été pour le « système; mais à présent qu'il est établi, il le faut « maintenir; et pour cela, il ne faut point toucher aux « billets, ni augmenter l'argent, car cette augmen- « tation fera périr tout le commerce avec l'étranger. » Le conseil est convenu de ces propositions, continue Marais, et qu'il fallait donner quelque argent aux boulangers, aux bouchers et marchands de bois. En sortant, Samuel Bernard a demandé s'il pouvait mander aux étrangers cette disposition sur les billets et l'argent. Le régent lui a dit que oui et qu'il lui feroit plaisir. Il l'a fait, et sur-le-champ le change est devenu meilleur. »

Dans plusieurs autres circonstances, Bernard fut encore appelé à émettre son opinion sur la situation financière, et toujours il le fit avec l'autorité d'une parole justement écoutée, toujours aussi avec un complet désintéressement. « Nos deux premiers ministres, raconte d'Argenson dans ses *Mémoires* (t. I, p. 162), ont plus que jamais recours à Bernard et pour le commerce et pour les emprunts; de sorte que je verrai désormais plus que je n'ai fait ledit Bernard, qu'on affecte de consulter et qu'on consulte en effet. » Lors des embarras suscités par le système, il répondit au contrôleur général, qui l'avait mandé, « qu'il ne voulait ni qualité ni intérêt dans la compagnie; qu'il donnerait son temps, ses avis et ses mémoires pour examiner l'état des choses; mais qu'il ne ferait rien pour se déshonorer ni pour se ruiner. » (Marais, t. II, p. 24.) Cependant le bruit avait couru que Bernard, les frères Pâris et Crozat avaient été nommés pour remplacer Law, tant à la compagnie des Indes qu'à la Banque. « Ils offraient entre eux soixante millions, » dit Barbier (t. I, p. 88). « C'étoit le bruit universel de Paris, dit à son tour Marais; mais j'ai dîné chez M. Bernard, qui m'a dit qu'il n'en avoit point entendu parler, et voilà ce que c'est que les bruits publics. » (T. II, p. 19.)

Tout ceci se passait sous la Régence; et, le régent mort, Bernard, comme on l'a vu, continua de se rendre utile. En septembre 1725, lorsque le pain se vendit très cher à Paris, bien que « les halles et marchés fussent pleins de blés », fait observer Marais, notre financier prêta un million à la ville pour acheter des grains, en stipulant qu'on le rembourserait quand on le pourrait, et sans intérêt (1). Quelques mois après, à l'occasion d'un autre service rendu cette fois au gouvernement, il reçoit « une lettre très gracieuse de M<sup>gr</sup> de Fréjus, qui lui dit qu'on ne peut être attaché au roi et à l'Etat qu'on ne le soit à lui, qui les a si bien servis, et qu'il souhaite de tout son cœur que cela dure encore longtemps » (2).

## III

On ne peut disconvenir que, quel que fût le motif qui le faisait agir, Samuel Bernard ne rendît des services essentiels à l'Etat et aux particuliers, et qu'à ce point de vue il n'ait fait un digne usage de sa fortune. Dans la vie privée, son faste n'était pas moindre. Il recevait avec magnificence, donnait des fêtes, des feux d'artifice, des repas de cent couverts, et hébergeait les plénipotentiaires du congrès, « étant bien aise, dit Marais, de rassembler toutes les nations chez lui, puisqu'il entretient un commerce partout » (3). En

(1) *Mémoires* de Marais, t. III, p. 363.
(2) *Idem*, p. 429.
(3) *Idem*, t. III, IV, *passim*.

1731, le nonce du pape, qui apportait des langes pour le Dauphin, fit à Paris une « entrée magnifique avec trois attelages des plus beaux chevaux que l'on ait jamais vus et qui lui avaient été prêtés par Samuel Bernard ». Enfin, au dire de Barbier, « sa table, pour le dîner seulement, lui coûtait 150,000 livres par an ». On raconte, à ce sujet, une anecdocte qui mérite d'être rapportée :

« Bernard avait invité un jour à dîner un grand personnage, à qui il promit de faire boire du vin de Malaga. Arrive le moment du dessert, et la boisson annoncée ne paraît point sur la table. Bernard appelle son maître d'hôtel, qui lui dit en balbutiant que « la provision est épuisée ». Confus, désappointé, Bernard s'excuse le mieux qu'il peut auprès de son convive, et fait partir sur-le-champ en poste un de ses commis pour la Hollande, avec ordre d'acheter pour son compte tout le vin de Malaga qu'il trouvera dans le port d'Amsterdam. Le commis revint avec un approvisionnement qui permit à Bernard non-seulement de défrayer sa table pour longtemps, mais encore de faire sur le surplus un « gain immense » (1).

C'est ainsi que le financier se vengeait de la petite disgrâce essuyée par l'amphitryon.

Voici quelques détails encore plus intimes sur la

(1) *Biographie* de Michaud.

maison et les habitudes d'intérieur de Samuel Bernard. Ils nous sont fournis par ce même président Hénault, dont nous avons déjà emprunté le témoignage,
et qui était admis aux réceptions de notre moderne
Lucullus. « Sa maison, écrit-il, était une maison de
jeu et de bonne chère, et le rendez-vous de la meilleure compagnie... On y trouvait le cardinal de
Rohan, le prince de Rohan son frère, le Bordage,
M^{me} de Montbazon, qu'ils se disputaient tous deux ;
Desforts, depuis contrôleur général ; M^{me} Turgot,
M. d'Aumont, M^{me} Martel, Vanholt, chez lequel on
allait souper dans sa belle maison d'Issy ; le maréchal
de Villeroy, attiré par M^{me} Sagonne ; M. le comte
de Verdun, grand janséniste, et qui entretenait une
danseuse de l'Opéra, nommée « la Ménès », avec laquelle il fallait que je soupasse quelquefois entre lui
et M. Pécourt : car, en sa qualité de maître des bal-
lets, nous rendions à ce dernier de grands respects ;
Brossoré, conseiller au Parlement, qui fut depuis secrétaire des commandements de la reine... Que di-
rai-je encore ? M^{me} de Maisons, sœur de la maréchale
de Villars ; Hauteroche, conseiller au Parlement ;
M^{me} de Fontaine, fille de Dancourt et la maîtresse de
Bernard. Enfin, tout Paris. C'était de quoi faire des
connaissances (1). »

(1) *Mémoires* du président Hénault, p. 24.

Dans l'étude relative à M^me^ Dupin de Chenonceau, nous avons rappelé l'historique des fermiers généraux au point de vue administratif; le président Hénault vient de nous introduire dans le salon de l'un d'eux ; maintenant M^me^ d'Epinay va compléter le tableau en nous faisant assister aux détails quotidiens de la vie domestique d'un de ces nababs que, dès son époque, Salluste avait caractérisés par ces mots qui n'ont rien perdu de leur justesse : « *Alieni appetens et sui profusus.* »

M^me^ d'Epinay nous présente son mari comme type du genre. Elle le prend à sa toilette, ce qui ne veut pas dire que ce soit à une heure matinale : car ces enfants prodigues de la fortune et du plaisir, au rebours du roi d'Yvetot, se couchaient tard et se levaient de même. Notons d'abord que leurs commis et secrétaires, valets et femmes de service étaient au nombre de quinze à vingt. « Lorsque monsieur est levé, écrit M^me^ d'Epinay, son valet de chambre se met en devoir de l'accommoder. Deux laquais sont debout à attendre les ordres. Le premier secrétaire vient avec l'intention de lui rendre compte des lettres qu'il a reçues de son département et qu'il est chargé d'ouvrir ; il doit lire les réponses et les faire signer ; mais il est interrompu deux cents fois dans cette occupation par toutes sortes d'espèces imaginables. C'est un maquignon qui a des chevaux uniques à vendre, mais qui sont retenus par

un seigneur ; ainsi il est venu pour ne pas manquer à sa parole : car on lui en donnerait le double qu'on ne pourrait faire affaire. Il en fait une
description séduisante. On lui en demande le prix.
Le seigneur un tel en offre soixante louis, etc. Ensuite, c'est un polisson qui vient brailler un air,
et à qui on accorde sa protection pour le faire
entrer à l'Opéra... C'est une demoiselle qu'on fait
attendre pour savoir si je suis encore là. Je me lève
et je m'en vais. Les deux laquais ouvrent les deux
battants pour me laisser sortir, moi qui passerais
par le trou d'une aiguille ; et les deux estaffiers
crient dans l'antichambre : « Madame, messieurs,
« voilà madame ! » Tout le monde se range en haie,
et ces « messieurs » sont des marchands d'étoffes, des
marchands d'instruments, des bijoutiers, des colpor-
teurs, des laquais, des décrotteurs, des créanciers,
enfin tout ce que vous pouvez imaginer de plus ridicule et de plus affligeant. Midi ou une heure sonne
avant que cette toilette (celle de son mari) soit ache-
vée, et le secrétaire, qui sans doute sait par expérience l'impossibilité de rendre un compte détaillé des
affaires, a un petit bordereau qu'il remet entre les
mains de son maître pour l'instruire de ce qu'il
doit dire à l'assemblée (des fermiers généraux).
Une autre fois, monsieur sort à pied ou en fiacre,
rentre à deux heures, fait comme un brûleur de mai-

sons (1); dîne tête à tête avec moi, ou admet en tiers
son premier secrétaire, qui lui parle de la nécessité de
fixer chaque article de dépense, de donner des déléga-
tions pour tel ou tel objet. La seule réponse est :
« Nous verrons cela. » Ensuite il court le monde et
les spectacles; et il soupe en ville, quand il n'a personne à souper chez lui (2). »

Tel était, en raccourci, le train de vie que menaient
les princes de la finance, à une époque si voisine et
en même temps si loin de nous. C'était, comme de nos
jours, une existence à la fois oisive et occupée, plus
amie du vice que de la vertu, mais large, généreuse,
prodigue, où l'on jetait l'or par les fenêtres — attra-
pait qui pouvait : filles d'Opéra et parasites, valets et
grands seigneurs — et de temps en temps éclatait
comme un coup de tonnerre, soit un scandale qui dé-
frayait huit jours durant les malins propos de la ville

(1) Locution proverbiale, qui veut dire « homme mal habillé,
tout en désordre ».

(2) *Mémoires* de M<sup>me</sup> d'Epinay, édition de M. Paul Boiteau (Charpentier), t. I, p. 307. Voici l'ordre et l'objet des séances des fermiers généraux, d'après un de leurs journaux : « Lundi, à quatre
heures, les cinq grosses fermes et les domaines. — Mardi, à quatre
heures, la régie du tabac et des domaines. — Mercredi, à quatre
heures, le conseil de la ferme. A neuf heures du matin, les domaines. — Jeudi, à neuf heures, l'assemblée du tabac à l'hôtel de Longueville. A quatre heures, les cinq grosses fermes. — Vendredi, à
quatre heures, la régie du tabac et les domaines. — Samedi, à
neuf heures, l'examen des comptes. »

et de la cour, soit une banqueroute qui prenait les proportions d'un désastre public. Mais bientôt survenaient de nouvelles entreprises, on se livrait à des spéculations hardies, fructueuses, et le vent de la prospérité recommençait à souffler de plus belle dans les voiles de nos Crésus.

Quant à Samuel Bernard, rien ne troublait sa quiétude ; et bien que la Chambre de justice, instituée en 1716 pour faire rendre gorge aux traitants, l'eût taxé à quatre millions de francs (1), il continuait de naviguer, si l'on peut dire, à l'éclat des étoiles et sous un ciel azuré. Toutefois il ne s'endormait pas sur ses succès financiers. Bientôt ils ne lui suffirent plus. Il rêva d'autres triomphes. Après l'édifice de son opulence, il voulut élever l'édifice de son orgueil. On eût dit qu'il avait le pressentiment que son immense fortune s'écroulerait un jour sans laisser de trace, et qu'à cet égard il ne bâtissait pas pour les siècles. Il voulut donc asseoir son nom sur un sol plus solide, ériger un monument qui pût lui survivre et rester dans sa famille longtemps après que son or en aurait disparu.

> En ce pays trois Bernards sont connus :
> L'un est ce saint, ambitieux reclus,
> Prêcheur adroit, fabricateur d'oracles ;
> L'autre Bernard est celui de Plutus,
> Bien plus grand saint, faisant plus de miracles.

(1) *Vie privée de Louis XV*, t. I, p. 234.

> Et le troisième est l'enfant de Phébus,
> Gentil Bernard, dont la muse féconde
> Doit faire encor les délices du monde
> Quand des deux saints l'on ne parlera plus.

Comme protestation contre cette prédiction de Voltaire, Samuel Bernard s'attacha à perpétuer son nom, c'est-à-dire à marier ses enfants et petits-enfants, à les unir aux premières familles ; mais, d'abord, il pensa personnellement à lui.

## IV

Il était de la religion luthérienne, et l'on a prétendu à tort qu'il était de race juive, ce dont il plaisantait lui-même en disant : « Qu'on me fasse chevalier, et alors mon nom ne choquera plus personne. » On l'anoblit en effet, et on ne l'appela plus que le « chevalier Bernard ». Il acheta en outre plusieurs terres titrées, entre autres le comté de Coubert ; de plus, il obtint un brevet de conseiller d'Etat « pour les services qu'il avait rendus et pour son grand désintéressement ». Tels étaient, au dire de Marais, les termes mêmes du brevet. Une fois gorgé d'honneurs et chamarré de cordons, il songea, en bon père, à pourvoir ses enfants. C'est ainsi qu'il maria successivement ses deux fils, Bernard de Rieux et Bernard, comte de Coubert (1), à des héritières de très grandes maisons (les Boulainvilliers, les Saint-Chamans, les de la Cosse-Frotier); cette dernière descendait d'un grand écuyer de France du temps de Charles VII. Ensuite, il maria ses deux petites-filles, l'une au président de Lamoignon, l'autre au marquis de Mirepoix, de la maison de Lévis de Ventadour. Quant à sa propre fille, issue du second lit, il la fiança au président Molé, en attendant qu'elle en devînt la femme, car elle n'était âgée que de neuf ans et demi; mais son père l'eût prise à la bavette, plutôt que de manquer de l'établir en bon lieu. Par ce dernier mariage, fait remarquer Marais, Bernard « s'allie à la robe et donne un protecteur à sa famille. Il a sagement et dignement pensé. » (T. IV, p. 218.) Cette approbation donnée par l'avocat comme tribut à l'esprit de corps, n'empêche pas le même Marais d'écrire ailleurs, en soupirant : « L'argent a fait faire tous ces mariages, et voilà ce que devient la noblesse... La folie de la France, ajoute-t-il plus loin avec malice, est d'entrer dans la famille (ou dans la caisse) de M. Bernard (2). » (T. IV, p. 470.)

(1) Le premier était président à l'une des chambres des enquêtes du Parlement; le second, alors maître des requêtes, devint surintendant de la maison de la reine et grand officier de l'ordre de Saint-Louis.

(2) Voici un échantillon des avantages que Bernard faisait à ses nouveaux alliés : dot, 800,000 livres comptant, 200,000 livres as-

Ces épigrammes sont modestes et tempérées; mais Barbier, lui, emporte la pièce. D'abord, il blâme le marquis de Mirepoix, qui jouissait personnellement d'un revenu de 30,000 livres, de « s'allier avec un nom aussi bas et aussi décrié que celui de Bernard ». (T. II, p. 418.) Quant aux fêtes splendides (1) qui marquèrent le mariage du président Molé avec la petite fille de neuf ans et demi, il dit que « tout ce grand fracas et cette dépense excessive ne laissent pas que d'indisposer le public, et avec raison; que les noces des princes n'ont rien de semblable, et que cela est impertinent dans la personne du fils d'un peintre qui a fait trois fortes banqueroutes ». Il couronne ces incartades en citant des vers qui couraient alors et où les noms des Lamoignon, des Mirepoix et des Molé sont vilainement accolés à celui du financier. Pour cette raison, nous nous abstiendrons de les reproduire. Il suffit de pouvoir les lire où ils sont. (Barbier, t. II, p. 427).

En somme, dans plusieurs endroits de son *Journal,* Barbier montre une hostilité manifeste contre Bernard; il ne lui épargne ni les mots piquants ni les ou-

---

surées et un présent de 40,000 écus pour le gendre sans compter 10,000 écus pour le linge et les habits. (*Mémoires* de Marais, t. IV, p. 410.)

(1) Dans *le Mercure de France* (octobre 1733), on trouve la description de cette fête, de même que dans Barbier, t. II, p. 426.

trages, tandis que Marais, au contraire, traite généra-
ment notre financier avec indulgence, quelquefois
avec sympathie, ayant trouvé en lui, dit-il, « de très
bonnes choses. » (T. III, p. 452.) A la vérité, Marais
nous apprend qu'il avait depuis longtemps la clientèle
de Bernard. Or Barbier était avocat, comme Marais,
et l'esprit de concurrence et de rivalité a bien pu, en
sens inverse, jouer un rôle de part et d'autre (1).

On connaît au surplus le ridicule, même l'odieux
jeté sur les gens de finance par la plupart des écrivains du xviii⁰ siècle, Le Sage en tête, avec son admi-
rable comédie de *Turcaret*. Il n'est pas jusqu'à Collé
qui ne les appelle des « maltôtiers » ; mais Collé est
un ingrat, car, ainsi que nous l'avons démontré ailleurs, lui-même s'était enrichi dans les fermes. Quant
à Piron, qui ne s'est enrichi nulle part, il les nomme
tout net « d'honnêtes cartouchiens » (2). Mais ce sont
là des boutades et non des preuves, et, parmi les fermiers généraux restés honnêtes, il en était peut-être
plus de trois qu'on aurait pu citer. Quoi qu'il en soit,
une chose digne d'être remarquée est l'extrême ménage-
ment dont Louis XIV a usé envers cette classe de
citoyens, dont la plupart cependant s'enrichirent
d'une manière aussi rapide, aussi scandaleuse sous

(1) *Mémoires* de Marais et *Journal* de Barbier. *Passim.*
(2) Voir notre édition des *Œuvres inédites de Piron*, p. 272.

son règne que sous le suivant. Il est vrai que Colbert
leur fit d'abord rendre gorge, à l'aide d'une Chambre
de justice instituée pour rechercher ceux qui avaient
commis des prévarications; mais alors le roi était
jeune; il commençait à vouloir « gouverner par lui-
même », et n'était pas fâché d'inaugurer son avène-
ment aux affaires par des exemples de sévérité, surtout en matière de réformes financières. Plus tard, il
défendit qu'on touchât aux traitants, dont il pressentait sans doute qu'il aurait besoin un jour pour remplir ses coffres (1). Aussi Molière ne mit-il qu'une
seule fois sur la scène un homme de finance, à ce
qu'il nous semble, encore est-ce un simple receveur des tailles de province, et l'a-t-il présenté
d'une façon épisodique et quelque peu effacée,
(M. Harpin, dans *la Comtesse d'Escarbagnas*).
Quel dommage qu'on ait ainsi lié les mains au sublime *Contemplateur!* Se figure-t-on ce qu'eût été
un pareil sujet traité *ex professo* par lui! Que de
pages éloquentes! Que de vertueuses indignations et
de *haines vigoureuses!* Assurément Le Sage y aurait
perdu son chef-d'œuvre, car il n'eût pas osé glaner
sur les pas du grand'homme; mais Molière compterait
un titre de plus à la reconnaissance de l'humanité.

(1) Chamfort prétend que Molière et les autres auteurs comiques
du temps « eurent là-dessus les ordres de Colbert ».

En définitive, aucun genre de gloire ne manqua à Samuel Bernard. Le célèbre peintre Rigaud fit son portrait, Coustou sculpta son buste, et Voltaire lui adressa des vers. C'est plus qu'il ne faut pour perpétuer sa mémoire, sans compter les brocards qui lui furent décochés, sous forme de chansons, de couplets et de calottes, genre d'*illustration* qui en valait bien un autre, en ces temps où la malignité publique ne s'attaquait généralement qu'à ceux qui s'élevaient au-dessus de la foule, soit par leur intelligence, soit, par leur industrie, soit, en un mot, par une valeur quelconque. On ne jette des pierres qu'aux arbres chargés de fruits, dit un vieux proverbe persan, et Samuel Bernard avait dans son jardin les pommes d'or des Hespérides (1).

Il mourut le 18 janvier 1739, âgé de quatre-vingt-huit ans, laissant trente-trois millions de valeurs ou de biens liquidés et dix millions de créances pour argent prêté. Cette fortune, qui serait considérable à notre époque, et qui était immense à la date dont nous nous occupons, a fait dire à Barbier qu'elle était « très pré-

---

(1) Il paraît, du reste, qu'il prenait tellement son importance au sérieux, qu'il avait l'habitude d'offrir son portrait à des gens fort au-dessus de lui. Un jour, étant entré dans la garde-robe d'un grand seigneur à qui il avait fait ce présent, il vit son portrait « fièrement étalé au-dessus de la chaise percée ». C'est J.-J. Rousseau qui nous apprend cette piquante anecdote, dans sa lettre à M. Roguin, datée de Motiers, mars 1763.

judiciable dans un Etat ». « Elle est prise sur l'Etat même, ajoute-t-il, et elle ne peut être faite qu'aux dépens d'un grand nombre de familles qui se trouvent ruinées par des suppressions de charges, des réductions de rentes et par le système. » (T. III, p. 147.)

Ses héritiers furent ses deux fils et la présidente Molé. Pour exécuteur testamentaire il nomma M. Normant, avocat, et légua 10,000 livres à chacun de ses deux valets de chambre.

L'opulence de Bernard avait été beaucoup plus grande. A une époque (1720), Marais estimait que, dans les seules actions d'Angleterre, notre financier avait gagné « cent millions et plus ». (T. I, p. 357.) Mais il éprouva des pertes, et puis, on le sait, il étalait un luxe oriental en toute chose. Ensuite, outre les cinq dots distribuées à ses enfants et petits-enfants, il paya à plusieurs reprises les dettes de ses fils, s'élevant de cinq à six millions.

Quoi qu'il en soit, sa fortune actuelle avait de quoi satisfaire les plus difficiles. Mais bientôt elle devait disparaître, et déjà même une grande partie avait été dissipée par anticipation. En effet, à six ans de là, son fils aîné mourut dans une situation voisine de la détresse. « Il avait mangé, écrit Barbier, des sommes immenses et presque tout son bien à des dépenses folles de toute espèce. » (T. IV, p. 109.) Le reste de la succession fut dispersé, éparpillé, émietté : on n'en parla plus. Bientôt il ne fut question des richesses amoncelées par Samuel Bernard, que comme d'uu conte des *Mille et une Nuits,* d'un édifice féerique évanoui. Seul, le nom des Lamoignon, des Molé, des Mirepoix est resté, et domine cette immense ruine (1).

Nous terminerons en faisant remarquer que, dans chaque siècle de la monarchie française, il s'est trouvé un ou deux financiers colossalement riches et qui sont morts sans avoir laissé derrière eux un continuateur, un représentant de leur fortune et même de leur nom. De telle sorte qu'on est tenté de se demander avec le poète : « Où sont les neiges d'antan ? » En effet, où sont les descendants de Jacques Cœur, des frères Paris, des Bourret, des La Poupelinière, des Bourvalais, etc. ? Les deux ou trois Crésus de notre époque seront-ils plus heureux que leurs devanciers ? Transmettront-ils leur fortune et le prestige de leur nom à des héritiers ? Nul ne pourrait l'affirmer, au milieu des fluctuations qui nous travaillent. Ne dirait-on pas que, à l'exemple de Saturne, la finance dévore ses enfants ? Du reste, ce n'est pas nous qui nous élèverons contre ces mutations du hasard, contre ces

(1) En mariant sa fille au président Molé, Samuel Bernard devint ainsi le grand-père de la duchesse de Cossé-Brissac. En outre, sa famille se trouva par la suite alliée à de très grands noms, tels que les Biron, les Duroure, les Boulainvilliers, etc.

déplacements, ces caprices de la fortune qui font qu'elle ne s'immobilise pas indéfiniment entre les mains de quelques familles privilégiées, et qu'au contraire elle répand tour à tour ses faveurs, sinon sur chacun, hélas! du moins sur un plus grand nombre (1).

(1) Dans la grande galerie du château de Chenonceau se trouvent les portraits peints à l'huile de Samuel Bernard et de la comtesse de Forcalquier, l'amie intime de M^{me} Dupin, ainsi que celui du comédien Dancourt, son grand-père, figures qui se détachent vigoureusement parmi d'autres toiles des xvii^e et xviii^e siècles, aussi remarquables par leur exécution que curieuses par leur rareté.

# MADAME DE VIMEUX

# MADAME DE VIMEUX



## I

On sait que les grands seigneurs et les gros financiers des xviie et xviiie siècles avaient presque tous à leurs gages des hommes de lettres qu'ils admettaient dans leur intérieur sur le pied de secrétaires ou de simples commensaux, et trop souvent, hélas! à titre de flatteurs. Le bon La Fontaine s'était inféodé à l'hôtel de Mme de La Sablière; après quoi, à la mort de sa bienfaitrice, il partit un beau matin, son paquet sur le dos, pour s'installer sans façon chez M. d'Hervart, son ami, qu'il rencontra en chemin, et qui, lui ayant offert un asile dans son hôtel, reçut pour réponse le fameux *j'y allais*, devenu légendaire. Le grand Corneille dédia sa tragédie de *Cinna* au traitant Montauron, qu'il comparait intrépidement à Auguste, d'où le nom d' « épître, à la

Montauron » donné depuis aux éloges outrés, aux compliments intéressés et fades (1).

Au siècle suivant, nous voyons Campistron, Chamfort, Thomas et le poète Le Brun occupant chacun un emploi de secrétaire : le premier, chez le duc de Vendôme, où il jetait au feu les dépêches pour n'avoir pas à y répondre; le second, à l'hôtel du prince de Condé ; le troisième, chez le duc de Praslin ; le quatrième, chez le prince de Conti. Gentil-Bernard avait la même qualité auprès du duc de Coigny, Vadé auprès du duc d'Agenois (depuis duc d'Aiguillon), Rulhière était au baron de Breteuil, Malfilatre au comte de Lauraguais. Collé, Carmontelle et Laujon furent tour à tour les lecteurs, les thuriféraires du duc d'Orléans; Piron, celui du duc de la Vrillière et du marquis de Livry. Quant à Marmontel, il alla plus loin qu'eux tous. Il se fit le courtisan, le complaisant servile de La Poupelinière, au point de présenter à la ronde, sur un plateau, des rafraîchissements aux invités du fastueux financier ; et c'est dans cet équipage qu'il faisait le tour du salon ou de la salle de spectacle (2).

(1) Dans une société, on parlait de vers analogues adressés par un médiocre poète à une espèce de Turcaret, et l'on disait que ces vers sentaient le « collège ». « Pardonnez-moi, répondit un bon plaisant, ils sentent la « pension ». (*Nouveaux Mélanges* de M^me Necker, t. II, p. 94.)

(2) Puisque nous sommes sur ce sujet, désignons en passant

Dans tous les temps il s'est trouvé des hommes de lettres qui ont avili plus ou moins leur caractère, et, à notre époque, on en pourrait citer qui ont peu respecté leur dignité. Mais cela nous mènerait trop loin. Parlons plutôt — et tel est l'objet de cette étude — des jeunes filles instruites et sans fortune que, à l'exemple des gens à blason et des financiers dont il a été question, certaines grandes dames titrées ou non titrées attachaient à leur personne comme femmes de chambre, lectrices ou dames de compagnie, et qu'elles élevaient ensuite presque toujours, avec le temps, au rang de confidentes et même d'amies.

C'est ainsi que des noms gracieux et sympathiques, dont quelques-uns sont devenus célèbres, ont pu arriver jusqu'à nous et percer l'obscurité qui semblait devoir les envelopper pour toujours; c'est ainsi que nous connaissons l'ingénieuse M<sup>lle</sup> de Launay (M<sup>me</sup> de Staal), la spirituelle et trop sensible M<sup>lle</sup> de Lespi-

quelques-uns des poètes et hommes de lettres du XVII<sup>e</sup> siècle qui étaient également aux gages de certains grands seigneurs ou gens de finance. Chapelain était au duc de Longueville, Segrais à *Mademoiselle*, fille de Gaston d'Oriéans, Ménage au cardinal de Retz, le grand Corneille, on l'a dit, au financier Montauron, Pellisson à Fouquet, Sarrazin à la princesse de Conti, La Mesnadière à M<sup>me</sup> de Sablé, Théophile au duc de Montmorency, La Fontaine à qui voulait lui assurer le vivre et le couvert. Nous ne comptons pas les nombreux écrivains payés par le cardinal de Richelieu pour l'aider dans ses travaux dramatiques, etc.

nasse, la bonne Rondel, la fidèle Sophie, l'excellente Devreux, M^me du Hausset, cette femme de chambre de la marquise de Pompadour, qui nous a laissé des mémoires piquants et qui le seraient plus encore si elle n'y avait pas représenté sa maîtresse trop souvent *en buste;* enfin, M^lle de Bar, la femme de Piron, qui avait presque autant d'esprit que le malin Bourguignon, et qui était un des principaux attraits du salon de la marquise de Mimeure, dont elle fut la lectrice (1).

Cette liste, déjà longue, pourrait être continuée; mais nous la fermons ici, en y introduisant un nom qui manque dans la plupart des biographies, et qui cependant mérite d'y être placé. Nous voulons parler de M^me de Vimeux, sur laquelle un très obligeant bibliophile a bien voulu nous fournir de curieux documents, et cela avec une bonne grâce dont nous ne saurions trop le remercier (2).

Née le 7 septembre 1749, M^me de Vimeux était fille d'Antoine-Joseph Gillet, bourgeois de Paris, et de Marie-Madeleine Dupuis, domiciliés rue de l'Echelle, paroisse de Saint-Roch. Elle reçut les prénoms de

(1) Voyez sa correspondance et celle de M^lle Quinault dans les *Œuvres inédites* de Piron, publiées par nous chez Poulet-Malassis, en 1869, 1 vol. in-8°.

(2) M. Rattier, de Saint-Laurent du Pape (Ardèche), collectionneur aussi modeste qu'instruit.

Marie-Sophie, fut élevée dans la famille et par les soins de la comtesse d'Argental, devint sa lectrice, sa dame de compagnie, et plus tard le secrétaire de son mari.

Qu'on se représente ce qu'étaient alors la maison et les familiers du comte et de la comtesse d'Argental, ces amis, ces confidents, ces conseillers de Voltaire, et l'on aura une idée de l'éducation brillante et de la solide instruction que reçut à la fois la jeune Sophie.

Depuis longtemps déjà le salon de M. d'Argental était ouvert à toutes les supériorités, à toutes les élégances. On y avait vu passer tour à tour (et beaucoup d'entre eux y paraissaient assidûment encore) les d'Alembert, les Diderot, ces lieutenants de Voltaire; Duclos, l'incisif et rude causeur; l'abbé Trublet, qui, selon M$^{me}$ Geoffrin, était « frotté d'esprit partout »; M$^{lle}$ de Lespinasse, colombe gémissante partagée entre trois amours; le frétillant Maurepas, que M$^{me}$ de Châteauroux appelait « faquinet »; M$^{me}$ de Fontaine-Martel; M$^{me}$ de Tencin, cette singulière chanoinesse qui avait la main dans toutes les intrigues et son cœur un peu partout; le président Hénault, « fameux » par ses soupers, où il déposait volontiers la gravité de l'historien pour cailleter en cornette; M$^{me}$ du Bocage et M$^{me}$ du Châtelet, quand elles étaient à Paris; Rulhière, qui prétendait n'avoir fait en sa vie qu'une méchanceté, laquelle « durait toujours », au dire de

Chamfort; M^me du Deffand, cette aveugle clairvoyante
que chacun sait; son éternel ami Pont-de-Veyle,
dont nous reparlerons; Fontenelle, non moins éternel; Saint-Lambert; l'abbé de Bernis, autrement dit
« Babet la bouquetière », qui préludait par de petits
vers galants à ses hautes destinées ecclésiastiques;
l'abbé de Voisenon, surnommé par Collé l' « archevêque de la comédie italienne »; Helvétius et sa
femme, un ménage modèle égaré au milieu des pro-
miscuités philosophiques et autres; le maréchal de
Richelieu, « ce tripotier, cette vieille commère »,
comme l'appelait tout bas Voltaire après l'avoir en-
censé tout haut; enfin M^lle Quinault, la charmante
soubrette de la Comédie française, l'ingénieuse am-
phytrionne de la « Société du bout du banc »; et tant
d'autres célébrités plus ou moins éclatantes, sans compter les grands seigneurs, les hommes de robe et d'épée
qui s'y succédaient sans relâche : ce salon, en un mot,
était le rendez-vous de tout ce qu'il y avait à Paris de
femmes aimables et spirituelles, de gens instruits et de
grand air, à commencer par le maître et la maîtresse
de la maison.

Le comte d'Argental n'était pas, en effet, un homme
ordinaire, malgré ce qu'en a dit Marmontel, qui, cédant à l'un de ces accès d'humeur dont il était assez
coutumier, et croyant d'ailleurs avoir à s'en plaindre,
nous l'a montré, dans certains vers, comme un gobe-

mouches, une espèce de niais incapable d'avoir et
d'exprimer une opinion (1). « Le paradoxe est fort, »
dirons-nous à Marmontel, en lui appliquant la réponse
de Trissotin à Clitandre. Nous ajouterons, sans l'of-
fenser, que Voltaire était probablement aussi bon
juge que lui, ce qui ne l'empêcha pas — au contraire —
d'entretenir avec M. d'Argental, préférablement à tout
autre de ses amis, des relations intimes qui durèrent
plus de soixante ans. La correspondance de Voltaire
témoigne, en cent endroits, du soin avec lequel il le
consultait sur ses ouvrages avant de les lancer dans le
public, de l'attention qu'il mettait à écouter et discuter
ses avis, et souvent de son empressement à s'y conformer. Enfin, tout démontre la confiance absolue que
Voltaire avait dans son goût, dans son jugement,
comme dans la solidité de ses relations et de son caractère.

Au surplus, s'il en était besoin, La Harpe aurait
vengé suffisamment M. d'Argental des dédains injustes de Marmontel, quand il a dit que l'ami de Voltaire « cultiva les lettres et la société ; que ce fut là sa

_______

(1) Ces vers, intitulés : *Parodie de Cinna*, et où figurent le duc
d'Aumont, le Kain et le comte d'Argental, furent composés par Marmontel et son ami Cury. Particulièrement dirigés contre le duc
d'Aumont, ils valurent à Marmontel quelques jours de Bastille et
le retrait du *Mercure*, dont il avait le privilège. On les trouve dans
le *Journal* de Colé, édition Didot, t. II, pp. 204 et 393.

vie entière ; qu'il avait un goût naturellement juste et un esprit orné, et qu'il faisait lui-même des vers, etc. (1). En définitive, ce qui paraît concluant, sans réplique, c'est qu'on lui a attribué le *Comte de Comminges* et les *Anecdotes de la Cour d'Edouard*, écrits intéressants qui ont été publiés sous le nom et qui se trouvent dans les œuvres de M^me de Tencin, sa tante. D'un autre côté, il fut le protecteur zélé de Le Kain, et il avait dans son hôtel une salle de spectacle où l'on jouait les nouveautés dramatiques. Nous avons sous les yeux une affiche imprimée en gros caractères, ainsi conçue :

### SPECTACLE DE MONSIEUR D'ARGENTAL.

MÉLANIE, de M. de La Harpe.

LE BON FILS, comédie nouvelle de M. de Florian, en trois actes et en prose. Suivie d'un Proverbe.

Du reste, le comte d'Argental avait d'autres aptitudes que celles qui le portaient irrésistiblement vers les lettres et les arts. D'abord conseiller au parlement de Paris, il fut nommé ensuite ministre plénipotentiaire de l'infant duc de Parme et de Guastalla près la cour de France, position où il rendit de réels services et qu'il conserva jusqu'à sa mort, arri-

(1) *Notice nécrologique* de M. d'Argental, par La Harpe, insérée dans le *Journal de Paris* du 16 janvier 1788.

vée en 1788, comme nous l'expliquerons plus loin.

Quant à la comtesse d'Argental (1), Voltaire, ce grand fabricateur de sobriquets pittoresques, lui en a donné un qui la carectérise, indiquant suffisamment la mesure et le signe distinctif de son mérite. Il la nomme fréquemment dans ses lettres « Madame Scaliger », faisant ainsi allusion à la sévérité et peut-être aussi à la subtilité de ses critiques; car la comtesse était souvent appelée à exprimer elle-même son opinion sur les productions littéraires de Voltaire, et elle ne lui marchandait ni les « si » ni les « mais », comme la correspondance du poète philosophe en fait foi. Elle lui envoyait même de temps à autre de longs factums sur ses pièces de théâtre, et, dans la lettre que Voltaire lui écrivit le 18 juin 1760, il lui dit : « Je lis le mémoire de « Madame Scaliger » ; il est bien fort de choses, raisonné à merveille, approfondi, et de la critique la plus vraie et la plus fine. Jamais l'amitié n'a eu autant d'esprit. » Quelques mois après

(1) M^me d'Argental, mariée en 1737, était née du Bouchet. Elle avait pour mère Trasola d'Ognette, selon le duc de Luynes. et Grâce-Angélique-Thérèse-Arazola d'Ognate, au dire du père Anselme, laquelle avait épousé en premières noces Armand de Caumont, marquis de Montpouillan. Le trisaïeul de M^me d'Argental avait été sauvé des massacres de la Saint-Barthélemy. (*Mémoires du duc de Luynes*, t. VI, p. 350.) Au chant II de *la Henriade,* Voltaire a retracé cet épisode :

De Caumont, jeune enfant, l'étonnante aventure, etc.

(1ᵉʳ octobre 1760), il lui mande que « toutes ses critiques « scaligériennes » ont trouvé un Voltaire docile, un Voltaire reconnaissant, un Voltaire prompt à se corriger et quelquefois un Voltaire opiniâtre, qui dispute comme un pédant, et qui encore la supplie à genoux d'accepter ses changements. »

Au témoignage des éditeurs de Kehl, le père de Mᵐᵉ d'Argental avait dissipé sa fortune, « mais il n'avait rien négligé pour l'éducation de sa fille, dont la beauté, les grâces et l'esprit firent le bonheur de l'homme que Voltaire aima le plus. » Les vers suivants, que ce dernier avait adressés à M. d'Argental, en 1737, à l'occasion de son mariage, démontrent en effet que le comte avait fait preuve d'un désintéressement rare alors et dans tous les temps, en contractant cette union, où il avait cherché dans sa future les agréments, les qualités morales beaucoup plus que la fortune :

> On disait que l'Hymen a l'intérêt pour père ;
> Qu'il est triste, sans choix, aveugle, mercenaire.
> Ce n'est point là l'Hymen : on le connaît bien mal.
> Ce dieu des cœurs heureux est chez vous, d'Argental.
> La vertu le conduit, la tendresse l'anime ;
> Le bonheur sur ses pas est fixé sans retour.
> Le véritable Hymen est le fils de l'Estime
>     Et le frère du tendre Amour (1).

(1) La jeunesse du comte d'Argental avait été traversée par de vives passions. L'une d'elles — la plus violente — lui avait été

## II

La jeune Sophie se vit donc entourée, dès ses premiers pas dans la vie, d'une société lettrée et polie, unique au monde, d'une espèce de cour d'amour et de gai savoir, où la science sérieuse et les notions de la philosophie avaient leur tour, où les doctes propos le disputaient aux jeux, aux coquetteries de l'esprit et à l'entraînement de cette conversation charmante, âme du xviii<sup>e</sup> siècle, dont nous n'avons plus que le souvenir. Sophie grandit là, sous l'œil vigilant et plein de sollicitude de M. et de M<sup>me</sup> d'Argental, ces deux *anges* de Voltaire ; elle grandit à l'ombre de leurs *ailes,* sous ces ailes où le patriarche de Ferney abrita si souvent ses projets, ses espérances, comme aussi ses haines et ses rancunes. Sophie n'y devait

inspirée par Adrienne Lecouvreur et le porta à de telles extravagances, que sa famille résolut de l'éloigner, en l'envoyant à Saint-Domingue ; mais la célèbre comédienne fit preuve alors d'une abnégation peu commune ; elle adressa à M<sup>me</sup> de Ferriol une lettre par laquelle elle s'engageait à ne plus écrire à son fils, à ne plus le voir, à la condition qu'il ne partirait point. Le jeune homme resta et elle tint parole. Cette lettre, chef-d'œuvre de délicatesse et de sentiment, se trouve dans les *Lettres de M<sup>me</sup> du Châtelet à d'Argental,* publiées en 1806 par Hochet. La *Correspondance* de Favart, t. I, p. 172, et les *Pièces intéressantes* de La Place, t. II, p. 210, contiennent d'autres lettres de M<sup>lle</sup> Lecouvreur.

abriter que sa grâce, sa candeur et sa beauté.

C'est dire que les avantages extérieurs et les qualités essentielles dont elle était douée se développèrent à l'envi. Rien n'était négligé, du reste, pour atteindre ce but. On ne voulait pas en faire une femme bel esprit (la plaie de tant de ménages où le pauvre mari est effacé); moins encore une précieuse (ce fléau de la conversation) : on s'appliquait simplement à former son jugement, à éclairer sa raison et son cœur, c'est-à-dire à la rendre forte, à la prémunir contre elle-même, contre les écueils, contre les dangers du siècle — et ils étaient grands! — enfin M^{me} d'Argental voulait en faire une personne charmante, instruite, sérieuse, pour pouvoir en faire un jour une épouse estimable. De telle sorte que Voltaire pourra dire plus tard avec vérité à M. d'Argental, en répondant à une lettre que M^{me} Vimeux lui avait écrite au nom de ce dernier : « Je fais mille remercîments à votre aimable secrétaire. Je vois que le caractère de son âme l'emporte encore sur celui de son écriture (1). Je lui demande sa protection auprès de vous (2). »

Sophie avait donc pour tâche journalière d'écrire pendant quelques heures les lettres privées, intimes que M. d'Argental adressait à ses amis, lettres où

(1) L'écriture de M^{me} de Vimeux est remarquable par sa netteté ferme et régulière.

(2) Lettre de Voltaire du 10 octobre 1777.

elle mettait souvent du sien quand elle ne les rédigeait
pas entièrement ; en même temps, son père, M. Gillet, était chargé de la correspondance officielle à entretenir avec la cour étrangère que le comte représentait à Paris. Son travail accompli, la jeune fille se
rendait auprès de M^me d'Argental, à qui elle tenait
compagnie. C'était là sa destination principale et le
plus doux besoin de son cœur. Elle lui faisait la lecture, de la musique, lui montrait ses dessins, ses ru-
bans, ses chiffons ; et, tout en maniant l'aiguille ou le
crochet, discourait avec sa bienfaitrice de la pièce
qu'on avait jouée la veille ou qu'on devait jouer le
soir sur le théâtre de M. d'Argental, et dans laquelle
elle avait un rôle ; puis elles dissertaient sur la mode,
sur leurs projets, sur le dernier sermon de l'orateur
chrétien, sur la morale, sur les essais poétiques de la
jeune fille : car il n'était pas possible que dans le milieu où elle était placée, sous cette chaude et fécon-
dante atmosphère qui l'enveloppait de toutes parts,
elle ne *courtisât* pas aussi quelque peu les *Muses,*
comme on disait alors ; et nous ferons connaître quelques-unes de ses compositions, où se trouvent des sentiments tendres, élevés, délicats, agréablement exprimés. Dès à présent même, nous allons donner un
avant-goût de sa manière, en mettant sous les yeux
du lecteur une fable qu'elle dédia à M. d'Argental à
l'occasion de sa fête : car, dès cette époque, l'apologue

avait ses prédilections particulières; elle s'y exerça de bonne heure, et nous la verrons plus tard, de concert avec Boissy d'Anglas, presser vivement Florian, leur ami commun, de « travailler dans ce genre de littérature », où il devait laisser un nom si honnête, si pur, si cher à tous les âges, le seul nom qui brille d'un vif éclat à côté de celui de La Fontaine.

### A MONSIEUR D'ARGENTAL

Le jour de sa fête.

#### FABLE

L'Esprit, la Vérité, les Vertus, le Talent,
Tous quatre voyageaient un jour de compagnie.
En quels lieux ils allaient, ce point n'est important.
Mais le ciel était noir, et les vents et la pluie
Leur firent rechercher un asile assuré
    Qu'ils trouvèrent tout préparé.
Dans ton cœur, d'Argental, les Vertus se placèrent,
L'Esprit et le Talent dans ta tête logèrent,
    La Vérité sur tes lèvres resta ;
    Et chacun si bien se trouva
    De cette nouvelle demeure,
    Que jamais il ne la quitta ;
Et maintenant encore on les trouve à toute heure.

Un nœud solide de mutuelle confiance et de vive tendresse s'était insensiblement établi entre M^me d'Argental et Sophie. M^me d'Argental n'avait point d'enfants, et la jeune fille lui en tenait lieu ; de même, cette dernière, qui, jeune encore, avait perdu sa mère, la retrouvait dans sa généreuse bienfaitrice.

Les années s'écoulaient ainsi, riantes et légères pour nos deux amies, auxquelles il semblait — tant l'habitude du bonheur est douce à contracter et pénible à rompre ! — qu'il devait toujours en être de la sorte ; mais Sophie atteignait ses dix-huit ans, et, loin d'avoir pour elle un de ces attachements égoïstes qui nous font trop souvent sacrifier à nos convenances particulières les intérêts des personnes que nous aimons, M<sup>me</sup> d'Argental, songeait à fixer l'avenir de sa fille adoptive. Cependant, comme s'il fallait que de petits calculs humains vinssent toujours altérer les résolutions, les actions les plus pures, tout en ayant la ferme volonté de doter sa fille, de la marier, de l'établir en bon lieu, M<sup>me</sup> d'Argental, qui vieillissait, qui s'était fait une « accointance », dirait Montaigne, de la société de Sophie, trouvait que cette société était désormais nécessaire, indispensable à son repos, et l'idée d'une séparation l'effrayait, l'attristait, lui serrait le cœur au point de la rendre malade ; dès lors, elle hésitait, elle ajournait sans cesse, elle remettait à un autre temps l'établissement de sa fille d'adoption.

Un matin cependant, elle se leva forte, radieuse, le cœur épanoui ; elle crut avoir trouvé un compromis entre le bonheur qu'elle voulait absolument assurer à Sophie et son propre bonheur à elle-même ; et cet expédient, ce *mezzo termine,* consistait simplement à marier la jeune fille sans se séparer d'elle.

M^me d'Argental n'eut pas besoin de se mettre long-temps en quête. Elle n'eut que l'embarras du choix ; car Sophie avait plus d'un adorateur qui soupirait dans l'ombre. M^me d'Argental le savait. Sa jalouse tendresse, à défaut de la sagacité ordinaire à son sexe en pareille matière, l'en aurait avertie. Parmi ces soupirants, la plupart habitués assidus de son salon, se trouvait un jeune et brillant officier des gardes suisses, attaché au comte d'Artois. Depuis longtemps ce jeune homme se faisait remarquer par son esprit, sa bonne tenue et sa douceur, non moins que par ses empressements auprès de Sophie, qui paraissait n'y être pas insensible. Il n'en fallut pas davantage à M^me d'Argental pour bâtir sur cette donnée tout un petit roman, qui devait aboutir à un mariage. Douce-ment interrogée sur l'état de son cœur, Sophie avoua en effet, non sans quelque trouble, mais sans rougeur, sans affecter ces airs effarouchés, ces pudeurs timorées qui souvent ne prouvent rien ; elle avoua simplement à sa bienfaitrice que, si elle était mise en demeure de choisir un époux, ce jeune homme aurait ses préfé-rences.

C'est ainsi que vers l'année 1767, elle devint l'é-pouse de René-Charles de Vimeux, qui consentit volontiers à accepter, dans l'hôtel de M. Argen-tal, la table et le couvert pour lui et pour sa jeune femme (1). On leur meubla avec élégance un charmant petit pavillon ouvrant de plain-pied sur un riant jardin qui entourait l'hôtel, où Sophie pourrait aller et venir à toute heure de la journée. Rien n'était donc changé dans leur position respective, non plus que dans la maison ; il y avait seulement un fils de plus ; car les nobles hôtes ne tardèrent pas à comprendre M. de Vimeux dans la vive affection qu'ils portaient à sa femme.

Le mariage ouvrit naturellement à celle-ci une existence nouvelle, suivie de nouveaux devoirs ; mais elle n'oublia jamais les engagements que sa gratitude avait contractés envers ses bienfaiteurs, auprès desquels elle se rendait aussitôt que les soins qu'elle devait à son mari et à son intérieur le lui permettaient. Bientôt même elle se trouva chargée à peu près seule de faire les honneurs du salon, en raison de la santé chancelante de M^me d'Argental, que l'âge et les infirmités affaiblissaient de plus en plus. C'est alors que M^me de Vimeux se montra avec tous les dons aimables qu'elle avait reçus de la nature, et qu'avait si bien perfectionnés le monde élégant et choisi où elle avait vécu.

M^me de Tencin était morte depuis plusieurs années,

___

(1) Cet hôtel était situé sur le quai d'Orsay, vers l'emplacement occupé aujourd'hui par le Conseil d'Etat.

et beaucoup des personnages célèbres qui fréquentaient son salon étaient venus s'ajouter à ceux que recevait son neveu ; les autres s'étaient donnés à M^me Geoffrin, qui, selon le mot piquant de la défunte, « recueillait ainsi quelque chose de son inventaire ».

Or, jusqu'au moment où nous sommes arrivés, le salon de M. d'Argental avait tenu le milieu entre le salon un peu bourgeois de M^me Geoffrin, alors en pleine vogue, et ce que devait être un peu plus tard celui de M^me Necker, auquel on a reproché quelque sécheresse, de la roideur (1).

L'idéal de ces sortes d'assemblées, si brillantes, si fréquentées au xviii^e siècle, est resté à celles de M^me de Tencin, suivant le témoignage de la plupart des contemporains ; et, bien que M^me de Vimeux n'y eût point assisté, M^me de Tencin étant morte en 1749, elle en devinait l'économie ; elle en savait toutes les finesses, tous les ressorts, et cela par intuition, par pur instinct de nature. Elle s'attacha donc à donner autour d'elle plus de marge à la liberté, à l'abandon, sans rien ôter à la bienséance, à une juste retenue, et chacune de ses

---

(1) M^me de Staël, faisant allusion aux habitués du salon de sa mère (Thomas, Buffon, d'Holbach, etc.), a écrit ceci : « On se tromperait fort si l'on croyait que la conversation de ces hommes supérieurs fût un plaisir sans mélange. Bien loin de là ; il fallait en acheter la jouissance par un travail continuel, par une tension d'esprit non interrompue, etc. » *(Notice sur M. Necker*, par M^me de Staël, p. 29 et suiv.)

réceptions devint une fête aimable et recherchée. Douce, avenante, d'une simplicité digne et naturelle, elle avait ce genre d'esprit qui consiste à en faire trouver aux autres, le véritable esprit de la conversation.

A partir de ce moment, M^me de Vimeux prit véritablement dans la société le rang qui lui appartenait par droit de conquête, sinon par droit de naissance. D'une main douce et ferme à la fois, elle saisit le sceptre du charmant petit royaume qu'on lui donnait à gouverner, et chacun de ses sujets se soumit d'autant plus volontiers à son autorité qu'elle l'exerçait avec une dignité souriante, c'est-à-dire tempérée par la grâce. On le sait, M^me de Vimeux n'était point un bel esprit; elle était mieux que cela : c'était un bon esprit. C'est dire qu'elle était pourvue d'un sens droit et d'une exacte raison, chose trop rare parmi les femmes... mais peut-être Dieu a-t-il trouvé que l'homme était assez leur esclave comme cela, sans leur donner encore cet avantage, qui en eût fait des êtres accomplis; et il est écrit que la perfection n'est pas de ce monde.

Dans les papiers de famille qu'on a bien voulu nous communiquer, nous trouvons un « portrait de M^me de Vimeux », portrait écrit à la plume comme on en faisait de ses amis dans la société polie et littéraire des XVII et XVIII^e siècles. Bien que nous ne considérions pas ce genre d'esquisse morale et psychologique comme un calque toujours exact et ressemblant —

car la complaisance s'y trouve fort souvent mêlée à la vérité — nous donnons celle-ci, qui peut du moins faire connaître M^me de Vimeux à de certains points de vue non encore envisagés jusqu'ici.

Voici ce portrait de M^me de Vimeux, dont nous ignorons l'auteur et qui est de l'écriture de l'époque :

« Sophie a reçu de la nature une grande âme, un bon cœur, un caractère vif et faible, un esprit simple, juste et agréable. On doit être flatté de lui plaire, heureux d'en être aimé, fier d'en être estimé. Le bien et le mal la frappent avec une égale vivacité; mais il n'en est pas pour elle des manifestations de l'esprit comme des actions. Le sublime du génie ne lui inspire pas le même enthousiasme que celui de la vertu, parce que son esprit a moins de chaleur que son âme. Elle se croit beaucoup de raison parce qu'elle a beaucoup de discernement, Elle n'oublie qu'un petit article important, qui est la modération. Il lui faudrait sentir moins pour juger mieux.

« Dans la position où l'a placée le sort, le nombre de ses amis est restreint; mais son amitié gagne en intensité ce qu'elle perd en étendue. L'abaissement la laisserait insensible, parce que son amour-propre est dans son cœur. Peu lui importe de paraître ce qu'elle est à d'autres qu'à ses amis. Le courage de Sophie brave tous les dangers personnels. C'est dans ses amis qu'elle souffre, qu'elle craint, qu'elle jouit

Son instinct précède toujours son jugement. Elle a une raison de sentiment qui vaut mieux qu'une raison de calcul. C'est pour elle un vrai besoin de soigner, de consoler, d'être utile. Il lui est nécessaire de vivre pour les autres. Enfin, elle est de telle nature que son égoïsme est d'aimer. »

En supposant que quelques-unes des qualités attribuées à M^me de Vimeux dans ce portrait aient été légèrement surfaites, on admettra sans peine, en prenant les choses au plus bas, qu'elle avait ce qu'il fallait pour faire face aux devoirs de l'amitié la plus délicate et à ceux de la plus tendre maternité. Devenue mère en 1768, elle montra, en effet, tout ce que son cœur renfermait de dévouement et d'ardent amour pour l'enfant qu'elle mit au monde, et qui, baptisé sous les prénoms de Charles-Antoine, fut élevé, comme elle l'avait été elle-même, dans la famille de M. d'Argental. Cinq ans après, elle donna le jour à un second fils, qui fut nommé Baptiste-Antoine ; mais il mourut en bas âge, et nous n'aurons à parler que de Charles, qui, à divers titres, mérite de n'être pas oublié.

Mais nous arrivons à une phase cruelle de la vie de M. d'Argental, à une de ces époques néfastes que les anciens marquaient d'une pierre noire — *nigro notanda lapillo* — et qui laissent trop souvent après elles les ruines de nos espérances et de notre bonheur.

L'année 1774 fut cette date douloureuse pour le comte, qui, en quelques mois, vit périr autour de lui d'abord trois de ses meilleurs amis, puis sa femme et son frère Pont-de-Veyle.

Nous connaissons M^{me} d'Argental, que nous avons suivie jusqu'ici autant que le comportait l'économie de notre étude ; mais il n'en est pas de même de son beau-frère, que nous n'avons fait qu'entrevoir en passant et qui est digne d'être présenté au lecteur. Nous insisterons quelque peu sur ce personnage, notre intention étant d'ailleurs de mettre en relief, et en manière d'encadrement au tableau, les traits des principaux membres de la famille d'Argental, ce qui ne nous paraît pas avoir été fait suffisamment jusqu'à ce jour.

## III

Plus âgé de trois ans que son frère, Pont-de-Veyle (1), à qui le théâtre doit un assez grand nombre de pièces ingénieuses, entre autres *le Complaisant*

---

(1) Né en 1697, il mourut le 3 septembre 1774. Dans un acte notarié, rédigé peu après son décès, il est qualifié : Messire Antoine de Ferriol, chevalier, comte de Pont-de-Veyle, ancien chevalier de la cour des monnaies de Paris, intendant général honoraire des classes de la marine, et ancien lecteur de la chambre de Sa Majesté.

et *le Fat puni,* qui furent joués avec succès à la Comédie française, est certainement une des physionomies les plus piquantes, les plus originales de son temps, où il y eut tant d'originaux. Après avoir été élevé chez les jésuites, où il n'avait montré qu'une aptitude, qu'un genre de talent : celui de composer des chansons et des parades, il acheta une charge de conseiller au parlement de Paris, charge qu'il échangea bientôt contre celle de lecteur du roi, et voici à quelle occasion. S'étant rendu un jour chez le procureur général pour conférer d'affaires sérieuses, ce magistrat le fit prier d'attendre un moment dans une pièce voisine de son cabinet. Pont-de-Veyle, qui avait en tête autre chose que sa conférence, se mit à répéter devant une glace une danse chinoise qu'il avait vu exécuter la veille à l'Opéra, en l'accompagnant de tous les gestes et des grimaces que comportait ce tableau chorégraphique. Il était dans la chaleur de l'action lorsque le procureur général parut, et le conseiller sylphide fut tellement honteux d'avoir été surpris dans une attitude légère et si peu conforme à son état, qu'il vendit sa charge, n'osant plus reparaître au milieu de ses graves confrères du parlement (1).

(1) *Annales dramatiques,* t. VII, p. 443, et *Anecdotes dramatiques,* t. III, p. 405.

Et pourtant, le croira-t-on? il était lui-même d'une humeur naturellement grave; son extérieur était froid, réservé; il avait des accès de mélancolie noire, d'abattement morne et silencieux; et l'excentricité de son caractère consistait précisément dans la facilité avec laquelle il passait de cet état de sombre tristesse aux éclats de la plus folle gaieté. A l'imitation de sa vieille amie, M<sup>me</sup> du Deffand, il était travaillé, sourdement poursuivi par l' « ennui », ce dissolvant des petites âmes, ce ver rongeur des caractères avortés et sans ressort; et cependant l'un et l'autre étaient des esprits distingués, des intelligences d'élite qui auraient dû trouver en eux-mêmes des ressources suffisantes, des armes pour combattre cet ennemi de leur repos. Mais le « doute » — autre maladie du XVIII<sup>e</sup> siècle — les envahissait tous les deux, leur avait gagné la tête et gâté le cœur, comme tend à le prouver l'entretien qui s'établit un jour entre eux et qui a été raconté par Grimm.

« Qu'on se représente, dit l'ingénieux critique, la marquise du Deffand aveugle, assise au fond de son cabinet, dans ce fauteuil qui ressemble au tonneau de Diogène, et son vieux ami Pont-de-Veyle couché dans une bergère près de la cheminée. C'est le lieu de la scène. Voici un de leurs derniers entretiens : « Pont-« de-Veyle? — Madame? — Où êtes-vous ? — Au « coin de votre cheminée. — Couché les pieds sur les

« chenets, comme on est chez ses amis? — Oui, ma-
« dame. — Il faut convenir, Pont-de-Veyle, qu'il est
« peu de liaisons aussi anciennes que la nôtre. — Cela
« est vrai. — Il y a cinquante ans. — Oui, cinquante
« ans passés. — Et dans ce long intervalle aucun
« nuage entre nous, pas même l'apparence d'une
« brouillerie. — C'est ce que j'ai toujours admiré,
« madame. — Mais, Pont-de-Veyle, cela ne viendrait-
« il point de ce qu'au fond nous avons toujours été
« fort indifférents l'un à l'autre? — Cela se pourrait
« bien, madame (1). »

On raconte une autre anecdote moins connue, mais
non moins plaisante. Une dame, étant allée voir
M^me du Deffand pendant que Pont-de-Veyle était à
l'agonie, fut fort étonnée que cette dernière ne pût lui
donner des nouvelles de son ami de cinquante ans.
M^me du Deffand sonna aussitôt sa femme de chambre. « Eh bien, mademoiselle, comment va-t-il? —
Je n'en sais rien, madame. — Comment! vous n'en
savez rien! Il faut y aller tout de suite! » La femme
de chambre part et revient bientôt en disant : « Il
va fort bien, madame. — Ah! tant mieux! — Il était
couché sur un canapé et m'a reconnue. — Bon! —
Oui, madame, sitôt qu'il m'a aperçue, il a remué les
oreilles. — Comment! qu'est-ce que vous me dites

---

(1) *Correspondance littéraire* de Grimm, août 1778.

là ? — Mais, madame, ne m'avez-vous pas envoyée savoir des nouvelles de Médor ? »

Ainsi, ajoute le narrateur, cette femme de chambre, qui apparemment connaissait bien sa maîtresse, ne la supposait occupée que de son chien malade, lors même que son ami était mourant (1).

Du reste, on prétend que, le jour même de sa mort, elle alla souper en grande compagnie chez M^me de Marchais, où on lui demanda des nouvelles de son vieil ami. « Hélas ! dit-elle, il est mort ce soir, à six heures. Sans cela vous ne me verriez pas ici. »

Revenons. Pont-de-Veyle avait donc des accès d'humeur noire, des heures de sécheresse et de dégoût, et tandis que M^me du Deffand cherchait partout, sans pouvoir en trouver, des préservatifs, des « parapets », comme elle disait, contre l'ennui qui la dévorait elle-même, Pont-de-Veyle, lui, en trouvait, non d'une manière durable, mais passagère et alternative du moins, dans les chansons et parodies qu'il composait et chantait ensuite en les *jouant*, en les *mimant* avec une habileté qui eût fait honneur à un comédien de profession. Horace Walpole parle d'une ces parodies faite sur le *Daphnis et Chloé*

_______

(1) *Répertoire de littérature ancienne et moderne*, t. XXII. p. 261.

du Régent, et qui était fort indécente; « mais il est si vieux, ajoute-t-il, et il la chante si bien, qu'on lui permet de la faire entendre dans toutes sortes de compagnies. » Au surplus, le nombre de ses compositions en ce genre est inimaginable. Il les adaptait à des airs de danse et en faisait sur tous les sujets (1). « Ah! l'inconcevable Pont-de-Veyle! s'écrie le président Hénault dans sa lettre du 5 avril 1753 à M^me du Deffand. Il vient de donner une parade chez M. le duc d'Orléans : cette scène que vous connaissez, *le Vendeur d'orviétan*. Au lieu de Forcalquier, c'était le petit Cauffin qui faisait Gilles, et Pont-de-Veyle a distribué au moins deux cents boîtes avec un couplet pour tout le monde. » Sans doute en forme de compliments, car il excellait à les tourner; mais il les faisait souvent à double entente, c'est-à-dire aiguisés en épigrammes, où le trait malin était finement enveloppé et placé ordinairement à la fin : *in cauda venenum*. Et, qu'on ne s'y trompe pas, le véritable esprit de la société du XVIII^e siècle consiste bien plus encore dans son côté frivole que dans son côté rénovateur; les poésies légères de Voltaire et les petits vers musqués de Dorat, les romans voluptueux de Crébillon fils et les dessins des Lancret et des Boucher en constituent les traits principaux; les spécula-

(1) *Anecdotes dramatiques*, t. III, p. 404.

tions et combinaisons des philosophes et des écono-
mistes ne viennent qu'après.

Etroitement lié avec le comte de Maurepas, Pont-
de-Veyle avait été nommé par lui, en 1740, intendant
des classes de la marine, emploi qu'il occupa jusqu'en 1749. A cette époque, il fut enveloppé dans la
disgrâce qu'encourut le ministre par suite du fameux
quatrain dirigé contre M^me de Pompadour, et que
beaucoup de personnes ont attribué à Pont-de-Veyle,
qui, à cette occasion, fut à la veille d'être exilé lui-
même (1). On lui a également attribué les jolis couplets qui ont aussi la favorite pour point de mire et
qui commencent ainsi :

> Une petite bourgeoise,
>  Elevée à la grivoise,
> Mesurant tout à sa toise,
> Fait de la cour un taudis.
> Le roi, malgré son scrupule,
> Pour elle froidement brûle.
> Cette flamme ridicule
> Excite dans tout Paris, ris, ris, ris (2).

(1) *Mémoires* de Bachaumont, édition de M. Ravenel, t. V, p. 395.
— *Mémoires* de d'Argenson, édition de M. Rathery, t. V,
pp. 452, 456. — *Vie privée de Louis XV*, t. II, p. 303, où se
trouve le quatrain en question.

(2) *Correspondance* de M^me du Deffand, édition de M. de Lescure, t. II, p. 408. Dans ce même volume, p. 768, est placé un
portrait de Pont-de-Veyle esquissé par M^me du Deffand. Nous y
renvoyons le lecteur, qui verra que, malgré tout ce qu'on a pu

Du reste, il ne se « souciait de rien que de s'étourdir et de s'amuser », fait remarquer le président Hénault, qui l'a bien connu, « et c'est pour cela, continue-t-il, qu'il est si attaché au prince ». Il s'agit ici du prince de Conti, qui emmenait souvent Pont-de-Veyle à l'Isle-Adam et l'y retenait des semaines entières, plongé dans les plaisirs aussi variés que peu choisis dont cette petite cour donnait alors l'exemple. Quoi qu'il en soit, au milieu de cette vie mêlée de dissipation et de littérature légère, les honneurs académiques vinrent trouver Pont-de-Veyle, à qui, si l'on en croit l'avocat Barbier (t. VII, p. 196), messieurs les immortels firent proposer d'être des leurs. Mais il refusa, prétendant que cette dignité ne lui était offerte qu'en considération de son oncle, le cardinal de Tencin, et qu'elle devait être donnée au mérite et non à la faveur. Dans cette circonstance, Pont-de-Veyle a parlé et agi en vrai philosophe ; mais il a donné à la docte Académie une leçon dont elle n'a guère profité.

Il n'est pas hors de propos de constater, au reste, que Voltaire faisait grand cas du sens critique de Pont-de-Veyle, qu'il appelait le « coadjuteur de

dire de l'égoïsme des attachements de la célèbre aveugle, elle a su rendre justice à quelques uns de ses amis, surtout à Pont-de-Veyle, qu'elle présente comme un homme « estimable par son esprit, par ses talents, par ses vertus et par l'extrême bonté de son cœur ».

M. d'Argental dans le pénible emploi de son ange
gardien » (lettre du 10 mai 1738). Ailleurs il le remercie des conseils qu'il lui a donnés à l'occasion de sa
comédie de *l'Enfant prodigue*. « Vous raccommodez
tout et très vite et très bien, lui écrit-il le 19 octobre 1736, et vous servez vos amis de toutes façons, et
vous leur faites des vers, et vous leur coupez des scènes,
et les pièces sont jouées, et la police et les sifflets ont
un pied de nez, et, malgré les mauvais plaisants, on
réussit. » Bref, Pont-de-Veyle faisait partie du conseil
littéraire que Voltaire chargeait d'examiner ses ouvrages, et qu'il appelait *le triumvirat*.

Pont-de-Veyle mourut à la suite d'une maladie de
langueur (1). Il avait un grand travers, qui dut avancer le terme de sa carrière. « Il ne voulait ni vieillir ni
être malade, » a écrit M^me du Deffand, qui ajoute :
« Il a tous les goûts de la jeunesse. Les spectacles,
les grands soupers sont nécessaires à son bonheur.
Dès qu'il a du relâche (dans sa fièvre, dans sa toux),
il abandonne le coin de mon feu pour l'Opéra-Comique, et ma soupe et mon poulet pour aller souper

---

(1) Pont-de-Veyle laissa une bibliothèque riche et curieuse en
pièces de théâtre. Formée avec les débris des bibliothèques de
Saint-Ange, de Crozat et de M^me de Pompadour, elle fut continuée
par M^me de Montesson et passa à M. de Soleinne. En 1774, on en
publia le catalogue en deux parties in-8°, et en 1847 le bibliophile
Jacob en publia un nouveau chez Techener dans le même format.

ailleurs. Il mène la vie d'un homme de trente ans.
C'est, à tout prendre, mon meilleur ami. Il y a cin-
quante-trois ans que nous nous connaissons... Il a
l'esprit raisonnable et juge les hommes tels qu'ils sont.
Il vit uniquement pour lui, et c'est peut-être ce qui le
rend plus sociable, parce qu'il ne fait dépendre son
bonheur de qui que ce soit ; il n'exige rien de personne et ne s'assujettit à aucune contrainte. C'est
l'homme qui me convient le mieux, et je serais très
fâchée de le perdre. »

Au surplus, il faut bien le dire, la mauvaise santé
de Pont-de-Veyle semble avoir causé à M$^{me}$ du Deffand plus d'inquiétudes et sa mort plus de regrets que
ne le feraient supposer les anecdotes qu'on a débitées
sur son compte et dont nous venons de nous faire
l'écho tout à l'heure. Comme notre premier devoir est
l'impartialité, nous trouvons juste de placer toutes les
pièces du procès sous les yeux du lecteur, en l'enga-
geant à se reporter à certaines pages de la *Correspondance* de M$^{me}$ du Deffand ; il y trouvera le fort et le
faible de la question, le *pour* et le *contre,* et il sera,
dès lors, en mesure de porter un jugement en parfaite
connaissance de cause (1).

Trois mois s'étaient à peine écoulés depuis la mort

(1) Ces pages sont les suivantes : 137, 175, 191, 212, 215, 318,
417, 427, 429, 450, 476, 663, t. II, édition de M. de Lescure.

de Pont-de-Veyle, qu'un nouveau coup — plus cruel
encore que le premier — vint frapper au cœur
M. d'Argental. Sa femme mourut. Voltaire lui écrivit,
à cette occasion, une lettre pleine de cette éloquence
émue et vibrante qu'il savait si bien trouver quand son
esprit malin faisait relâche pour laisser libre carrière
à la sensibilité de son cœur. Nous détacherons un frag-
ment de cette lettre, qui est du 23 décembre 1774 :

La mort vous a donc tout enlevé, frère, femme,
amis (1). Je vous vois presque seul ; je ne suis pas fait assurément pour remplir ce vide effroyable. Je partirais
sur-le-champ si j'avais la force de me traîner. Que je
volerais vite vers vous ! Que je partagerais tous vos sentiments ! Je ne voudrais exister dans un coin de Paris
que pour être uniquement à vos ordres. Mon cher ange,
vous êtes malheureux par votre cœur. Votre douleur
même porte avec elle la plus flatteuse des consolations,
le secret témoignage de ne souffrir que parce que vous
avez une belle âme. Pour moi, je souffre de la tête aux
pieds dans mon pauvre corps, et mon esprit est à la tor-
ture par ma situation, par le combat continuel entre le
désir de venir me jeter entre vos bras et l'impuissance
actuelle de m'y rendre.

Dans l'impossibilité momentanée où il est d'aller
auprès de son ami, Voltaire n'oublie pas de lui rap-

---

1. Les trois amis intimes que, dans un court intervalle, M. d'Argental avait perdus étaient M. de Chauvelin, M. de Croismarc et
M. de Felino, ancien ministre à Parme.

peler, dans une autre lettre, que des consolations lui
sont offertes autour de lui par les soins tendres et
délicats dont l'entourent M^{me} de Vimeux et sa famille.
« Portez-vous bien, mon cher ange, lui écrit-il; jouissez de l'agrément de vivre au milieu d'une famille qui
vous chérit ; jouissez de vos amis, de votre considération, de tous les fruits de votre sagesse, et n'oubliez
pas votre vieux malade de Ferney. »

Ceci nous ramène naturellement vers M^{me} de Vimeux.


## IV


Après avoir donné un libre cours à la douleur que
lui causa la mort de sa bienfaitrice, M^{me} de Vimeux
comprit que ce triste événement lui imposait une
tâche nouvelle, agrandissait le cercle de ses devoirs.

Elle se trouvait en face d'un vieillard qu'elle avait
entouré jusque-là des sentiments d'une pieuse gratitude et d'un respect filial; désormais ces sentiments
allaient être insuffisants; elle doit ses soins, son appui, les consolations d'une amie à ce second père,
qui lui est devenu plus cher encore depuis que le vide
s'est fait autour de lui. Il lui faudra tout voir, tout
régler dans la maison, y assurer le bon ordre et l'économie, sans négliger les réceptions au salon, où con-

tinuent de venir les amis de M. d'Argental, à qui cette société est plus que jamais nécessaire.

Cette tâche est noble et belle, et elle saura l'accomplir; mais les débuts en ont été pénibles; sa santé, déjà altérée par les fatigues subies pendant la dernière maladie de M^me d'Argental, trahit son courage. Elle tombe malade et, comme si ce n'était pas assez de cette nouvelle épreuve, son fils aîné, Charles, est atteint, en même temps, d'une affection grave. Le caractère de cette maladie et les soins particuliers qu'elle exigeait décidèrent les médecins à faire transporter Charles dans une autre pièce que celle où sa mère gémissait, alitée. Cette séparation fut si cruelle pour M^me de Vimeux, l'inquiétude, l'anxiété qu'elle en ressentit la saisirent si violemment qu'un moment on craignit pour ses jours.

Enfin la fièvre céda, ses forces revinrent peu à peu et sa pensée revolait sans cesse vers son fils, toujours malade à l'écart, et qu'elle ne pouvait encore ni voir ni embrasser. Pour tromper sa douloureuse impatience, elle s'entretenait de lui, elle lui adressait des lettres, des épîtres, des encouragements en prose et en vers, que son mari écrivait sous sa dictée et qu'elle mit au net après sa guérison, les déposant dans un petit cahier coquettement attaché avec un ruban rose. Voici une de ces épîtres :

## A MON FILS

Tu souffres au troisième étage,
Je languis au premier. Le destin nous poursuit.
D'un plus intime nœud sa rigueur nous unit :
Etant plus malheureux, on s'aime davantage,
    Ton cœur est occupé de moi,
    Le mien pense toujours à toi.
Mais bientôt la santé va rendre à ta jeunesse
Les précieux bienfaits qu'elle accorde aux humains.
Son charme, son bonheur, ses plaisirs, son ivresse
Doivent t'appartenir ; et cette enchanteresse
Fait sur ton horizon briller des jours sereins.
Le printemps, au front gai, va, par son énergie,
Redonner à ton âme une seconde vie.
La mienne à son déclin marche rapidement.
Par le temps, par les maux je la trouve engourdie.
Je sens qu'elle n'est plus qu'une esquisse affaiblie,
    Sans vigueur et sans mouvement.
Charles, de nos destins comprends la différence.
Tout renaît pour tes sens et tout meurt pour les miens.
    Nos facultés et nos moyens
    N'ont plus aucune ressemblance ;
Il en est un encor que j'ose réclamer,
Que je veux conserver même à ma dernière heure :
C'est celui d'espérer que je pourrai t'aimer
    Jusque dans la sombre demeure.

Ce goût de M^me de Vimeux pour les vers devait se raviver et grandir encore au contact du véritable et charmant poète qui va entrer en scène. Nous sommes en effet à l'année 1777, époque à laquelle Florian se présenta chez M. d'Argental. Il avait alors

vingt-deux ans. A quinze ans, il avait été admis parmi
les pages du duc de Penthièvre, puis présenté à Voltaire par le marquis de Florian, son oncle, et partout
il avait su plaire, partout sa gaieté vive et franche, sa
grâce naturelle lui avaient concilié les suffrages, aussi
bien à la petite cour d'Anet qu'au château de Ferney,
où le seigneur du lieu lui avait donné le mignard sobriquet de *Florianet*. A tous ces titres, le comte
d'Argental ne pouvait l'accueillir qu'avec faveur ; il
vit surtout en lui l'élève, l'enfant gâté de son vieil ami
le philosophe, qui avait poussé la complaisance pour
son cher *Florianet* jusqu'à l'aider en secret à faire
ses thèmes et à les donner ensuite comme étant du jeune
espiègle au père Adam, son précepteur, qui s'étonnait
de les trouver excellents.

Florian n'avait encore rien publié, ce qui ne veut
pas dire qu'il n'eût rien composé. Il avait en portefeuille tout un arsenal poétique : madrigaux, épigrammes, épîtres, etc., menues bluettes qu'on débite à voix
basse, en petit comité, à la dérobée, et par lesquelles dé-
butent d'ordinaire ceux qu'a touchés l'étincelle sacrée et
qui cherchent leur voie. Il avait fait surtout des comé-
dies, plusieurs de ces arlequinades ingénieuses qui suffiraient pour lui assurer un nom, tant il sut rendre intéressant et pathétique, tant il sut rajeunir ce genre de
littérature passé de mode. Il prenait souvent un rôle
dans ces petits tableaux d'intérieur et jouait très agréa-

blement son personnage ; de telle sorte que par ce côté encore il gagna les bonnes grâces de M. d'Argental, qui, comme on l'a vu, ne tarda pas à faire représenter sur son théâtre les pièces de son jeune ami. « C'était chez le comte d'Argental, rapporte M. Lacretelle, que le chevalier de Florian jouait le plus souvent la comédie de société. Il avait été facile à un élève de Voltaire d'obtenir l'amitié d'un vieillard qui vivait pour aimer, pour obliger et pour défendre son illustre ami (1). »

Il va sans dire que M^me de Vimeux accueillit elle-même le jeune survenant avec sympathie. Leurs goûts communs pour le théâtre et pour la poésie les rapprochaient naturellement et établirent promptement entre eux des rapports de confiance et d'amitié. Florian conçut, dès ce moment, pour M^me de Vimeux une estime vive et profonde (comme tous ceux, du reste, qui la voyaient dans l'intimité, tels que Boissy d'Anglas et Rabaut Saint-Etienne, auxquels nous reviendrons) ; il avait pu apprécier en elle la modestie charmante, l'instruction solide et variée de la jeune femme, et surtout la sensibilité pénétrante et dévouée de la mère et de l'épouse ; si bien que nous sommes tenté de croire que, de même qu'il avait peint le duc de Penthièvre

_____

(1) *Eloge de Florian*, placé en tête de ses œuvres, édition Briant, t. I, p. 73.

dans *le Bon Père,* de même, sous les traits de *la Bonne Mère,* il a voulu représenter M^me de Vimeux. Nous allons plus loin : nous pensons que dans ce but il a également composé *le Bon Ménage,* où la jeune épouse, absolument comme M^me de Vimeux, a une bienfaitrice qui l'a élevée et dotée, deux jeunes fils qu'elle adore et un mari qui la rend heureuse. Toujours est-il qu'à chaque représentation de ces deux pièces sur le théâtre de M. d'Argental, M^me de Vimeux remplissait le rôle de Mathurine dans la première et celui d'Argentine dans la seconde.

Ce fut du reste, grâce à Florian, comme une révolution dramatique et littéraire qui s'opéra à l'hôtel du quai d'Orsay ; une nouvelle activité y fut donnée aux réunions, aux répétitions, aux lectures; espèces de luttes courtoises, très fréquentes à cette époque, où chaque auteur en renom apportait à la compagnie les primeurs de ses travaux favoris, ceux qui'il avait caressés avec le plus d'amour et sur lesquels il fondait les plus riantes espérances.

> L'écrivain à la mode, entre un double flambeau,
> Et son verre, et son sucre, et sa carafe d'eau,
>   Dans son fauteuil cherchant une posture
>     Et tenant en main son rouleau,
>     Vient de son chef-d'œuvre nouveau
>   Aux assistants proposer la lecture (1).
> . . . . . . . . . . . . . . . . .

(1) Delille, poème de *la Conversation,* chant I^er, p. 61, édition Michaud, 1812.

Et la lecture commençait ; on y prenait intérêt ; on applaudissait, on s'extasiait, on exprimait des réserves ; puis arrivait un autre lecteur, qui captivait également l'attention de son auditoire ; chacun était content des autres et de lui-même ; chaque lecteur se montrait ravi de la composition communiquée par son voisin, mais plus ravi encore de la sienne propre, et il se disait volontiers *in petto,* comme certain oiseau que fait parler La Fontaine :

> . . . Mes petits sont mignons,
> Beaux, bien faits et jolis sur tous leurs compagnons ;
> Vous les reconnaîtrez sans peine à cette marque.

N'importe ! on avait la foi alors, la foi littéraire, que nous avons perdue comme tant d'autres croyances, hélas ! plus nécessaires à notre bonheur. On se passionnait, on prenait parti pour ou contre les ouvrages d'esprit ; on en parlait partout et à toute heure ; on en raisonnait, on en déraisonnait même ; mais c'était là du moins le mouvement, la vie, et c'est ainsi que s'écoulaient les jours et les mois pour la société de M. d'Argental, qui semblait avoir réalisé chez lui un des rêves de Voltaire, quand il parle à son ami Cideville de ce « petit paradis » où il eût voulu vivre au milieu de gens de lettres s'aimant entre eux, cultivant l'art sans jalousie, s'éclairant mutuellement, etc. (1),

(1) Lettre du 29 mai 1732.

espèce de terre promise où Voltaire n'a jamais mis le pied, tant il était atteint lui-même de cette jalousie dont il voulait affranchir les autres et de cet orgueil littéraire qui l'a rendu parfois si intolérant, si injuste.

Néanmoins il se montra toujours reconnaissant envers ses amis. Ainsi qu'en pareil cas il avait souvent remercié M^me d'Argental, ainsi il remerciait maintenant M^me de Vimeux de ses conseils et même des modifications qu'elle faisait subir à ses pièces de théâtre. « Je remercie de loin votre très aimable secrétaire, qui a bien voulu raccommoder les langes de mon dernier enfant, » écrit-il à M. d'Argental, le 6 décembre 1777. Ainsi M^me de Vimeux avait pris et tenait glorieusement la place de sa bienfaitrice dans le *conseil littéraire* auquel Voltaire soumettait la plupart de ses travaux.

Mais nous touchons encore à une date sensible dans la vie de M. d'Argental. Son illustre ami, bien que toujours malade à Ferney, se trouva assez de force pour entreprendre le voyage de Paris, où il voulut assister à la première représentation de sa tragédie d'*Irène,* qui devait, selon lui, ajouter un nouveau fleuron à sa couronne dramatique — février 1778. — Il descendit dans le voisinage de M. d'Argental (au coin de la rue de Beaune et du quai portant aujourd'hui son nom), et logea chez le marquis de Villette, qui ne le laissait pas voir à tout le monde; ce qui fit

qu'un malin, éconduit, lui décocha l'épigramme suivante :

> Petit Villette, c'est en vain
> Que vous prétendez à la gloire ;
> Vous ne serez jamais qu'un nain
> Qui montre un géant à la foire (1).

Mais qui ne connaît ce dernier épisode de l'existence de Voltaire? On sait avec quel enthousiasme
fut saluée sa présence au Théâtre-Français et l'a-
pothéose qui s'en suivit; mais à la place du triomphe
éclatant qu'il espérait pour sa tragédie, elle n'obtint
qu'un succès d'estime, espèce de chute déguisée qu'il
ignora toujours, grâce à des amis complaisants qui
changèrent même la défaite en victoire; et ils eurent
raison de respecter la suprême illusion du grand
homme, qui avait assez fait dans l'intérêt de sa gloire
pour qu'il eût le droit de croire qu'en mourant il s'endormait dans son dernier rayon. Il succomba quelques semaines après — 3o mai — et cet événement
fit dire à Collé un mot qui nous semble plus éloquent,
plus concluant surtout que beaucoup des éloges et

(1) Villette (Charles, marquis de), né en 1736, mort en 1793.
Marié à M^lle de Varicourt, nièce adoptive de Voltaire, qui l'avait
surnommée « Belle et Bonne ». Le marquis s'occupait de littérature, et ses œuvres (prose et vers) ont été publiées en 1786, in-8°.
L'irrégularité de ses mœurs lui avait fait une réputation fâcheuse,
à laquelle Voltaire voulut, mais en vain, en opposer une autre en
l'appelant le « Tibulle français ».

panégyriques en prose et en vers qui remplirent alors le monde. « Nous voilà en république ! » s'était écrié le spirituel chansonnier en apprenant la mort de celui qui avait tenu si longtemps en France, et même en Europe, le sceptre de la littérature et de la philosophie.

Si jamais les cinq mots fatidiques qui, par une nuit sombre, retentirent mélancoliquement à l'oreille du navigateur Thamas eurent une application, ce fut certainement à cette époque où mourut Voltaire, cet autre *grand Pan* des temps modernes, expirant au seuil d'une révolution qui devait tout changer, tout détruire, inaugurer un monde nouveau.

Mais ce n'est pas précisément à ce point de vue qu'on envisagea d'abord la mort de Voltaire. L'amour des lettres, le culte de l'art occupaient alors les esprits plus peut-être encore que la politique, dont l'ère brûlante, ouverte jusque-là seulement aux idées, ne devait être livrée aux faits que quelques années plus tard. Sous ce rapport, l'avenir était réservé, et, pour le moment, on ne voyait dans Voltaire que l'écrivain incomparable, le penseur ingénieux et profond, l'homme de génie enfin. Aussi tous les cercles littéraires, tous les corps savants portèrent le deuil de sa perte, et la société de M. d'Argental y fut sensible plus encore que toute autre assemblée (1). M^{me} de

(1) Voici en quels termes M^{me} du Deffand, au « dernier » paragraphe d'une de ses lettres, et comme se ravisant (31 mai 1778),

Vimeux dut veiller à ce que l'affliction profonde qu'en éprouva M. d'Argental n'eût pas de suites funestes pour sa santé ; et, dans ce but, elle redoubla d'efforts et de soins ingénieux pour le distraire : soupers, lectures, spectacles, divertissements de toute sorte se succédèrent sans relâche. A l'imitation de la cérémonie analogue qui avait eu lieu à la Comédie française, elle composa une petite pièce en forme d'apothéose, dans laquelle Voltaire, apparaissant du fond de l'Elysée, venait remercier M. d'Argental de son fidèle et long dévouement et couronner une amitié presque sans exemple (1). Cette scène, jouée de temps en temps sous les yeux du vieillard, le pénétrait d'un doux et légitime orgueil, non moins que d'une joie attendrie : car il pressentait bien que lui-même il ne mourrait pas tout entier. En effet, comme un reflet de la gloire de son ami devait rejaillir jusqu'à lui, et

mande à Walpole la mort de Voltaire : « Vraiment, j'oubliais un fait important : c'est que Voltaire est mort; on ne sait ni l'heure ni le jour; il y en a qui disent que ce fut hier, d'autres avant-hier... Il est mort d'un excès d'opium qu'il a pris pour calmer les douleurs de sa strangurie, et j'ajouterais d'un excès de gloire, qui a trop secoué sa faible machine. » Il n'était pas possible à une femme qui se disait l'amie de Voltaire et qui avait correspondu longtemps avec lui, d'annoncer la mort du grand homme avec plus de détachement et de sécheresse. Décidément, M^me du Deffand n'a rien fait pour prévenir la réputation qui lui est généralement infligée.

(1) Leurs relations remontaient à l'année 1707, c'est-à-dire à soixante et onze ans.

son nom se trouve mêlé désormais au souvenir de l'immortel défunt. Voici un quatrain peu connu que Florian lui adressa en lui envoyant une plume dont Voltaire s'était longtemps servi :

> Elle acquit à son maître une immortelle vie;
> Elle fut la terreur du sot et du méchant;
> Elle éclaira son siècle, elle punit l'envie,
>   Peignit l'amour et t'écrivit souvent.

Nous l'avons dit, M^me de Vimeux n'était pas une femme bel esprit dans le sens précieux et étroit du mot, moins encore un bas bleu. Si parfois elle versifiait ou écrivait en prose, c'était sans prétention, sans chercher à briller, ne regardant ce genre de travail que comme un jeu de société, un amusement, un exercice salutaire pour l'esprit et le cœur ; et quand on lui demandait quelques-unes de ses compositions pour les insérer dans *le Mercure* ou dans d'autres recueils littéraires, elle répondait avec modestie qu'elle voulait rester ignorée, et que les femmes ne devaient point livrer leur nom au public. Contrairement à ce qui se produit presque toujours parmi les personnes de son sexe, chez elle la sensibilité ajoutait à la raison, et le naturel à l'esprit. Mots heureux, paroles aimables, elle trouvait tout et ne cherchait rien.

Du reste, son exactitude, son empressement religieux à accomplir ses devoirs de famille égalaient son dévouement pour M. d'Argental, qui, voulant récompenser de son vivant le père et la fille, leur donna par acte notarié et comme témoignage de satisfaction particulière, savoir : à M. Gillet, « son secrétaire depuis trente-quatre ans, 995 livres de rente perpétuelle sur les aydes et gabelles », plus 1,000 livres de rente viagère, et à M^me de Vimeux 1,000 livres de rente en propriété (1).

Peu de temps après, M^me de Vimeux perdit son mari, dont elle avait eu deux fils; le plus jeune mourut étant en bas âge; l'aîné avait grandi et donnait les plus brillantes espérances. Né aux doux sons de la lyre et des doctes jeux d'Apollon (style de l'époque), il ne pouvait manquer d'y prendre goût, et mentir à sa destinée. Il rima donc de bonne heure, comme c'était son devoir; mais tout ce qu'il faisait, tout ce qu'il écrivait, il le rapportait à sa

(1) L'acte porte textuellement : « Voulant prouver aussi à demoiselle Marie-Sophie Gillet, épouse du sieur René-Charles de Vimeux, ancien officier des Suisses de la garde de M^gr le comte d'Artois, qui a été élevée et mariée en la maison de mon dit sieur comte d'Argental, qui y demeure encore et qui y a donné et donne les soins qui dépendent d'elle, le contentement que mon dit sieur comte d'Argental en a, et l'espoir où il est qu'elle les continuera à l'avenir, donne par donation entre vifs et irrévocable, etc. » Le donateur y est qualifié : Messire Charles-Augustin de Ferriol d'Argental, chevalier de Saint-Martin de l'île de Ré, ministre plénipotentiaire de l'infant duc de Parme et de Guastalla auprès de Sa Majesté, demeurant à Paris, quai d'Orsay, faubourg Saint-Germain, paroisse Saint-Sulpice. »

mère, le consacrait à sa personne. Par exemple, le docteur Thouvenel le guérit d'une dangereuse maladie, vite il lui envoie ce quatrain :

> Lorsque ta main, par un effort de l'art,
>     Recula mon heure dernière,
>     Tu crus peut-être par hasard
> Ne sauver que moi seul... Oubliais-tu ma mère?

Une autre fois, c'est à sa mère qu'il s'adresse, après une conversation où l'on avait, devant lui, maltraité les femmes :

> Je ne jugerai pas le sexe féminin :
> Je suis trop jeune encore, et ne le connais guère.
>     A le louer je serais trop enclin
>     Si j'en jugeais d'après ma mère.

Pour le jour de sa fête, il lui envoie une estampe représentant des Canadiens pleurant au tombeau de leur fils, et il accompagne ce cadeau des vers suivants :

>     Aucun tableau n'est pour toi précieux
> S'il n'offre la tendresse et l'amour maternelle.
>     Pour moi, j'en suis peu curieux,
> Car j'en ai devant moi le plus parfait modèle.

Enfin, c'est comme un souffle pur et frais de tendresse et d'amour, comme un hymne de piété filiale que la plupart des poésies de ce jeune homme, et nous en avons donné un échantillon moins assurément pour leur mérite littéraire que pour les nobles instincts qu'elles révèlent.

## V

Le salon de M. d'Argental, comme tous les autres cercles analogues, subissait, depuis quelque temps, une crise, un trouble profond, par suite des événements qui se passaient au dehors. En d'autres termes, on sortait successivement des régions calmes et sereines de la littérature pour entrer dans celles des orages politiques. L'affaire du *collier* en avait été comme l'éclair précurseur. Bientôt lui succédèrent la crise financière, le déficit, la résistance des parlements et l'assemblée des notables. On était arrivé à une époque de libre examen, où dominait l'esprit de système. Des idées d'émancipation fermentaient au fond des âmes, et cette société insouciante, qui s'était oubliée au doux bruit des madrigaux et des chansons, était en train de secouer les anciennes institutions et de pousser à l'éclosion d'un nouvel ordre de choses. Le premier effet de cet état des esprits fut de condamner les Muses au silence, en rendant à peu près impossible le culte des lettres et des arts. Beaucoup de salons se fermèrent, et ce fut désormais dans les cafés, au foyer des théâtres et sur les places publiques que se fit sentir la vie intellectuelle de tout un peuple, qui chantait autre chose que les roses, les tourterelles et l'amour.

Les années s'accumulaient sur la tête de M. d'Argental, dont la santé, déjà affaiblie par l'âge (quatre-vingt-huit ans), s'altérait de plus en plus au contact des événements dont nous avons parlé et des préoccupations qui marchaient à leur suite. Il mourut le 5 janvier 1788, dans son hôtel du quai d'Orsay, et, chose singulière, M. Gillet le suivit dans la tombe cinq jours après; de telle sorte qu'un double deuil atteignit coup sur coup M$^{me}$ de Vimeux, qui perdit à la fois son bienfaiteur et son père.

Parmi les amis que laissait M. d'Argental se trouvaient deux jeunes hommes du plus brillant mérite, habitués de son salon, étroitement unis entre eux, et qui devaient jouer dans la Révolution un rôle également important. L'un était Boissy d'Anglas (1), qui a eu la rare fortune d'échapper à tous les périls après s'être exposé à toutes les colères; l'autre, Rabaut Saint-Etienne, cet allié des Girondins, qui les suivit dans leurs généreuses tentatives et partagea leur triste fin (2).

(1) Boissy d'Anglas (Fr.-Ant. de), né à Saint-Jean-Chambre (Vivarais), en 1756, mort en 1826. Célèbre comme conventionnel, publiciste et homme d'Etat, moins connu comme écrivain, bien qu'il ait cultivé les lettres avec distinction et publié, tant en prose qu'en vers, un assez grand nombre de compositions qui lui valurent les honneurs de l'Institut.

(2) Rabaut Saint-Etienne (Paul), né à Nîmes en 1743; pasteur protestant, conventionnel; périt sur l'échafaud en 1793 avec les

Absents momentanément de Paris lors de la mort de M. d'Argental — Boissy d'Anglas était allé dans le Vivarais et Rabaut Sant-Etienne à Nîmes — les deux amis avaient emporté dans leur cœur une vive et profonde sympathie pour M^{me} de Vimeux. Ils pensaient à elle dans leur province, et, l'ayant priée de leur écrire, une corrrespondance s'établit entre eux. Les lettres qu'elle leur envoya nous manquent malheureusement ; mais nous avons quelques-unes de celles qu'ils lui adressèrent et qui, à certains égards, la peignent dans le vif de sa nature : c'est comme le dernier coup de pinceau donné à son portrait. A ce titre, il importe de les placer sous les yeux du lecteur, qui trouvera peut-être qu'elles méritent aussi son attention sous d'autres rapports (1).

Voici la première de ces lettres, qui sont inédites ; elle est de Boissy d'Anglas, qui, lorsqu'il l'écrivit, ignorait la mort de M. d'Argental, survenue trois jours auparavant. Tout entier à ses goûts favoris, il leur donne carrière ; il demande à son aimable cor-

Girondins. Sa femme, en apprenant sa mort par un crieur public, se suicida. On a de lui : *Précis de l'histoire de la Révolution française, Lettres à Bailly sur la Grèce.* Selon Grimm, ce dernier ouvrage est plein de savantes recherches et de développements heureux. Janvier 1787.

(1) Ces lettres autographes appartiennent à M. Rattier, qui a bien voulu enrichir notre collection de l'une d'elles, gracieuseté dont nous n'avions pas besoin pour nous rappeler son souvenir.

respondante des nouvelles littéraires; il l'entretient
du Lycée où elle allait entendre La Harpe, d'une va-
cance qui va s'ouvrir à l'Académie, etc.; et partout
se trouve, çà et là, sous sa plume, un nom cher à
son cœur, celui de Florian, son ami. Sans cesse il y
revient :

Annonay, en Vivarais, 8 janvier 1788.

Madame,

Je vous dois beaucoup de remercîments pour l'honorable souvenir que vous voulez bien me conserver et dont
votre lettre m'a donné une marque bien précieuse. J'ai
reçu de vos nouvelles avec un grand plaisir. Il n'y a que
les lettres des personnes qui se ressouviennent encore de
moi qui puissent me faire supporter mon exil, car je suis
réellement exilé, au milieu des neiges et des montagnes;
et il y a une sorte de générosité à ne pas m'abandonner
dans mon infortune. C'est d'autant plus beau de votre
part, madame, que vous êtes entourée de toutes les distractions qui font oublier ceux qu'on ne voit pas. Indépendamment des occupations de l'esprit qui viennent en
foule se présenter au vôtre, vous avez des soins à donner
aux personnes que vous aimez, et, quand tout cela est
fait, il reste bien peu de temps pour ceux qui vivent à
15o lieues de vous.

J'ai reçu *Estelle,* et je l'ai relue avec grand plaisir.
C'est un ouvrage charmant, plein de délicatesse, de grâce
et de naïveté, et dont le succès ne me paraît pas douteux.
J'en ai félicité d'avance notre ami. J'aime beaucoup mieux
*Estelle* que *Galatée,* et je suis persuadé que ce sera l'avis
général. Les vers d'*Estelle* suffiraient pour faire la réputa-

tion d'un poète, et je suis fâché de ne pas savoir chanter
pour apprendre toutes ces romances aux bergers de mon
voisinage, qui sont dignes de les répéter. L'épilogue d'Isi-
dore m'a fait pleurer. Il ne faut pas le dire à l'auteur, s'il
vous plaît, madame ; car je dois toujours soutenir que tout
y est forcé. J'ai lu le discours d'Adélaïde à son amant pendant son sommeil à plusieurs femmes de beaucoup d'esprit ; je les ai prévenues que l'auteur l'avait laissé sub-
sister malgré moi, et qu'il fallait bien se garder d'en être
touché; mais il a fait le plus grand effet : tout le monde
a versé des larmes, et j'ai été forcé d'en verser aussi pour
ne pas avoir la réputation d'un homme insensible. J'ai
pourtant protesté contre tous ces pleurs qui ne signifient rien, et ma « remarque subsiste », comme dit Dacier.

Je vous remercie, madame, de la jolie fable que vous
avez bien voulu m'envoyer. Si vous pouviez en « voler »
quelques autres, vous me feriez grand plaisir de me les
confier. Vous savez combien j'aime les fables de ce « fa-
blier-là ». Ce sera, j'ose le dire, un de ses titres de gloire
les moins contestés.

Où en êtes-vous au Lycée? Avez-vous fini d'expliquer
*la Henriade?* Etes-vous toujours bien contents? M. de
Florian m'écrit qu'il est un des plus assidus auditeurs, et
qu'il est « charmé » de tout ce qu'il entend. M. de La
Harpe, qui m'écrit quelquefois, ne me dit rien de ses succès, et il faut que je les apprenne d'ailleurs. Je suis bien
fâché de n'en être pas le témoin et de n'assister qu'en esprit à ses belles leçons.

Vous allez donc avoir une place vacante à l'Académie,
s'il est vrai, comme on le dit, que M. le cardinal de Luynes soit à la fin de sa vie. Sera-t-elle pour M. de Florian,

pour M. Vicq-d'Azir ou pour M. Garat (1)? Quand est-ce que M. d'Aguesseau fait son remercîment? Pardonnez-moi, madame, toutes ces questions; les gens de province sont interrogants, témoin le bailli du Huron (2), et, quand on ne sait rien de ce qui se passe, on est empressé de le demander.

Je vous prie, madame, de vouloir bien présenter mes respects à M. le comte d'Argental, à M. le commandeur de Buffevent (3) et à tout le reste de la maison. J'embrasse bien tendrement M. Charles (4), à qui je souhaite toujours de grands succès, et je vous prie d'agréer, etc.

Boissy d'Anglas.

Informé du décès de M. d'Argental, Rabaut Saint-Etienne écrivit à M<sup>me</sup> de Vimeux la lettre suivante :

Ce 8 janvier 1788.

Le journal de Paris m'annonce aujourd'hui la fatale nouvelle, et je vous écris, madame, pour vous envoyer

---

(1) C'est Florian qui y fut nommé, comme on le verra plus loin. D'Aguesseau venait d'être nommé lui-même à l'Académie en remplacement du marquis Paulmy d'Argenson.

(2) Le bailli à qui il est fait allusion est ce personnage plaisant, grand questionneur, que Voltaire a introduit dans son roman philosophique de l'*Ingénu*, et le Huron n'est autre que l'Ingénu lui-même.

(3) Ce personnage, qui, n'étant alors que chevalier de Malte, avait visité, en 1772, Voltaire à Ferney, était probablement le frère de la marraine du comte d'Argental, dame Louise de Buffevent, épouse de messire Antoine de Tencin, président à mortier au parlement de Grenoble, ancien premier président du sénat de Chambéry. Extrait de baptême du comte d'Argental, du 21 décembre 1700 (paroisse Saint-Eustache).

(4) Le fils de M<sup>me</sup> de Vimeux.

tous mes regrets. C'est à vous que doivent s'adresser toutes les personnes qui ont eu le bonheur de connaître ce respectable vieillard. Ceux qui l'entouraient avaient au moins joui de sa société; s'il leur en reste de longs regrets, il leur en restera de longs souvenirs; mais l'affliction qui vient de me saisir est d'une tristesse toute particulière. J'avais été comblé de ses bontés, mais c'étaient des bontés mourantes, et, en goûtant le plaisir de le connaître, je n'appuyais point sur une jouissance troublée par la crainte de la voir bientôt finir. Je le perds avec d'autant plus de regret que j'avais osé me livrer à la douceur de le posséder. Je me fais un devoir de ne penser qu'à votre douleur particulière, madame; car, quoique vous fussiez préparée à un pareil événement, je sais trop qu'on a peine à y croire, même lorsqu'on y est arrivé. Puissiez-vous trouver dans votre sensibilité même des motifs de consolation, et porter sur un fils aimable et chéri ces divers attachements séparés que le temps rompt les uns après les autres et qui nous rendent plus précieux les nœuds qui nous lient aux personnes survivantes.

Permettez, madame, que je dépose ici mon compliment pour M. le commandeur, pour M. de Pusigueulx, pour vous tous qui preniez plaisir à embellir les jours de l'excellent homme que vous pleurez. Laissez-moi mêler mon affliction à toutes les vôtres, et que cette triste douceur que vous m'accorderez soit ma première consolation.

Rabaut de Saint-Etienne.

Quelques jours se sont écoulés, Boissy d'Anglas a pu apprendre dans ses montagnes la mort du vieil ami de Voltaire, et il s'empresse de ressaisir la

plume pour exprimer à son amie la part qu'il prend
à ses chagrins :

Annonay, 16 janvier 1788.

J'ai eu l'honneur de répondre, il y a quelques jours, à
la lettre que vous m'avez fait la grâce de m'écrire il y a
un mois. J'ignorais alors la mort de M. le comte d'Argental. Je vous dois, madame, un compliment de con-
doléance, et je m'acquitte avec douleur de ce triste devoir. L'âge de M. d'Argental annonçait assez que vous
ne tarderiez pas à le perdre; mais son existence, qui avait
été longtemps prolongée par vos soins, pouvait l'être
encore, et vous étiez accoutumée à le voir vivre au delà
du terme ordinaire. Je partage votre douleur, madame.
Il est cruel de voir détruire son ouvrage, et la vie de
M. d'Argental était le vôtre. J'ai vu combien vous l'ai-
miez; vous lui étiez attachée non-seulement par la reconnaissance, mais encore par le bien quevous lui faisiez.
Le souvenir de tout le bonheur dont vous avez embelli
ses dernières années vous demeure quand vous l'avez
perdu, et c'est une bien douce consolation pour une âme
aussi sensible que la vôtre. Je m'honorerai toujours d'a-
voir été connu d'un homme aussi respectable, et sa mémoire me sera toujours précieuse.

Je m'estimerais bien heureux, madame, si vous vouliez bien continuer de m'honorer de votre bienveillance,
et je n'épargnerai rien pour me la concilier de plus en
plus. Je vous prie d'être persuadée de tout le prix que j'y
attache. J'espère que vous voudrez bien me permettre,
lors de mon retour à Paris, de vous offrir de nouveau
l'assurance de mon respectueux attachement.

Boissy d'Anglas.

Trois mois se sont écoulés depuis que M. d'Argental a terminé sa carrière, et, tout en respectant la légitime douleur que M^{me} de Vimeux éprouve encore au souvenir de son bienfaiteur, les deux amis, dans les dernières lettres que nous allons transcrire, cherchent à la distraire, à la rappeler à des idées moins tristes, en lui parlant de ses goûts d'autrefois, de ses succès de salon, de ce charme pénétrant qu'elle répandait autour d'elle, et sur eux en particulier. C'est Rabaut Saint-Etienne qui commence :

Nîmes, 3 avril 1788.

Me voici dans ma patrie, madame, mais sans être absent de Paris, et le cœur plein du souvenir de vos bontés. Après le tumulte des premiers moments, mon esprit plus calme revient sur les longues et durables impressions qu'il a éprouvées, et il n'en est point de plus agréables que celles qu'ont faites chez moi les charmes de votre société, ni qui doivent me laisser de plus vifs regrets. Il faut bien que cette magie influe encore sur moi dans mon exil, et que je vive de mes souvenirs, de mes espérances, de vos consolations et de tout ce que vous me permettrez, madame, de confiance aux sentiments que vous avez daigné me témoigner. On abandonne d'ordinaire cette pitié aux infortunés, et on souffre qu'ils jouissent d'illusions au défaut des réalités qu'ils n'ont que trop savourées. Nous sommes convenus avec M. de Boissy qu'il fallait regretter Paris, ses murs, ses rues, son atmosphère et tout ce qui est Paris, jusqu'à ses brouillards et ses boues, mais que partout on regretterait une maison comme la vôtre, et qu'il fallait toujours en revenir à vous, au quai d'Orsay, et à tout ce qui remplit un hôtel d'où nous avons emporté tant de douces impressions.

J'ai vu ce bon ami (Boissy d'Anglas) à Saint-Vallier, où il vint m'attendre et où nous passâmes quelques heures ensemble, c'est-à-dire qnelques moments, et où nous fîmes le roman d'un rendez-vous dans votre appartement, quand vous serez débarrassée des ouvriers. Daignez me faire revivre dans le souvenir de M. Charles et de M. l'abbé. Souffrez que je descende chez M. le commandeur, dont les bontés sont toujours présentes à ma mémoire (s'il n'y est pas, je me ferai écrire), ainsi que chez M. le comte.

Je suis à Paris en ce moment par la toute-puissance de mon imagination ; je me rappelle Romainville, Sceaux, le bois de Boulogne, nos petits voyages sur la Seine, la riante vue de Saint-Cloud et toutes ces belles choses qu'embellissaient encore la confiance et la liberté ; car les plus admirables objets le sont moins par euxmêmes que par les yeux qui les regardent, et les plus agréables campagnes sont des horreurs et des solitudes aux regards des affligés. Il entre beaucoup, madame, dans mes désirs et bien moins dans mes espérances, que vous daigniez me donner de vos nouvelles. Je crains que, au milieu du désordre occasionné par les ouvriers, votre encrier ne soit plein de poussière et que votre plume ne soit égarée. Mais quelques lignes de M. l'abbé Arnaud me seraient une consolation ; je saurais alors l'état de votre santé et si M. Charles se porte bien, s'il grandit sous vos yeux, et si la mère et le fils sont toujours fous l'un de l'autre ; j'apprendrais aussi comment se porte

M. le commandeur. Il y aurait au bout de tout cela deux ou trois lignes de « nouvelles », et vous sentez bien, madame, qu'il y aurait un peu de dureté à me refuser. Je me mets à vos pieds avec tous les sentiments de la reconnaissance, etc.

Rabaut de Saint-Etienne.

La lettre suivante de Boissy d'Anglas est particulièrement intéressante, en ce qu'elle concerne la réception de Florian à l'Académie française, réception qui eut lieu le 14 mai 1788, et à laquelle assistèrent le duc de Penthièvre, la duchesse d'Orléans et ses enfants, ainsi que la princesse de Lamballe :

Annonay, 22 juin 1788.

Madame,

Vous auriez pu m'écrire en me parlant de la séance où M. de Florian a été reçu : « Pends-toi !... Tu n'y étais pas ! » Mais je ne mérite pas même que vous me disiez de me pendre. J'ai des torts si réels envers vous, que je ne sais comment m'y prendre pour les réparer. Je crois même que si je ne connaissais toute votre indulgente bonté, je n'oserais plus vous écrire, après avoir gardé vis-à-vis de vous un silence si malhonnête. Il n'y a que M. de Florian qui puisse vous engager à vous ressouvenir de moi, et je lui ai écrit pour lui demander ses bons offices auprès de vous.

Nous avons eu, madame, vous et moi, une satisfaction réciproque, et les succès de notre ami nous ont sûrement fait autant de plaisir à l'un qu'à l'autre ; mais vous avez eu par-dessus moi l'avantage d'en être témoin. J'ai été

bien content de son discours. Je ne lui croyais pas autant de talent pour la louange (1). Je crois que tout le
monde doit avoir été aussi content que moi. Je suis fort
aise qu'il ait lu des fables, et surtout que ces fables aient
réussi. C'est un commencement de succès dans un genre
nouveau pour lui, et dans lequel vous savez bien, madame, que nous l'avons fort pressé de travailler.

J'ai été fort aise du succès de l'*Epitre* de M. La Harpe.
C'est un de ses bons ouvrages que cette épître-là, et l'un
de ceux où son talent pour la poésie se fait le mieux
sentir. Je suis sûr qu'on a fort applaudi l'épisode de Ba-
jazet.

Vous allez sans doute toujours au Lycée. Où en est-
on, madame, à présent? Voltaire a-t-il été coulé à fond?
Est-ce Crébillon dont on discute le talent? Je me flatte
que M. de La Harpe aura dit, sur cet homme si loué,
des vérités hardies et nouvelles. Il y avait une belle justice à faire, et je ne doute pas qu'il ne l'ait faite.

Etes-vous parlementaire, madame, ou bien royaliste?
J'ai bien du regret de ne pouvoir pas disputer avec vous,
et vous verrez qu'à mon retour tout sera calme et que
tout le monde sera d'accord. Il ne nous restera que les
pièces nouvelles, et en vérité c'est bien peu (2).

----

(1) Ces éloges étaient adressés au duc de Penthièvre, son bienfaiteur, et aux princes et princesses dont il était entouré. Dans sa
*Correspondance littéraire* (juin 1788), Grimm rend compte de cette
brillante séance académique.

(2) Ici Boissy d'Anglas ne fait pas preuve d'un grand « flair »
politique. On aurait pu lui dire ce que le duc de Liancourt répondit à Louis XVI, qui qualifiait de *révolte* l'état de surexcitation des
esprits : « Non, Sire, ce n'est pas une révolte, mais une *révolution.* »

Je n'imaginais pas, en partant de Paris, faire une absence aussi longue. J'ai trouvé par malheur beaucoup d'affaires en souffrance, et de plus je suis bien aise, avant de quitter ce pays-ci, de m'arranger pour n'être pas obligé d'y revenir sitôt. Tout cela prend du temps, et l'on trouve que le temps coule bien lentement quand on est privé du bonheur de vous voir, et qu'on est accoutumé à jouir des charmes de votre société. J'espère d'être à Paris avant la fin de l'été. Permettez-moi, madame, de vous demander la continuation de votre amitié et de vous offrir l'assurance de mon très respectueux dévouement.

Boissy d'Anglas.

*P.-S.* — Faites-moi la grâce, madame, de faire mes empressés compliments à M. l'abbé Arnaud et à M. Charles, à qui je souhaite tous les prix de l'Université.


VI


Au mois d'août de l'année suivante (1789), nous trouvons M<sup>me</sup> de Vimeux visitant la Suisse, accompagnée de son fils et de deux domestiques. Elle voyageait en poste dans un cabriolet lui appartenant, et elle louait des chevaux aux relais échelonnés sur la route. Puis elle se rendit aux glaciers et à Chamouny. Là elle recueillit, écrits sur les murs de l'auberge où elle était descendue, des vers qui lui parurent mériter les honneurs de la transcription sur son petit calepin de

voyage, où nous les copions en raison de leur originalité, et qui sont probablement l'œuvre d'un voya-
geur humoriste, peut-être d'un mari malheureux :

> J'étais amant. Pour refroidir ma flamme,
> Je visitai les glaciers hauts et bas.
> Je fus époux. Sans chercher les frimas,
> Je les trouvai près de ma femme.

Grâce à l'itinéraire qu'elle a tracé de ce voyage,
nous la suivons à Lausanne, à Genève, puis à Chambéry, où elle prend deux chevaux d'attelage et un de
selle pour se rendre à Grenoble. Elle y arriva le 20 du
mois d'août, et elle en repartit le lendemain pour aller à Lyon, où elle séjourna jusqu'au 29 septembre
de la même année, époque à laquelle elle rentra à
Paris.

La capitale était alors en proie à la plus vive agitation, en pleine crise révolutionnaire. Le groupe d'amis
que nous avons suivi jusqu'ici et dont M^me de Vimeux
était comme le chef et la pensée dirigeante, va se dis-
perser petit à petit. La mort prendra les uns, la politique ou l'exil prendra les autres. Mais, avant de se
séparer, avant de se dire le suprême adieu, un dernier souffle poétique sortira de ce même groupe d'amis
s'aimant d'une façon si touchante, si étroitement unis
de cœur et d'esprit, et c'est M^me de Vimeux qui fera
entendre cette espèce de chant du cygne, à l'occasion
d'une tante malade que Florian venait, disait-on,

d'arracher à la mort, en l'entourant de ses plus tendres soins, de ses plus vives sollicitudes. Et l'on va voir que, malgré les clameurs et les passions menaçantes de la tribune et de la place publique, malgré ce chaos d'hommes et de choses qui prêtait si peu aux ébats de la Muse effarouchée, M$^{me}$ de Vimeux trouvera, pour chanter son ami, les accents d'une insouciance douce et naïve, un ton de détachement et presque de gaieté qui fait, plus que tout ce qu'on en pourrait dire, l'éloge de la fermeté de son âme et de la sérénité de son esprit.

## A MONSIEUR DE FLORIAN

Poète et médecin, tu veux donc à la fois
   Vaincre la mort et subjuguer l'envie?
Tu veux, tout en chantant Gonzalve et ses exploits,
Rappeler par ton art les mourants à la vie?
Tu joins le quinquina, la casse, l'opium,
   Et la manne, et le laudanum
   A la trompette, au chalumeau champêtre.
Tu vainquis Vicq-d'Azir jadis sur l'Hélicon;
Mais dans la Faculté, comme au sacré vallon,
   Bientôt tu deviendras son maître (1).
On vit dans les combats ensemble et dans cet art
Exceller Machaon que l'*Iliade* vante (2).
   Toi, rival de Gessner ainsi que de Bouvard (3),

(1) Vicq-d'Azir, sur qui Florian l'avait emporté à l'Académie, était médecin, naturaliste, etc.

(2) Machaon était fils d'Esculape et médecin lui-même.

(3) Bouvard et Barthez, célèbres médecins du xviii$^e$ siècle.

> Tu sais vaincre à la fois et Barthez et Cervantes (1).
>     Tu viens de sauver du danger
>     Une parente qui t'est chère.
> De tout temps Esculape a dû te protéger :
> On ne refuse rien à l'ami de son père (2).

Pendant toute la période révolutionnaire et les six années qui la suivirent, nous perdons de vue M^me de Vimeux. Sans doute, au milieu de la tempête qui grondait au dehors, elle chercha à s'effacer, à se faire oublier, comme tant d'autres. Florian était mort à trente-huit ans, à la suite d'un emprisonnement durant lequel les souffrances morales, plus encore que les souffrances physiques, avaient tari en lui les sources de la vie; Rabaut Saint-Etienne avait noblement péri sur l'échafaud, et Boissy d'Anglas, emporté par le tourbillon, faisait tête à l'orage, à force de courage, de talent et de vertu. Durant cette longue crise, disons-nous, M^me de Vimeux échappe à nos recherches; mais en 1802, soit qu'elle fût obligée de s'éloigner de France, soit qu'elle éprouvât le besoin de retremper ses forces éprouvées par tant de secousses, elle passa les monts et voyagea en Italie, accompagnée de son fils et du commandeur de Buffevent.

---

(1) Florian avait fait une traduction du roman de Don Quichotte.

(2) Esculape était fils d'Apollon.

Après être restée quelque temps à Rome, elle voulut aller à Aix-les-Bains, en Savoie, et, à cet effet,
elle passa avec un nommé Pietro Bocioni, voiturier,
un traité écrit par elle, et dont les clauses et conditions témoignent de sa bonne tête. On y voit combien elle était femme d'ordre et de prévoyance. Du
reste, elle se trouvait en présence d'un de ces auto-
médons italiens dont la bonhomie cauteleuse et sour-
noise est passée en proverbe. Aussi tout est prévu
dans ce traité. Elle le lie étroitement, sans trop
s'engager elle-même. Moyennant 40 louis, elle aura
une voiture à quatre places, « attelée de trois bons
chevaux », pour la conduire, avec son fils, le commandeur de Buffevent et son valet de chambre, au
lieu de destination. Le voiturier prend, en outre, à sa
charge la dépense de « la dînée et de la couchée »
qu'ils feront dans les hôtelieries le long de la route,
comme aussi les frais de passage des rivières et des
montagnes ; plus, la location des mulets nécessaires
aux quatre voyageurs pour traverser le mont Cenis. Ces
derniers auront le droit de s'arrêter deux jours à
Florence, quatre jours à Parme, un jour franc à
Turin, etc., pour visiter les monuments et curiosités
de chacune de ces villes. Bref, M^me de Vimeux entend que ce soit là un voyage d'agrément, une sorte
d'exploration artistique et pittoresque ; elle veut en savourer toutes les douceurs, et ne pas laisser à un

conducteur à gages, toujours pressé d'arriver à destination, le choix des haltes, non plus que celui de l'itinéraire; elle veut, en un mot, contempler à son aise et faire contempler à ses compagnons de route, sans hâte et sans fatigue, ce beau ciel bleu, ces campagnes splendides, ces cités coquettes ou opulentes qu'ils vont voir sans doute pour la dernière fois.

Enfin cette riante excursion eut un terme, et M^{me} de Vimeux revint à Paris à une époque que précise exactement cette lettre de bienvenue que lui écrivit Boissy d'Anglas.

Bougival, 14 thermidor an X.

Je vous félicite, madame, de votre heureux retour en France, et je vous prie d'agréer tous mes remercîments pour votre aimable souvenir. J'ai un grand regret de la peine que vous avez prise en allant me chercher à Paris, où je ne suis plus guère, et dans un quartier si éloigné du vôtre. Si vous habitez encore votre paisible Saint-Germain, je serai dans votre voisinage, car j'ai fixé ma résidence tout auprès de la machine de Marly, dans un site agréable et tranquille, et je ne vais à Paris que lorsque mes affaires m'y rappellent impérieusement. Si jamais vous passiez près de ma retraite, nous serions, ma famille et moi, fort aises de vous y recevoir.

Vous savez qu'il y avait deux Pieyre; l'auteur de *l'Ecole des pères* est retourné à Nîmes, il y a quelque temps, et je crois qu'il y est encore; l'autre, qui a été membre de l'Assemblée législative, est devenu préfet d'un département dont j'ai oublié le nom, mais dont Agen est le chef-lieu. C'est dans cette dernière ville qu'il est maintenant, et, si vous lui avez écrit à Nîmes, il n'est pas étonnant qu'il n'ait pas reçu votre lettre. Je suis persuadé qu'il recevra de vos nouvelles avec plaisir. Les personnes qui vous ont connue ne peuvent être indifférentes à ce qui vous touche.

Agréez, madame, etc.

Boissy d'Anglas.

Au dos est écrit : « A madame Vimeux, rue de Miromesnil, faubourg Saint-Honoré, n° 118, à Paris. »

Quatre ans après (mai 1806), grâce encore à Boissy d'Anglas, nous nous retrouvons en présence de M$^{me}$ de Vimeux, à laquelle il envoie, en l'accompagnant de quelques lignes de sa main, un billet pour la réception de l'abbé Maury à l'Académie françiase (1). Mais c'est la dernière fois qu'elle apparaît à nos yeux. Nous ignorons quelles ont été ses dernières années, où et comment elle les a passées, de même que la date précise de sa mort. Sans doute, fidèle jusqu'à la fin à ses propres principes et à cette maxime favorite de son cher Florian que, « pour vivre heureux, il faut vivre caché », elle a dérobé sa vie aux regards du monde et s'est ensevelie dans une douce et studieuse retraite. Toutefois nous avons des raisons de croire qu'elle

(1) L'abbé Maury fut nommé deux fois à l'Académie française : d'abord, en 1784, il y remplaça Le Franc de Pompignan ; puis, en 1806, il y succéda à Target.

est morte sous la Restauration et que son fils ne lui
survécut que de quelques années.

En définitive, par les qualités brillantes de son esprit
et de son cœur, non moins que par la société élégante
et les noms célèbres qu'elle rappelle et représente,
M^{me} de Vimeux nous a paru mériter d'être tirée de
l'obscurité où sa modestie et les circonstances l'ont tenue jusqu'ici, pour lui faire prendre son rang parmi
les femmes aimables et spirituelles dont s'honore le
xviii^e siècle. Nous serions heureux d'avoir réussi à
démontrer qu'elle n'est pas une des moindres fleurs de
cette fraîche et riante couronne qui pare le front de
notre chère France, et qui refleurit sans cesse au
souffle vivifiant de la poésie et de l'amour.

# MADAME GEOFFRIN

## ET SA FILLE

# MADAME GEOFFRIN

## ET SA FILLE

### LA REINE DE L'ORDRE DES LANTURELUS

I

Si l'on veut bien nous suivre, nous allons rentrer par une porte dérobée au cœur même du xviii<sup>e</sup> siècle pour y étudier deux autres femmes aimables, la mère et la fille, types variés de la société de leur temps, et qui nous en feront les honneurs, mais dans un sens absolument opposé, attendu qu'elles représentent chacune un des deux camps rivaux, un des deux partis en lutte à toutes les époques, et surtout à cette période de notre histoire, c'est-à-dire le parti du *mouvement* et celui de la *résistance*. Or, grâce à cette divergence de goûts et de tendances qui ressort entre la mère et la fille, nous côtoierons, chemin faisant, tantôt les anecdotes, les hardiesses, les excentricités du xviii<sup>e</sup> siècle, tantôt les récriminations et les hostilités qu'il a soulevées sur son passage.

Pauvre xviiiᵉ siècle! dirons-nous encore, comme on l'a maudit! comme on en a médit! comme on s'est ingénié à exagérer ses torts, à lui trouver des crimes! Et cependant il a transformé et retrempé une société agonisante; il a donné l'émancipation à des idées grandes et fécondes que l'humanité tout entière réclamait à hauts cris, après les deux règnes néfastes qui avaient pesé sur elle et comprimé l'essor de la justice et de la liberté. Il serait temps de mettre fin au procès qu'on ne cesse d'intenter au xviiiᵉ siècle, et dont les coryphées de l'absolutisme — Chateaubriand et Joseph de Maistre en tête — se sont faits les patrons, ou mieux, les hérauts.

On reproche aux écrivains, aux penseurs de cette époque — aux philosophes, puisqu'il faut les appeler par leur nom — de s'être laissé entraîner, dans leurs vues de réformes, par un esprit étroit d'égoïsme et de coterie; d'avoir manqué de grandeur, de générosité, de véritable philanthropie; en un mot, de s'être mis secrètement au service de leurs passions, de leur orgueil, de leur bien-être personnel, plutôt que de s'être proposé l'intérêt bien entendu des masses. Il serait facile de démontrer que ces hommes si décriés, qu'on signale à l'animadversion des gens amoureux du passé, aux partisans des vieilles doctrines, avaient, pour la plupart, des qualités essentielles, des vertus, et étaient animés surtout d'un ardent amour de leurs semblables. Jamais la bienfaisance, la générosité proprement dite, ne s'est exercée dans une plus large mesure et avec plus d'élan et de suite que parmi les encyclopédistes et leurs adhérents, dont on n'a pas assez mis en lumière les actes de munificence et d'abnégation. Nous avons déjà dit qu'il y aurait un beau et bon livre à faire à ce sujet.

Sans parler des traits d'humanité et de bienfaisance si connus de Voltaire, c'est-à-dire de tout ce qu'il a fait pour les Calas, les Sirven, les la Barre, et pour tant d'autres infortunés qu'il a secourus de sa fortune ou protégés de son crédit, on commencerait par Helvétius et sa femme, ces époux modèles, cités l'un et l'autre, du consentement de tous, pour leur rare générosité. Le baron d'Holbach lui-même y figurerait dans une assez bonne posture, en raison de son parfait désintéressement envers ses amis, à l'un desquels il rendit un jour, spontanément, un signalé service. Viendrait ensuite Diderot avec sa bonté naturelle, expansive, passée en proverbe, abandonnant à son frère et à sa sœur une partie de son patrimoine, ou s'interposant auprès d'un oncle riche et le réconciliant avec un neveu qu'il avait déshérité. D'Alembert, Duclos et Thomas y auraient aussi une place choisie : le premier, pour avoir nourri pendant de longues années

la famille d'un domestique débauché qui avait abandonné sa femme et ses enfants ; le second, pour avoir
laissé à son prédécesseur, sa vie durant et en raison
de son grand âge, le logement et les émoluments qui
lui étaient dévolus à lui, Duclos, en sa qualité de secrétaire de l'Académie française ; le troisième, en refusant de M^me Geoffrin un legs important et pour
avoir résisté à la volonté du duc de Praslin, son protecteur, dont il pouvait perdre l'appui, en s'effaçant
devant la candidature de Marmontel à la même Académie, bien qu'il sût que sa propre nomination y
eût été assurée. Enfin, Montesquieu y figurerait à son
tour avec éclat, par suite de divers faits qui témoignent hautement de la bonté de son cœur, laquelle le
conduisit à payer la rançon d'un père de famille français, retenu en esclavage à Tétouan, et cela sans le
connaître et sans en rien dire à personne, ce bienfait n'ayant été révélé qu'après sa mort, grâce à
une note trouvée dans ses papiers, indiquant qu'une
somme de 7,500 livres avait été employée au rachat
en question.

Quant aux femmes, une assez belle page leur serait
aussi réservée.

M^me Geoffrin, dont l'*humeur donnante,* pour parler son langage, a répandu tant de bienfaits autour
d'elle, y paraîtrait en première ligne. Puis, cette
charmante Aïssé, jetant au feu l'écrit par lequel M. de

Ferriol lui avait légué en mourant une forte somme d'argent, et cela pour ne pas affliger la sœur du donateur, qui, dans son avidité, se lamentait d'avoir à prélever ce legs sur la succession de son frère. Puis, ce serait le tour de M^me d'Epinay et de toutes les bienfaitrices de Jean-Jacques Rousseau, ainsi que d'autres Mécènes en cornettes et en jupons roses qui vinrent en aide à tant d'écrivains célèbres et malheureux.

On voit, par cet aperçu rapide, qui pourrait être prolongé à l'infini, que le xviii^e siècle n'est pas aussi noir qu'on a voulu le dire, et que la plupart de ces prétendus égoïstes, de ces athées supposés, missionnaires ardents des doctrines nouvelles, avaient plus de véritable philanthropie souvent que beaucoup de leurs détracteurs.

Ceci dit, revenons au double objet de la présente étude, c'est-à-dire à ces deux femmes qui défrayeront la promenade rétrospective que nous allons faire à travers le xviii^e siècle. Ces femmes sont M^me Geoffrin et sa fille, la marquise de la Ferté-Imbault. Nous les avons prises à dessein dans la même famille, dans un de ces milieux où les aspirations libérales vivaient côte à côte avec les idées les plus rétrogrades, parce que nous croyons que, de ce contraste, jailliront des enseignements plus saisissants, des exemples plus pittoresques, que d'une situation également correcte et uniforme.

M^me Geoffrin nous représente le type de la bourgeoisie doucement émancipée au point de vue des libertés permises et d'un sage progrès. La douceur, l'indulgence, la bonté, aiguisée d'une rare finesse, formaient le fond de son caractère. M^me de la Ferté-Imbault est la personnification de la grande dame, tantôt dévote, tantôt ambitieuse et mondaine, mais toujours dans le sens aristocratique du mot. La première était l'amie, l'amphitryonne, la bienfaitrice des philosophes; l'autre, leur adversaire, pour ne pas dire leur ennemie. On voit d'ici l'opposition, la dissemblance tranchée des caractères et de la conduite.

La mère et la fille étaient, en effet, aux antipodes l'une de l'autre, de telle sorte que M^me Geoffrin disait de M^me de la Ferté-Imbault : « Quand je regarde ma fille, je suis étonnée comme une poule qui a couvé un œuf de cane. » M^me de la Ferté-Imbault était très gaie, et Maupertuis prétendait que sa gaieté « durerait longtemps, parce qu'elle n'était fondée sur rien ». C'était faire, sans le vouloir peut-être, l'éloge de cette même gaieté, trop naturelle pour être attribuée à autre chose qu'à une heureuse disposition de l'âme. Nous verrons bien.

En attendant, et avant de mettre en présence la mère et la fille, nous allons tâcher d'esquisser leur portrait, en commençant par M^me Geoffrin, qui est trop connue du lecteur pour qu'il soit nécessaire d'insister beaucoup sur cette physionomie si sympathique, si attachante, et qui occupe une si grande place dans l'histoire philosophique et littéraire du xviii<sup>e</sup> siècle.

Née à Paris, en 1699, Marie-Thérèse Rodet fut orpheline dès l'enfance et ne put recevoir qu'une éducation très incomplète; mais, douée d'une grande justesse d'esprit, elle s'exerça de bonne heure à penser et à juger par elle-même. A l'âge de quatorze ans, elle épousa un bourgeois nommé Geoffrin, nature prosaïque, réfractaire aux lettres et aux arts, ne présentant aucun point de contact avec les goûts fins et distingués de sa jeune compagne, et prêtant le flanc à de nombreuses plaisanteries (1). Il semble qu'il était dans la destinée de M<sup>me</sup> Geoffrin de ne rencontrer que des contrastes au sein de sa famille. Toutefois, à défaut du bel esprit, son mari avait eu le bon esprit — et c'est peut-être le meilleur — d'amasser dans le commerce des glaces une grande fortune, dont sa femme sut faire le plus noble emploi. Elle donna des dîners deux fois la semaine, ouvrit chez elle un salon qui, succé-

---

(1) On cite de lui de bonnes histoires. On lui prêta plusieurs fois de suite le même volume d'un ouvrage qu'il trouvait fort intéressant, mais l'auteur lui sembla « se répéter un peu ». « Vous avez été hier à la Comédie, que donnait-on? — Je ne vous le dirai pas, je n'ai pas lu l'affiche. » Il se tenait coi à la table de M<sup>me</sup> Geoffrin, où un étranger, ne le voyant plus aux dîners, demanda à cette dernière ce qu'elle avait fait de ce pauvre homme qui ne disait jamais rien. « C'était mon mari, il est mort », répondit-elle.

dant à celui de M^{me} de Tencin et rivalisant avec le salon de M^{me} du Deffand, devint le rendez-vous des
hommes les plus célèbres dans les lettres et dans les
arts : d'Alembert, Diderot, Mairan, Marmontel, Ray-
nal, Vanloo, Latour, Saint-Lambert, d'Holbach, le
comte de Caylus, M^{lle} de Lespinasse, etc. « Les étrangers illustres auraient cru n'avoir rien vu en France,
disent les *Mémoires secrets,* s'ils ne s'étaient fait présenter à cette virtuose célèbre. » Elle fut l'amie intime
de Stanislas-Auguste, roi de Pologne, qui avait été
traité par elle comme un *fils,* ainsi qu'elle l'appelait,
lorsque, jeune homme, il était venu à Paris sous le
nom de comte de Poniatowski. Elle alla le voir à
Varsovie en 1766, et cette visite, qui dura plusieurs
mois, excita vivement la curiosité publique, non seulement en France, mais encore en Europe, où l'on
avait les yeux fixés sur la voyageuse, qui fut reçue en
outre à la cour de Vienne avec la plus grande distinction (1).

De retour à Paris, elle reprit ses habitudes, ses allures ordinaires, c'est-à-dire qu'elle continua de s'occuper du bonheur de ses amis. M^{me} de Tencin donnait
deux aunes de velours pour étrennes à chacun de ses

---

(1) La *Correspondance inédite du roi Stanislas-Auguste et de
M^{me} Geoffrin* a été publiée par M. Charles de Mouy en 1875, chez
Plon, 1 vol in-8º. C'est un recueil intéressant, accompagné d'une
Introduction savante et ingénieuse.

convives, qu'elle appelait par antiphrase ses *bêtes,* sa *ménagerie.* M^me Geoffrin — soit dit sans jeu de mots — distribuait aux siens des dons d'une étoffe plus solide, tels que contrats de rentes viagères, ameublements, bibliothèques, sommes d'argent et autres choses encore. Par exemple, un jour on lui fit remarquer que sa laitière la servait mal. « Je le sais bien, répondit-elle, mais je ne puis pas la changer. — Et pourquoi donc, madame ? — C'est que je lui ai donné deux vaches. » Cela est beaucoup plus fort que la légende de Fénelon et de sa vache.

On a d'elle des mots charmants de justesse et de malice. Elle disait du maréchal de Richelieu et de l'abbé de Voisenon : « Ces deux hommes-là ne sont que les épluchures des grands vices ; » de Trublet, que « c'était une bête frottée d'esprit » ; du financier Bouret, dont on lui faisait visiter le somptueux hôtel, en lui demandant son avis : « Je n'y trouverais rien à dire, répondit-elle, si Bouret en était le frotteur. » Puis des maximes, des préceptes de morale et de conduite : « L'économie est la source de l'indépendance et de la libéralité ; il ne faut pas laisser croître l'herbe sur le chemin de l'amitié ; il est plus facile de faire le bien que de le solliciter, » etc. Elle avait pour devise celle de son ami l'abbé de Saint-Pierre : *Donner et pardonner.* « N'est-ce pas, demandait-elle un jour à Fontenelle, que j'ai souvent raison ? — Oui, répondit-il, mais vous l'a-

vez trop tôt ; » puis, tirant sa montre et la regardant :
« Votre raison est comme ma montre, elle avance. »
Elle forçait la main, à ce même Fontenelle, qui ne
l'ouvrait pas volontiers, comme on sait, en lui arra-
chant de temps à autre de grosses sommes d'argent
pour ses amis. *Voilà qui est bien,* avait-elle coutume
de dire, soit pour approuver, soit pour arrêter un interlocuteur dans un récit trop vif ou trop verbeux.
« Mon ami, dit-elle un jour à un jeune provincial qui
racontait longuement une histoire et qui avait tiré un
petit couteau de poche pour découper ; mon ami, il
faut avoir de grands couteaux et de petites histoires. »

La main se lasserait à retracer toutes les saillies,
tous les bons mots qui jaillissaient de cet esprit facile,
et dont la plupart étaient empreints d'un grand sens
pratique, de bonhomie et de raison. M^me Necker a
dit, en forme de restriction, « que le piquant de l'esprit de M^me Geoffrin consistait à rendre des idées ingénieuses par des images quelquefois triviales, et pour
ainsi dire de ménage (1) ». Nous le voulons bien.
M^me Geoffrin était une nature essentiellement gau-
loise, et M^me Necker était trop *quintessenciée* pour
saisir, pour goûter toute la saveur, toutes les finesses
d'un langage qui devait lui sembler *bourgeois* (2).

(1) *Mélanges* de M^me Necker. Ch. Pougens, 1811, 2 vol. in-8°.
T. I^er, p. 100.

(2) Si l'on en croit les *Souvenirs,* si malicieusement publiés sous

La Harpe a dit de M^me Geoffrin : « Elle est, dans ses habillements, d'une extrême simplicité qui plaît beaucoup, parce qu'elle est relevée par une extrême propreté, et la propreté est la parure de la vieillesse. La vieillesse, dans M^me Geoffrin, semble réconciliée avec les grâces : c'est la figure de vieille la plus revenante qu'il soit possible de voir. »

## II

M^me Geoffrin mourut en 1777 d'un refroidissement auquel elle s'exposa imprudemment, confirmant, dit Morellet, par son propre exemple, l'adage qu'elle avait souvent à la bouche : « qu'on ne mourait que par bêtise. » Mais nous aurons à revenir sur les derniers moments de M^me Geoffrin, que nous croyons avoir suffisamment rappelée au souvenir du lecteur en retraçant quelques-uns de ses traits principaux, et qui se compléteront au cours de notre récit. Ceux

le pseudonyme de la marquise de Créquy, M^me Necker, voulant toujours raffiner en fait d'expressions élégantes et pudibondes, disait un *ensevelissement* au lieu d'un *enterrement ;* une *jambe* de perdrix pour une *cuisse ;* le *portefeuille* d'un artichaut, une *mitre* de volaille, au lieu du *croupion,* etc.; et c'était, ajoute l'auteur, en étalant toute sa gorge au vent qu'elle affichait une si belle pruderie sur les bienséances. (*Souvenirs de la marquise de Créquy,* t. V, p. 105.)

de sa fille sont plus difficiles à saisir, à crayonnner, attendu qu'elle est moins connue, plus *fuyante* que M^me Geoffrin. M^me de la Ferté-Imbault est une de ses physionomies que nous avons rencontrées plus d'une fois dans le cours de nos travaux sur le xviii^e siècle, c'est-à-dire une de ces physionomies qu'on voit à distance, qui s'éloignent, se rapprochent pour se dérober de nouveau, et qui nous laissent, en fuyant, sous le charme d'un souvenir vague et rêveur.

Quoi qu'il en soit, nous avons longuement et soigneusement étudié la fille de M^me Geoffrin, non seulement à l'aide des écrits contemporains, où son nom se trouve mêlé de temps en temps, mais encore dans d'autres documents qui nous sont dévolus, et nous croyons pouvoir donner une idée exacte de son caractère et de sa personne.

Elevée sous les yeux de sa mère, à Paris, où elle était née le 22 avril 1715, Marie-Thérèse Geoffrin se montra de bonne heure l'adversaire déclarée des idées philosophiques qui régnaient autour d'elle, et que ses conversations quotidiennes avec plusieurs des hommes célèbres qui les professaient ne purent lui faire adopter. Toutefois, son esprit se développa brillamment; elle était gaie, vive, un peu étourdie et du plus charmant visage; mais elle devint dévote et s'aliéna, de plus en plus, les encyclopédistes, qui, plus tard, comme nous le verrons, usèrent à son égard d'une sévérité où il entra peut-être moins d'équité que de rancune. A force de démarches et de sacrifices, sa mère parvint à lui faire faire un mariage inespéré, quant à l'éclat du nom de la famille à laquelle elle s'allia, et qui, à l'exemple de tant d'autres du même rang, troquait son blason dédoré contre des rentes roturières, ce qu'une femme titrée du siècle précédent appelait dédaigneusement *fumer* ses terres (1).

A l'âge de seize ans, M^me Geoffrin maria donc sa fille au marquis de la Ferté-Imbault, fils du comte d'Etampes et arrière-petit-fils du maréchal de ce nom. Eblouie de ses armoiries de fraîche date, la jeune et jolie marquise afficha dès lors les plus grands airs et joua à la noblesse de naissance (2). Ce ne fut plus

(1) Dans ses *Souvenirs*, le baron de Gleichen dit que le mari de M^me de la Ferté-Imbault était « vieux, jaloux et pauvre ». Paris, Techener, 1868, in-18, p. 101.

(2) Le baron de Gleichen prétend que M^me Geoffrin *força* sa fille à faire ce mariage. Il suffit de connaître le caractère de la jeune personne pour être certain qu'elle n'avait pas besoin d'être stimulée pour contracter une union qui flattait son amour-propre et satisfaisait si bien ses aspirations, ses visées. M^me Geoffrin racontait plaisamment la visite que lui fit un de ses parents à l'occasion de ce mariage. Dès en entrant, il lui dit : « Madame je me groupe avec mes neveux pour vous témoigner ma reconnaissance...'» Et comme M^me Geoffrin le remerciait de ce qu'il avait contribué au succès de cette affaire : « Ah! madame, dit-il, je n'ai servi tout au plus que de mannequin. » (*Portrait de M Geoffrin*, par Morellet.)

bientôt qu'une grande dame un peu impérieuse, un peu hautaine, aimable cependant à ses heures, quoique parfois revêche, mais n'ayant rien perdu de sa gaieté, de son étourderie plus apparente que réelle, comme va nous l'expliquer le baron de Gleichen, ce qui lui valut d'être appelée par le roi de Pologne sa *chère folle.*

« Bonne, franche, gaie, vive, brusque, a dit d'elle le baron de Gleichen, elle s'était donné une existence très singulière en se donnant pour folle. Ce rôle, qu'elle appelait son *domino,* était joué par elle si parfaitement, que des sots y étaient trompés, et qu'il faisait les délices des gens d'esprit avec lesquels elle vivait (1). » Ceci revient à dire qu'elle avait beaucoup d'esprit elle-même, et qu'elle le cachait pour mieux s'en servir, ce qui est le comble de la diplomatie féminine. Du reste, le respect de sa personne la préserva de la contagion du temps; et, comme pour s'affermir dans cet esprit de sagesse, elle lisait et méditait avec passion Montaigne et Plutarque — elle qui détestait les philosophes! — sans réfléchir que ces admirables penseurs, le premier surtout, avaient travaillé aussi pour le progrès, pour l'émancipation de l'esprit humain, et qu'ils avaient fait à leur date précisément ce que les encyclopédistes faisaient à la

______

(1) *Souvenirs* du baron de Gleichen, p. 101.

leur. Elle en faisait des extraits, elle recueillait leurs pensées, leurs maximes, dans des cahiers qui servirent, dit-on, à l'éducation de Mesdames Clotilde et Elisabeth, filles de France, dont la comtesse de Marsan était alors gouvernante.

Au surplus, il paraît que la marquise ne trouva pas le bonheur dans son ménage. Le marquis lui semblait léger, frivole, et elle « regrettait de n'être en rapport avec lui ni d'humeur ni d'habitudes journalières ». Certes, cette situation était fâcheuse, mais elle eut bientôt un terme. Son mari mourut en 1737, la laissant veuve à vingt et un ans avec une fille unique, qu'elle eut la douleur de perdre dans sa treizième année. A cet événement, qui altéra sa santé, elle attribua la surdité dont elle fut atteinte vers le même temps, et qu'elle garda toute sa vie, ce qui ne l'empêchait pas, a dit quelque part le duc de Nivernais, « d'entendre finement »; d'où l'on peut croire qu'à l'occasion elle endossait aussi bien son *domino* pour simuler la surdité que pour feindre l'extravagance et la folie.

Bientôt elle trouva un adoucissement à ses chagrins dans la fréquentation du monde, de son monde à elle ; et, de même qu'elle s'était liée, dès les premières années de son veuvage, avec le duc de Nivernais, Maurepas, l'abbé de Bernis et Secondat, fils de Montesquieu, de même elle rechercha la société d'autres

personnages appartenant à l'aristocratie; puis, elle
ouvrit dans son hôtel un salon où s'assemblèrent ces
gens de haut parage, qui s'intitulaient les « amis des
bons principes et de la saine philosophie », ce qu'on
appellerait à notre époque « des conservateurs de l'ordre moral ».

Elle chercha des distractions dans de plus hautes
régions encore, puisque le duc de Luynes raconte dans
ses *Mémoires* que le 12 décembre 1737, c'est-à-dire
huit mois après la mort de son mari, elle fut admise
à faire la révérence au roi. Elle eut ainsi ses entrées à
la cour, où nous la retrouverons plus tard dans la société intime des filles de Louis XV, surtout de Madame
Adélaïde.

## III

Bien que le baron de Gleichen, qui avait vécu dans
son intimité, nous ait assuré que la marquise jouait de
temps en temps un *rôle convenu,* on ne peut s'empêcher de la considérer comme une des individualités les
plus singulières, les plus originales de son temps. Toutefois, elle ne *jouait* pas la dévotion, qui était chez elle,
paraît-il, un sentiment vrai, profond, auquel amis et
ennemis rendaient également hommage ; mais la piété
ne suffisait pas à cette nature ardente, spontanée,
toute en dehors : il lui fallait la distraction, le mou-

vement, la publicité. C'est dans ce but qu'elle a ouvert
un salon chez elle, et bientôt nous allons la voir recourir avec empressement, avec enthousiasme, à un
autre genre de notoriété plus grande encore, mais qui
lui attirera aussi plus d'un ennui, plus d'une attaque,
à quoi elle répondra par la plaisanterie, par le sarcasme, ce qui l'entraînera parfois à des personnalités,
à des écarts de parole ou de plume qui ne sont pas
toujours conformes aux règles d'une charité chrétienne
bien entendue. Mais la marquise était une de ces femmes — assez nombreuses alors — qui s'enveloppaient
à la fois du mysticisme et de gazes légères. Elles portaient au front comme le double reflet de l'église et du
salon; c'était un mélange de grâce et d'austérité, d'a-
bandon et de force. Le sacré et le profane s'y trouvaient mêlés à dose si égale, qu'on ne savait pas ce
qui l'emportait, de l'élément religieux ou de l'élément
mondain; si bien qu'on pouvait alternativement pré-
coniser ou critiquer l'un et l'autre côté de la physionomie de ces femmes, qu'on estimait malgré soi, mais
qui imposaient plus qu'elles ne se faisaient aimer.

D'autres femmes, chez lesquelles le tempérament et
la vertu se livraient un périlleux combat, appelaient
aussi parfois la religion au secours de cette vertu
chancelante; mais le nombre en était petit, attendu
que généralement celles-là préféraient succomber d'a-
bord, sauf à invoquer plus tard l'intervention divine.

Ceci nous rappelle un des bons mots de M^me Geoffrin, qui, lorsqu'on louait devant elle la sagesse tardive d'une de ces femmes, gardait le silence, puis : « Je me tais, disait-elle, parce que je les ai vues poires ; je suis comme ce paysan qui ne pouvait se résoudre à faire sa prière au pied de la nouvelle image d'un saint dont le bois portait peu auparavant des poires (1). »

Toutes ces transformations, tous ces contrastes et ces accommodements n'ont rien qui doive surprendre ; ils sont de tous les temps et de tous les lieux, mais surtout de l'époque qui nous occupe. Etrange époque, en effet, où la galante maréchale de Luxembourg élevait dans les principes les plus purs de la morale cette charmante petite comtesse Amélie, plus tard duchesse de Lauzun ; où l'irréligieux Diderot faisait lire la Bible à sa fille, et où il était de mode et souvent de tradition familiale de prendre à la fois un amant et un confesseur, l'amant pour soi, le confesseur pour la galerie.

Voilà donc M^me de la Ferté-Imbault, à l'exemple de sa mère, en possession d'un salon brillamment fréquenté, et élevant ainsi autel contre autel. Il va sans dire que la maîtresse du lieu avait un rôle prépondé-

---

(1) Dans le même ordre d'idées, M^me Cornuel, qui a de grands airs de famille avec M^me Geoffrin, disait que, lorsqu'elle voyait monter en chaire l'abbé Boisrobert, elle sentait sa dévotion s'évanouir, parce qu'il lui semblait toujours que le surplis de l'abbé était fait d'une robe de Ninon

rant dans les conseils de ce nouveau cercle, où l'on
discourait à outrance sur les intérêts du ciel et de la
morale, et dont elle faisait les honneurs avec une
grâce parfaite. On y censurait, bien entendu, toutes
les opinions libérales professées dans les autres cen-
tres de réunions analogues, et il y en avait trois principaux alors : celui de M^{me} Geoffrin, que nous connaissons ; un autre chez M^{me} du Deffand ; le troisième
chez M^{lle} de Lespinasse. Mais ce n'était pas assez que
cette censure à *huis clos* et connue seulement des familiers, des adeptes. Il en fallait une à ciel ouvert et
qui eût de l'écho, une espèce de tribunal qui distribuât
ostensiblement la raillerie et le ridicule, et qui mît
tout à fait en vue la marquise et son conseil. Or, l'occasion s'en présenta bientôt, ou plutôt elle la fit naître.

On était alors en 1771 ; les anciens parlements venaient d'être violemment brisés pour faire place à celui de Maupeou, et, en vue de soutenir ce dernier,
comme aussi de faire diversion à l'anxiété que ces
événements répandaient dans Paris, un vieux marquis
du nom de Croismare, habitué du salon de M^{me} de la
Ferté-Imbault, imagina de fonder un ordre de chevalerie burlesque qu'il nomma des *Lanturelus,* et dont
il fit la marquise *grande maîtresse,* en même temps
qu'il s'en improvisait le *grand maître* (1).

_______

(1) On lit dans le *Dictionnaire de Trévoux : «* LANTURLU-LAN-

Les Lanturelus dénigrent les encyclopédistes et leurs adhérents, de même que l'ordre des *Lampons,* qu'on y ajouta un peu plus tard, comme annexe et complément, dénigra le parti contraire, celui des *conservateurs*. Les statuts, les principales lois de l'ordre étaient de n'avoir pas le sens commun, de faire des chansons et de dire des bêtises spirituelles; et M^me de la Ferté-Imbault avait le droit de distribuer à ses favoris les charges et les couronnes.

Comme toute opposition, ou simplement comme toute chose nouvelle qui se produit dans notre chère France, cette institution des Lanturelus fut d'abord un objet d'étonnement, de curiosité, de moquerie; puis, peu à peu, certains esprits s'y rallièrent; ils en entraînèrent d'autres, et l'ordre se recruta bientôt parmi les plus grands personnages de France et de l'étranger. Le prince Henri de Prusse, le fils et la belle-fille de Catherine II, les ducs de Gotha et de Weimar, le comte de Provence, le comte d'Artois, etc., y étaient affiliés. Plusieurs autres princes et souverains témoignèrent le désir d'en faire partie, et pendant un moment ce fut comme une fièvre, une contagion qui gagna la France et les pays voisins. La lutte des parlements avait donné l'éveil; on commençait à

TURE est le refrain d'un fameux air de vaudeville qui eut grand cours en 1629. » Les révoltés de Dijon ayant, en 1630, adopté ce refrain, le nom de *Lanturlu* resta à cette insurrection.

comprendre, dans les rangs de la haute aristocratie, ce que la bourgeoisie renfermait de germes de révolte et d'aspirations libérales. On se pressait donc autour de l'ordre des Lanturelus comme on l'eût fait autour d'un drapeau. Tout semblait bon pour combattre l'ennemi commun qui s'avançait à pas de géant, et dont on espérait tout au moins ralentir la marche en lui opposant l'arme du ridicule, toujours si puissante en France; mais leurs traits seront souvent comme ceux du vieux bonhomme Priam, mal assurés et sans force ; et l'on se demandera même parfois lequel des deux partis est tourné en dérision, des *Lampons* ou des *Lanturelus,* tant le sens se dégage péniblement de leurs plaisanteries, espèces d'allégories en action, de représentations théâtrales dont ils donnaient de temps en temps le spectacle au public, et à l'une desquelles nous allons assister tout à l'heure.

On ne négligea rien, du reste, pour donner à l'institution tout l'éclat, tout le prestige nécessaire, afin d'éblouir à la fois les yeux et l'esprit des spectateurs. D'abord, la marquise monta en grade : de grande maîtresse qu'elle était, on la fit *reine,* et ses *fidèles sujets* lui donnèrent des fêtes somptueuses, dont Grimm — qui était lui-même un chevalier et l'un des assistants — a rendu compte dans sa *Correspondance littéraire,* adressée, comme on sait, à des souverains d'Allemagne. Nous allons mettre un de ces récits sous

les yeux du lecteur ; mais auparavant nous jugeons
convenable de dire quelques mots sur un nouveau
personnage qui va paraître, et qui, ayant un rôle très
accentué dans l'ordre de chevalerie dont nous nous
occupons, peut en être regardé tout ensemble comme
le poète, le héraut, le maître des cérémonies, et souvent aussi l'amphitryon. Il s'agit du comte d'Albaret.

La baronne d'Oberkirch nous apprend que c'était
un Piémontais fort riche, qui avait des musiciens à
ses gages et demeurant chez lui ; qu'il était fou de
musique, et que ses concerts étaient les plus recherchés
de Paris. Il avait l'esprit original, composait d'assez
jolis vers, aimait tous les arts, et était très avant dans
les meilleures sociétés. Il excellait à contrefaire les
colères et les emportements de Voltaire, dans des
scènes improvisées où, selon M^{mes} de Genlis et
d'Oberkirch, il imitait le patriarche de Ferney à s'y
méprendre : « C'était son portrait, son miroir (1). »
Enfin il était très gai, très bruyant et « grand persi-
fleur de son métier », au dire de Collé, qui raconte une
plaisante revanche exercée contre lui par le docteur
Tronchin, qui voulut lui faire épouser une femme
déjà mariée et sans fortune, qu'il lui présenta comme
étant veuve et millionnaire (2).

---

(1) *Mémoires de la baronne d'Oberkirch*, t. II, p. 57. — *Mémoires de M^{me} de Genlis*, t. I, p. 310 et 390.

(2) *Journal de Collé*, édition Didot, t. III, p. 300.

Aussi bien, tout le monde n'était pas d'accord sur les qualités et agréments du comte d'Albaret, et M^me Necker en a fait un portrait qui le représente comme un désœuvré, un homme blasé, cherchant sans cesse à se distraire par le bruit, le mouvement, c'est-à-dire en dehors de lui, et ne sachant où se prendre. « On voit partout, dans la maison du comte d'Albaret, écrit-elle, l'homme qui se traite de la maladie de l'ennui. Son cabinet d'étude est rempli d'animaux bruyants ; on ne trouve pas dans toute sa maison un seul verre d'eau qui ne jaillisse sous différentes formes, afin de lui faire produire du mouvement. Tout chez lui paraît arrangé pour satisfaire l'agitation et les goûts d'un enfant de quatre ans ; sur chaque table sont des vases remplis d'eau et de poissons de couleur. Le maître de la maison semble vouloir amuser ses regards pour suppléer au vide de ses pensées. Cette maison est remplie de commodités incommodes. La même chambre, selon quelques changements de décoration, sert à différents usages ; mais, pour obtenir ce qu'on veut, il faut toujours faire mouvoir des machines. C'est un théâtre, ce n'est pas une habitation… Quelqu'un disait du comte d'Albaret : C'est le *bien portant imaginaire* (1). »

(1) *Mélanges,* par M^me Necker, t. I, p. 60 ; t. II, p. 93.

## IV

Maintenant voici le récit de Grimm sur une des
fêtes données à M<sup>me</sup> de la Ferté-Imbault, récit qui,
malgré son étendue, — et nous l'abrégeons encore —
sera sûrement lu avec intérêt :

*Relation d'une fête qui a été donnée à la reine des
Lanturelus, par ses fidèles sujets le 17 mai 1779.*

Cette fête n'a jamais eu sa pareille et ne l'aura jamais.
La description suivante en est la preuve.

La reine des Lanturelus ayant eu la rougeole et s'en
étant bien tirée, ses sujets voulurent célébrer sa convalescence. On lui dit qu'il fallait venir un lundi, 17 mai,
à cinq heures, chez le comte d'Albaret, où il y avait un
concert, et qu'ensuite elle se promènerait dans ses nouvelles prairies. La reine partit avec sa trésorière (1), son
président (2) et le Lanturelu neveu (3). En arrivant dans
la cour, elle fut surprise de voir, au bas de l'escalier,
M<sup>gr</sup> le nonce et tous ses chevaliers superbement vêtus et
leur ordre sur l'habit. M<sup>gr</sup> le nonce et l'ambassadeur de
Russie l'enlevèrent et la menèrent dans une chambre très
éclairée où il y avait un trône et où ses chevaliers la placèrent avec acclamations.

(1) M<sup>me</sup> Berthelot.
(2) M. de Burigny.
(3) Le marquis d'Etampes.

Etant sur son trône, elle avait à sa droite sa survivancière, la vicomtesse de Narbonne, et à sa gauche, la grande trésorière, M^me Berthelot, et tous ses chevaliers assis à sa droite et à sa gauche. On entendait une musique céleste qu'on ne voyait point; les invisibles chantaient des chansons où l'on célébrait la convalescence de la reine.

Le grand lecteur, le comte d'Albaret , vint à elle et, après s'être prosterné, il lui dit ces vers :

> Esculape a rendu notre reine à nos vœux.
>   Par une faveur sans pareille,
> Son esprit, sa raison ses quiproquos, ses jeux,
> Même sa surdité, rendront son sort heureux.
>   O mes amis, rendons grâces aux dieux,
>   Elle entendra ses sujets à merveille;
>     Et pour tout autre que pour eux,
>     Elle fera la sourde oreille.

Tous les chevaliers et chevalières vinrent ensuite se prosterner au pied du trône de la reine. Ils lui baisèrent la main et elle leur donna l'accolade. De là, on la fit passer dans la salle des spectacles. On entendit d'abord une musique ravissante, et ensuite on vit un spectacle d'autant plus charmant pour la reine, que les personnages qui le composaient étaient ses amis intimes et n'avaient jamais paru sur la scène ensemble : Confucius, Montaigne, Momus et ensuite Polichinelle, qui s'occupa autant de divertir les acteurs que les spectateurs. Confucius était représenté au naturel par le prince Baratinsky; il avait à son côté son favori Burigny; Montaigne, par le comte d'Albaret; Momus, par le comte de Strogonoff; et Polichinelle, par le célèbre peintre Robert, qui est aussi aimable et aussi gai dans la société qu'il est grand artiste.

Tous ces personnages chantèrent et célébrèrent la reine avec une tendresse et une gaieté que les reines ordinaires ne peuvent pas connaître, tant elles sont soumises au pouvoir de l'étiquette. Après ce charmant spectacle, le comte d'Albaret et M^{lle} Le Clerc (favorite de la reine) jouèrent un acte d'opéra-comique, qui fut exécuté à ravir.....

Cette première partie de la fête se prolongea jusqu'à neuf heures, et chacun dit qu'il allait souper; mais ce n'était qu'une feinte. La reine partit pour retourner chez elle; mais son cocher, qui était dans le secret, au lieu de la conduire à son hôtel, la mena chez un certain baron de Blôme, où elle se retrouva au milieu de tous les chevaliers et chevalières qui l'attendaient pour lui rendre de nouveaux honneurs et l'inviter à prendre part au souper qui devait terminer la fête et qu'on avait préparé à son insu.

...Elle arriva, continue Grimm, dans l'appartement superbement éclairé, avec une musique de clarinettes délicieuse et qu'elle aime à la folie. Les clarinettes jouèrent pendant le souper, qui fut magnifique. M. Grimm, doyen des Lanturelus, et le comte Baudouin, ancien et zélé, servirent la reine. Le dessert était une allégorie pour la reine, dont le médaillon était un temple charmant. On y voyait ses bons amis, les vieux philosophes, remercier Esculape de sa guérison. Tout était rempli de devises à son honneur et gloire, et voici les vers de son médaillon :

Heureuse élève de Montaigne,
Simple, sensible et cachant ses vertus,
Avec Momus elle bat la campagne
Et pense avec Confucius.

... On peut donc conclure de cette fête, qui fut terminée par un superbe feu d'artifice, qu'elle n'a jamais eu d'égale et n'en peut pas avoir, puisque c'est le cœur seul qui a conduit l'esprit pour produire des choses aussi tendres et aussi agréables... La reine des Lanturelus est donc sans contredit la plus grande et la plus heureuse reine du monde, puisque ses sujets ont pour elle un amour pur, désintéressé et très gai. De son côté, elle les aime de tout son cœur, tels qu'ils puissent être : spirituels, bêtes, sages ou fous.

On est tenté de se demander de qui on se moque ici. Quant à nous, nous n'y voyons que des gens désœuvrés fort aimables sans doute, fort spirituels, si l'on veut, mais qui cherchent à s'étourdir, plus que des gens sérieux en quête de prosélytes, ou travaillant à ridiculiser ou à déconsidérer leurs adversaires.

Quoi qu'il en soit, ces fêtes se renouvelèrent de temps à autre, soit en public, soit à huis clos, et toujours à peu près avec le même cérémonial, avec la même mise en scène; mais, tout en célébrant leur reine, les Lanturelus n'entendaient pas aliéner leur droit de contrôle et de remontrance. Nous trouvons à ce sujet dans la Correspondance de Grimm — l'historien ordinaire de l'ordre — des détails curieux en ce qu'ils nous font connaître un trait particulier du caractère de la marquise. C'est toujours le comte d'Albaret, le grand architriclin, qui porte la parole :

*Très humbles remontrances à la reine des Lanturelus,*
*par leur digne orateur.*

O vous, l'élève de Montaigne,
Pleine de ses leçons et de son bon esprit,
Et qui, dans un boudoir nommé votre *campagne* (1),
Faites l'extrait de tout ce qu'il a dit ;
Vous aimez la raison sévère
Des philosophes du vieux temps,
Et plaisantez à tous moments
Nos philosophes soi-disants,
Qui, par de longs et faux raisonnements,
Veulent instruire et gouverner la terre.
Par quel bizarre changement,
A vous même toujours contraire,
Vous mettez-vous si souvent en colère
Pour du bruit ou pour un enfant ?
De Montaigne ouvrez le grand livre
Sur l'âme et ses émotions ;
Vous y verrez qu'on ne doit vivre
Que pour dompter ses passions.
Mais il suffit. Je dois me taire :
Tous mes vœux seraient superflus.
Vous n'avez qu'un défaut, et votre caractère
Réunit toutes les vertus.

(1) « C'est un boudoir qu'elle a fait construire sur sa terrasse et qu'elle appelle sa *maison de campagne*. C'est là qu'elle continue toujours ses extraits de Montaigne et de Plutarque. Il n'y a guère moins d'un demi-siècle qu'elle s'en occupe. » (Note de Grimm.)

On voit, en effet, par quelques vers de cette pièce, que le *nil admirari* d'Horace n'était pas précisément le fait de la marquise, à laquelle toutefois, sauf son penchant à la colère, on reconnaît toutes les vertus.

Du reste, tout est bien jusqu'ici ; la critique et l'éloge se balancent : celui-ci même l'emporte, car les fidèles sujets ne font des remontrances à la reine qu'avec réserve, à leur corps défendant, et comme en lui demandant pardon de cette liberté grande ; mais leurs adversaires n'avaient pas les mêmes ménagements à garder, et ils la chantaient à l'envi dans des couplets mordants comme ceux qui suivent et dont nous avons déjà donné un échantillon :

> Qui veut avoir trait pour trait
> De dame Imbault le portrait?
> Elle est brune, elle est bien faite
> Et plaît sans être coquette.
> Lampons, lampons. camarades, lampons.
>
> Sans doute elle a de l'esprit.
> Ecoutez ce qu'elle dit ;
> Elle parle comme un livre
> Composé par un homme ivre.
> Lampons, etc.
>
> Si sublime est son jargon,
> Que rarement l'entend-on.
> Quelquefois on la devine
> Par le geste ou par la mine.
> Lampons, etc.

> Quel philosophe aimez-vous ?
> Elle les possède tous :
> Locke, Aristote ou Malbranche.
> Elle les a tous dans sa manche,
> Lampons, etc.
>
> Il est bien vrai que parfois,
> En les comptant sur ses doigts,
> Elle les prend l'un pour l'autre :
> Le disciple pour l'apôtre.
> Lampons, etc.
>
> Elle travaille, dit-on,
> Sur le vide de Newton,
> Avec d'autant plus de zèle
> Qu'elle l'a dans la cervelle.
> Lampons, lampons, camarades, lampons.

D'autres couplets couraient, où M^me de la Ferté-Imbault est appelée la *marquise Carillon;* mais ces couplets, fort plats du reste, sont en général d'une telle crudité que nous ne jugeons pas devoir les rapporter ici (1).

Tantôt élevée jusqu'aux nues par l'ovation que lui faisaient ses sujets, tantôt rabaissée par la chanson et le sarcasme, la reine des Lanturelus devait trouver dans cette alternative de gloire et de dépréciation un excitant et l'emploi de son activité fiévreuse. Cependant, elle avait encore des loisirs qui lui permettaient de faire des démarches, de solliciter pour ses amis au-

_______

(1) On trouve ces couplets dans Grimm, décembre 1776.

près des puissants du jour. Dans une lettre inédite (4 septembre 1778), que nous avons sous les yeux, l'abbé de Boismont annonce à l'une de ses amies, qu'il attend à dîner M. d'Etampes, son fils et M^{me} de la Ferté-Imbault, laquelle, ajoute-t-il, « court après les ministres comme un colonel ou un garde de la marine ». D'où il est permis de conclure que, à l'imitation de sa mère, la marquise employait son crédit à faire des heureux.

Voici une nouvelle preuve de sa sollicitude à cet égard.

« Depuis le 4 que je suis venue ici, écrit-elle de Versailles (1) à un ami, j'ai eu des plaisirs infinis parce que j'ai réussi, d'après l'amitié de M^{me} la comtesse de Marsan pour moi depuis vingt ans, à faire obtenir par le Roi une place à M^{me} la marquise de Vintimille que j'aime, ainsi que le mari, comme s'ils étaient mes enfants. M^{me} de Marsan, qui est unique quand elle aime, a porté le Roi à accorder cette place en disant les choses les plus flatteuses pour la mémoire de milord Tirconnel, père de M^{me} de Vintimille, et pour sa personne, ainsi que pour son mari. Madame l'a reçue avec des transports de joie charmants. Enfin, je n'avais rien vu de si agréable à la cour que ce que j'ai vu depuis huit jours. Je suis partie jeudi

(1) Elle était allée à Versailles auprès de Madame Adélaïde.

pour Pont-Chartrain, comptant y passer du temps ; mais M. de Maurepas est malade ; on l'a ramené à Paris, et je suis revenue ici, où je resterai jusqu'au 21, parce que je suivrai Madame le 16 et le 20 à Saint-Denis, où elle va donner le voile à des postulantes. »

Ces voyages, ces distractions de plus d'un genre n'empêchaient pas la marquise de s'occuper sérieusement d'une entreprise de fabrication de glaces que son père avait laissée en plein rapport en mourant et où sa mère et elle avaient des intérêts engagés. Nous avons pu compulser toute une correspondance autographe de M^me de la Ferté-Imbault, concernant cette entreprise, constituée en compagnie d'actionnaires qui n'étaient pas toujours d'accord, ce dont se raille malicieusement la marquise. Elle les met en présence, les sépare, les rapproche, les fait mouvoir à son gré comme des marionnettes, et finit par avoir raison des plus mutins.

« Vous savez sûrement, mon cher monsieur, écrit-elle à un M. Desfranches, ami de sa mère et intéressé dans la Compagnie, vous savez sûrement, ainsi que moi, toutes les bonnes raisons de M. Saladin (autre actionnaire), pour ne revenir que cet hiver. La pétaudière (elle désigne ainsi la Compagnie), étant au degré où elle est, il m'a fait adopter ses raisons d'autant plus facilement que depuis que je suis à la cour de Madame, comme je n'ai fait que me divertir du ma-

tin au soir, ma raison et mon imagination sont revenues dans leur état naturel. Je juge qu'il n'y a point
d'événement, parce que je n'ai point entendu parler
de M. Véléat ; tant mieux ! Quand ils n'auront plus
de sottises à faire, ils seront bien étonnés de toutes
celles qu'ils auront faites... Nous sommes ici dans les
plaisirs jusqu'au cou. Madame est charmante d'une
manière qui rappelle à tout moment la franchise, la
gaîté et la bonhomie d'Henri IV, et elle me rappelle
aussi son grand-père maternel, le roi Stanislas, dont
j'ai des lettres charmantes et qui m'a aimée à la folie
pendant quatorze ans, avec la même distance d'âge de
lui à moi que de moi à Madame. Le seul inconvé-
nient de la charmante vie qu'on mène ici (on était
alors en 1772), c'est que le matin j'ai des visites,
parce que chacun me communique ses idées pour
amuser Madame dans l'après-dînée. »

Ailleurs, revenant sur la Compagnie, elle mande
au même : «... Quant au Monsieur, comme il a
infiniment d'esprit, d'âme et de mérite (lorsqu'il n'est
pas échauffé par d'anciennes idées sur des apparences
qui lui sont des fantômes), c'est mon affaire de le faire
revenir à la raison. Et comme l'injustice qu'on a eue
vis-à-vis de vous est ce qui a fait mal à mon âme et à
mes nerfs, je ne connais d'autre remède dans ce
cas-là que de m'armer d'une lance et d'un bouclier,
et de faire exactement comme Renaud, qui disait :

> Je prétends adresser mes pas
> Où la justice et l'innocence
> Auront besoin du secours de mon bras.

Votre raison et votre bonne philosophie m'ont entièrement remonté l'âme et l'imagination. Je me sens la force et le courage d'Achille, mais je prends en même temps la prudence, la finesse, la raison et le sang-froid d'Ulysse... Dans l'affaire dont il s'agit, il faut de la patience et du temps. Rien ne me coûtera, rien ne me rebutera, parce que j'aime la justice et la vérité, avant tout. Avant cette infernale histoire, je disais souvent à mes vrais et anciens amis que je savais faire la guerre défensive aussi bien que le roi de Prusse. En effet, j'ai bien remporté des victoires en ma vie sur la déraison ; et il serait indigne de moi de ne pas vous soutenir quand vous êtes attaqué d'une manière bien fâcheuse pour un honnête homme. Gardez mes lettres, et faites-en même usage, sans m'en demander la permission, quand vous sentirez que l'occasion le demandera. Cette affaire est de nature à ne plus s'en échauffer, ainsi que vous le faites ; mais, si vous et moi n'y pensions plus, il en renaîtrait des hydres qui nous seraient insupportables... »

Plus loin elle ajoute . «.. Je ne suis point étonnée de n'avoir pas eu de vos nouvelles sur l'affaire en question, et, si l'on a changé d'avis, je n'en serai pas non plus étonnée. Depuis quarante ans rien ne peut m'étonner. *Elevée dans le sérail, j'en connais les détours.* Mais ce qui restera toujours à perpétuité, c'est que par là vous *la* connaîtrez, que vous serez son confident, son consolateur, et qu'enfin vous jouerez le beau rôle, parce que vous avez le droit naturel de la raison sur l'imagination. Ce droit est aussi fort que celui de l'esprit fort sur l'esprit faible... La peur a fait plus d'effet que la justice, la vérité et la raison ; mais ce n'est pas la première fois que cela est arrivé ; l'histoire ancienne, l'histoire moderne et celle que nous voyons tous les jours sous nos yeux nous prouvent que toute compagnie est une pétaudière, et que ceux qui ont le plus de lumières et de raison que les autres doivent se prêter aux faiblesses de ceux-ci, sans entreprendre la chose impossible qui serait de leur donner plus de bon sens et plus de force... »

Dans une dernière lettre, elle s'élève contre le duc de Montmorency qui manque, selon elle, de l'énergie nécessaire pour faire cesser les abus qui s'étaient produits dans la compagnie. «... Ma mère, dit-elle, doit jouer le beau rôle, ainsi que le duc, de tout raccommoder, puisque ce sont eux dans le vrai, directement ou indirectement, qui sont cause de tout le mal. Ma mère a le droit naturel de *l'esprit fort sur l'esprit faible*, c'est-à-dire sur le duc : elle l'a de même sur sa femme et sur la princesse de Montmorency, sa mère, qui est

convenue avec elle qu'elle lui ferait bien plaisir en la
voyant parce qu'aucune de ses connaissances ne voulait plus la voir depuis qu'elle était suivante d'une certaine comtesse... » (1).

La correspondance de M^me de la Ferté-Imbault se
termine par une lettre datée de Paris le 15 janvier
1782, et également adressée à M. Desfranches, par
laquelle on voit que, dans l'intervalle de dix ans, les
sentiments de la marquise avaient bien changé envers
son correspondant, dont elle croyait avoir à se plaindre, et à qui elle parle maintenant avec une sécheresse
voisine de l'hostilité. Les retours de ce genre sont trop
communs chez les gens à imagination vive pour s'en
étonner ici, où l'on est en présence d'une femme qui
devait être soumise tour à tour aux entraînements de
l'enthousiasme et à ceux de la désaffection.

C'est au milieu et grâce au concours de toutes ces
circonstances que M^me de la Ferté-Imbault tâchait de
s'étourdir, de remplir le vide où elle vivait depuis la
mort de son mari et de sa fille. Cependant, outre sa
mère, qu'elle aimait tendrement au fond, malgré leurs
dissentiments sur plusieurs points, et dont nous la
verrons entourer la longue agonie de la sollicitude la
plus dévouée, la marquise était attachée par penchant
autant que par devoir à deux jeunes cousins de son

______

(1) La comtesse Dubary probablement.

mari, qui, en mourant, les lui avait recommandés, et qu'elle adopta pour ses héritiers. L'un d'eux, le marquis d'Etampes, mort en 1815, fut surtout l'objet de ses libéralités. Elle le maria à une demoiselle de Flavacourt, lui donna 100,000 livres par contrat, et peu après présenta la jeune mariée à la cour. De son côté, M^{me} Geoffrin prit l'engagement de loger et de nourrir les deux nouveaux époux (1).

M^{me} de la Ferté-Imbault s'était donc créé une nouvelle famille aux côtés de sa mère, sous le toit de laquelle elle demeurait, dans un appartement séparé. Le 3 février 1771, M^{me} Geoffrin mandait au roi de Pologne : « M^{me} de la Vallière tombe dans la caducité ; elle est d'une surdité désespérante. Il y a trois ans qu'elle était encore charmante ; mais elle est à présent détruite ; à cinquante-sept ans, on ne se rétablit pas. Ma fille est du même âge, mais elle se porte à merveille ; elle est fort agissante et fort gaie. Elle est sourde aussi, mais elle n'en est pas plus triste. Elle demeure avec moi ; elle est fort bien logée et de façon que nous ne nous incommodons ni l'une ni l'autre. Son ménage est séparé du mien ; nous avons chacune nos amis et notre société séparée, et nous nous réunissons quand cela nous convient. L'ami Burigny (2)

(1) *Mémoires du duc de Luynes*, t. XIV, p. 22.
(2) Jean Levesque de Burigny, de l'Académie des sciences, âgé alors de soixante-dix-neuf ans. La baronne d'Oberkirch, en visite

est toujours grondé, et il s'en porte fort bien; mais, comme je l'aime autant que je le gronde, voyant qu'il devenait vieux et qu'il a besoin d'être soigné, je lui ai donné un joli petit appartement chez moi (1). »

Six ans après, le frétillant abbé Galiani, rentré alors en Italie, où, à force de souplesse et d'industrie, il était parvenu à marier avantageusement ses trois nièces sans fortune et peu avenantes, rend compte de ce tour de force dans sa correspondance humoristique avec M^me d'Epinay, et il ajoute ironiquement : « Convenez que je suis un terrible épouseur. Voulez-vous que je déniche un mariage pour M^me Geoffrin (qui se mourait), ou pour M^me de la Ferté-Imbault (âgée alors de soixante-trois ans)? Vous n'avez qu'à parler. J'en assortirai un très convenable (2). »

un jour chez M^me de la Ferté-Imbault, y rencontra « M. de Burigny, charmant vieillard de quatre-vingt-dix ans, dit-elle, de la conversation la plus intéressante. Il n'avait presque pas d'infirmités. C'était l'ami de M^me de la Ferté-Imbault. Il demeurait chez elle. M^me de la Ferté-Imbault avait, à l'époque de notre visite, environ soixante-sept ans, ce qui n'avait rien ôté ni à son esprit ni à la gaieté de sa conversation. » (*Mémoires*, etc., t. I, p. 290.)

(1) *Correspondance inédite du roi de Pologne avec M^me Geoffrin*, p. 392.

(2) *Correspondance inédite de l'abbé Galiani avec M^me d'Épinay*. (Lettre du 10 mai 1777.)

## V

Tandis que la marquise était livrée aux adulations, aux fêtes, à la défense de ses intérêts et de ceux de sa mère, en un mot, à des soins de toute sorte, voyons un peu ce que faisait cette dernière. Pendant ce temps, M^{me} Geoffrin poursuivait tranquillement son œuvre, c'est-à-dire continuait de mener le train de vie que nous lui connaissons, en recueillant dans son salon et en comblant de bienfaits ses bons amis les philosophes, à quelques-uns desquels elle appliquait — cédant en cela à la mode du moment — des sobriquets ou des noms de société qui peignaient les gens d'un seul trait. Nous avons vu ce qu'elle disait de l'abbé de Voisenon, du maréchal de Richelieu, de Trublet et du financier Bouret. Ici elle appellera le grave et sec Fontenelle son *monsieur*; l'abbé Galiani, sa *petite chose*; Grimm, *tyran le blanc,* à cause de la sévérité de sa critique et de la céruse dont il faisait usage pour dissimuler le creux de ses joues; l'abbé Morellet sera le *bon* Morellet, etc. Et toutes ces aménités, toutes ces appellations plus ou moins flatteuses, étaient lancées à brûle-pourpoint et dites avec un air *simplement simple* — pour parler son langage — qui désarmait et amusait à la fois les intéressés. Au surplus, elle s'accommodait assez de ce qu'elle appelait des *bavards tout court,* c'est-à-dire des bavards qui, « ne voulant que parler, ne demandent pas qu'on leur réponde ». Son ami Fontenelle prétendait que ces gens-là « lui reposaient la poitrine ». Pour elle, elle va plus loin : ils lui rendaient encore un autre service. Leur bourdonnement lui semblait le bruit des cloches qui n'empêche point de penser et qui souvent y invite. « Je voudrais, disait-elle de l'un d'eux, que, lorsqu'il me parle, Dieu me fît la grâce d'être sourde, sans qu'il le sût; il continuerait de parler et croirait que je l'écoute, et nous serions contents tous deux. »

Peu de temps après son retour de Pologne (1766), elle subit une tracasserie, une mystification, presque une injure, la seule peut-être qu'elle ait éprouvée en sa vie, bien que la médisance et l'envie se fussent donné carrière contre elle, tant pour les honneurs extraordinaires dont son voyage avait été entouré, que pour les succès toujours croissants de son salon, où n'étaient pas admis tous ceux qui l'eussent désiré. C'est même à une circonstance analogue que se rattache le fait dont nous allons parler. Un abbé italien, nommé de Guasco, avait été éconduit par M^{me} Geoffrin, et, pour se venger, il publia un volume de lettres à lui adressées par Montesquieu, qui y avait glisssé quelques traits malins contre M^{me} Geoffrin, dont il avait été un des convives. Cette dernière en fut très vivement affligée, mais elle eut assez de crédit pour faire arrêter l'édition, à laquelle on mit des cartons aux endroits où il était question d'elle. Ainsi déçu dans ses projets de publicité complète, l'abbé de Guasco fit insérer dans la *Gazette d'Utrecht* un article où il s'attacha à ridiculiser M^{me} Geoffrin, qu'il appelait la *harengère du beau monde,* la *dame de charité de la littérature,* etc. (1). Les gens honnêtes firent bonne justice de ces attaques grossières, et l'abbé en fut pour sa courte honte, à propos de laquelle on est désagréablement affecté d'entendre prononcer le nom de Montesquieu, qui, après tout, malgré sa gravité apparente, ne détestait pas les commérages, témoin ses *Adieux à Gênes* et le langage dénigrant qu'il tenait sur le compte de Voltaire, qui, après tout, le lui rendait bien. « On guette les grands hommes aux petites choses, » a dit Montaigne.

D'un autre côté, Palissot, l'auteur de la comédie des *Philosophes,* et le tenant de Fréron, attaqua aussi M^{me} Geoffrin comme *patronne* des encyclopédistes ; mais elle s'en moquait et n'en restait pas moins dévouée aux fidèles de sa petite église, au *salut* desquels — le croira-t-on ? — elle veillait avec sollicitude.

_______

(1) *Journal de Collé,* édition Didot, t. III, p. 169 et suiv.

Elle ne voulait pas qu'il fût dit qu'elle avait des amis qui mouraient sans confession; et, comme la plupart d'entre eux, naturellement, n'avaient pas de confesseur attitré, elle avait sous la main, pour remplir cet office, un capucin fort accommodant, qui ne marchandait pas l'absolution. La Harpe raconte à ce sujet une piquante anecdote (1), et, dans le même ordre d'idées, M^{me} Suard en raconte une autre qui n'est pas moins plaisante et que nous allons rapporter à notre tour, en l'abrégeant (2).

Un jour, Marmontel ayant dit à M^{me} Geoffrin qu'il allait être parrain de l'enfant d'un de ses amis, elle lui répondit : « Voilà un bel engagement! Je suis sûre que vous ne savez plus un mot de votre *Pater* et de votre *Credo,* qu'on va vous demander à l'église. » Sur la réponse que lui fit Marmontel, qu'en effet il avait oublié ces prières, elle s'empressa de les lui faire répéter pendant plusieurs jours. Celui du baptême arrivé, il partit tout fier d'être en mesure, lui philosophe! de faire bonne contenance devant un prêtre. Mais voilà que celui-ci lui demanda tout d'abord quelle était sa paroisse... Interdit, désorienté, Marmontel ne put répondre. C'était la seule question que M^{me} Geoffrin n'avait pas prévue, et à laquelle le ma-

(1) *Correspondance littéraire de La Harpe,* t. I, p. 243.

(2) *Essais de mémoires sur Suard* (par M^{me} Suard), Didot, 1820, 1 vol. in-18, p. 71.

lencontreux parrain était hors d'état de satisfaire.

Sans plaider précisément en faveur de la piété proprement dite de M^me Geoffrin, ces faits semblent répondre victorieusement aux doutes qu'on a pu élever touchant l'orthodoxie de l'amie des encyclopédistes, laquelle mourut, d'ailleurs, au dire de quelques-uns d'entre eux, à la suite des exercices pénibles d'un jubilé.

Au surplus, il n'y aurait rien eu d'extraordinaire si l'esprit des encyclopédistes eût déteint quelque peu sur celui de M^me Geoffrin ; mais c'eût été sans altérer son excellente nature, et elle n'aurait jamais été livrée à ce scepticisme aride et froid où M^me du Deffand avait enveloppé sa vie, non plus qu'à cette espèce d'élasticité de conscience qui conduisit M^me de Tencin, et tant d'autres, à des fautes graves, à des erreurs qu'on n'ose qualifier. En un mot, avec une intelligence largement ouverte aux idées grandes et généreuses, et en même temps pratiques, M^me Geoffrin avait une foi sincère, une croyance qui ne se laissait pas entamer, mais qui ne repoussait pas non plus certaines hardiesses de l'esprit nouveau. Comme nous l'avons dit en commençant, elle représente pour nous un type nettement accusé de son époque, celui de la bourgeoisie doucement émancipée au point de vue des libertés permises et d'un sage progrès.

En définitive, ce qui prouve que M^me Geoffrin ne se laissait pas dominer par son entourage, que sa voix était écoutée, son autorité respectée, et qu'elle savait faire, à l'aide de son éternel *Voilà qui est bien,* la police de son salon, c'est la circulaire suivante, que Grimm feignit d'adresser, dans un de ses moments de belle humeur, aux familiers du cénacle, pour se plaindre de la sévérité du programme suivi par la maîtresse de la maison :

Mère Geoffrin fait savoir qu'elle renouvelle les défenses et lois prohibitives des années précédentes, et qu'il ne sera pas plus permis que par le passé de parler chez elle ni d'affaires intérieures ni d'affaires extérieures, ni d'affaires de la cour ni d'affaires de la ville, ni d'affaires du Nord ni d'affaires du Midi, ni d'affaires d'Orient ni d'affaires d'Occident, ni de politique ni de finances, ni de paix ni de guerre, ni de religion ni de gouvernement, ni de théologie ni de métaphysique, ni de grammaire ni de musique, ni, en général, d'aucune matière quelconque, et qu'elle commet dom Burigny, bénédictin de robe courte, pour faire taire tout le monde, à cause de sa dextérité connue et du grand crédit dont il jouit, et pour être grondé par elle, en particulier, de toutes les contraventions à ces défenses.

Nous noterons en passant — et le lecteur a sans doute fait lui-même cette remarque — que la lecture de la pièce précédente donne à penser que Beaumarchais a eu peu de frais d'imagination à faire pour composer certain paragraphe du fameux monologue de son *Figaro* (acte V, scène III).

L'heure approchait où les *défenses* et *lois prohibitives* dont Grimm se plaignait si plaisamment, devaient cesser d'être en vigueur, à raison de l'impossibilité matérielle où allait se trouver M^me Geoffrin de les faire exécuter. En effet, à la suite d'une attaque d'apoplexie, elle tomba dans un état de faiblesse qui, pendant plusieurs mois, fit craindre pour sa vie. Or, au cours de cette maladie, M^me de la Ferté-Imbault jugea convenable de ne recevoir aucun des philosophes, amis de sa mère, qui se présentaient pour la voir, et cette espèce d'interdit mit le comble à leur irritation contre elle. En vue de s'expliquer, la marquise eut le tort d'écrire à d'Alembert une lettre, qu'il rendit à peu près publique et qui fut trouvée déplacée. La chose fit du bruit, et d'Alembert, furieux comme un philosophe ne devrait pas l'être, écrivit à Voltaire, le 23 novembre 1776 :

..... Vous savez le triste état où est M^me Geoffrin depuis trois mois. Sa fille, M^me de la Ferté-Imbault, vendue à la cabale dévote dont elle est la servante, a trouvé moyen d'écarter d'auprès de sa mère tous ses anciens et meilleurs amis, à commencer par moi. Elle m'a écrit à ce sujet une lettre qui ne vaut pas celles du roi de Prusse, mais qui est une pièce rare pour l'insolence et la bêtise.

A diverses reprises, d'Alembert revint à la charge, avec aussi peu de mesure, même avec plus de colère

encore (1) ; et ce serait peut-être le cas de lui appliquer ce que M^me Geoffrin dit un jour à Mairan, qui,
embarqué dans une discussion scientifique avec une
jeune et jolie femme, se disposait à l'accabler d'argu-
ments en forme : « Ne voyez-vous pas, mon cher
philosophe, qu'on se moquera de vous si vous tirez
votre épée contre un éventail ? » Notre chevalier de
Béziers s'arrêta tout court ; mais, comme nous l'avons
dit, il n'en fut pas de même de d'Alembert, non plus
que de ses amis, qui emboîtèrent le pas, firent chorus,
et bientôt M^me de la Ferté-Imbault se trouva plus que
jamais aux prises avec toute l'Encyclopédie.

Assurément, nous ne trouvons pas qu'elle ait eu
raison d'éloigner sans exception du chevet de sa mère
d'anciens et fidèles amis ; mais, outre qu'elle pouvait
craindre que leur présence ne troublât la malade,
elle avait peut-être aussi la pensée — on sortait d'un
jubilé — qu'elle faisait œuvre méritoire devant Dieu,
attendu que la philosophie du xviii^e siècle et le viati-
que n'allaient guère de compagnie.

Au surplus, les amis éconduits espéraient que, une
fois ses forces revenues, M^me Geoffrin blâmerait sa
fille de leur avoir ainsi durement fermé sa porte ;
mais, à leur grand étonnement, elle se borna à trou-

_______________

(1) Lettre à Voltaire du 15 octobre 1776 ; lettre à Condorcet,
consignée dans l'*Eloge de M^me Geoffrin*, p. 119.

ver que « si la marquise avait eu tort dans la forme, elle pouvait avoir raison dans le fond ». Elle reprocha aux philosophes de n'avoir pas mieux connu sa fille et d'avoir fait ce qu'elle leur avait reproché si souvent, beaucoup de bruit d'une chose qui n'en devait faire aucun. Après avoir grondé beaucoup, elle pardonna à tout le monde. Elle traita sa fille de folle, mais elle loua son zèle. « Ma fille, a-t-elle dit en riant, est comme Godefroy de Bouillon : elle a voulu défendre mon tombeau contre les infidèles. »

Sans être entièrement revenue à la santé, M$^{me}$ Geoffrin reprit alors quelque vigueur, et ses premiers soins furent de s'occuper de son salon et de bonnes œuvres. Mais cette amélioration ne se soutint que quelques mois, au bout desquels elle retomba dans un état de langueur qui lui ôta peu après l'usage de toutes ses facultés. Cependant sa raison avait de temps en temps de vives lueurs, et, si elle ne pouvait suivre une longue conversation, elle causait du moins encore avec beaucoup d'intérêt et d'agrément. Deux jours avant sa mort, souffrant excessivement, rapporte la Harpe, lle entendit une conversation qui se tenait auprès de son lit, sur les moyens qu'avait le gouvernement de *rendre les hommes heureux*. Chacun en proposait de différents; elle sortit d'un long silence pour dire : « Ajoutez à cela le soin de procurer des plaisirs, dont on ne s'occupe pas assez. » « Cette parole, prononcée dans une agonie douloureuse, continue la Harpe, marque une sérénité d'âme que les souffrances du corps ne peuvent altérer (1). »

Elle mourut dans les premiers jours du mois d'octobre 1777, en laissant à ses amis de nouveaux gages de sa bonté, et des pensions à tous ses domestiques (2). Suivant ses dernières volontés, elle fut enterrée sans aucune pompe, à sept heures du matin, inhumation conforme à la simplicité de son caractère et de ses mœurs.

Peu après sa mort, Thomas, Morellet et d'Alembert publièrent chacun son *Eloge,* et ces trois compositions ont été recueillies plus tard dans un volume *ad hoc* (3). C'est un juste et digne hommage rendu à leur amie, à leur bienfaitrice, mais qui renferme quelques insinuations peu bienveillantes dirigées contre M^me de la Ferté-Imbault. Par ce motif, elle sollicita et obtint un ordre qui défendit aux gazettes de rendre compte de ces opuscules. Du reste, comme l'esprit français trouve à s'égayer sur tous les sujets, on caractérisa ainsi ces trois éloges : « Le premier écrivain *pense*

(1) *Correspondance littéraire de La Harpe,* lettre LXXVI.

(2) D'Alembert eut 2,000 livres de rente; Thomas, une somme de 7,000 livres, etc.

(3) *Éloges de M^me Geoffrin,* par MM. Morellet, Thomas et d'Alembert. Paris, 1812, Nicolle, vol. in-8°.

(Thomas); le second *raconte* (Morellet); le dernier *pleure* (d'Alembert) (1). »

Il n'est pas hors de propos de remarquer que ce dernier Eloge — qui est celui où se trouvent contre la marquise les insinuations dont nous avons parlé — est adressé, sous forme de lettres, par d'Alembert à Condorcet. Or, Condorcet avait été accueilli, protégé à ses débuts dans le monde par la marquise qui lui avait obtenu une pension de la cour, et qui l'appelait son *intégral,* à cause du livre du *Calcul intégral et différentiel* dont il était l'auteur. Certes, elle dut être bien désappointée lorsqu'elle vit plus tard son protégé s'enrôler sous la bannière des philosophes! Et cependant, la fréquentation des sages de l'antiquité, dont elle lisait et méditait les écrits, avait dû la prémunir contre les écarts, contre les faiblesses et les surprises dont l'humanité abonde. Toutefois, sa philosophie n'allait pas jusqu'au pardon des injures, non plus qu'à la défendre — on s'en souvient — contre certaines saillies, contre certains emportements qui faisaient, paraît-il, le désespoir de ses fidèles sujets, obligés alors de recourir aux *Remontrances.* Quoi qu'il en soit, nous croyons qu'elle vit avec un extrême déplaisir une comédie, intitulée : *le Bureau d'esprit,* qui parut quelque temps avant la mort de sa mère, et où l'on faisait

______

(1) *Mémoires de Bachaumont,* 29 décembre 1777.

jouer à celle-ci un rôle fort désagréable, de même qu'à certains coryphées de l'Encyclopédie : Diderot, d'Alembert, d'Holbach, Condorcet, Thomas, etc. Au surplus, cette pièce, qui avait pour auteur un nommé Rutlige, Irlandais d'origine, n'était qu'une plate et grossière imitation de celle des *Philosophes,* de Palissot ; et, publiée au moment même où M^me Geoffrin était mourante, elle fut regardée comme un acte de bassesse et de lâcheté : c'était le coup de pied de l'âne.

Quelques lettres autographes de M^me de la Ferté-Imbault sont passées dans les ventes publiques (1). Une dernière lettre, cataloguée à part et portant cette suscription : *A ma Passion,* nc    paraît particulièrement curieuse. Dans cette épître, la marquise promet à sa *passion* de lui « donner tous les huit jours quatre pages de son histoire ». Elle se nomme elle même l'*amie intime* de Montaigne, avec qui son imagination est accoutumée à vivre dans la solitude. « Comme notre ami Montaigne peint à merveille les inconvénients de l'oisiveté de l'esprit, et que le mien meurt souvent de faim, ayant perdu la plus grande partie de sa nourriture ordinaire, je lis, je médite, etc. » La fin de cette lettre nous manque.

A la fin de la *Correspondance inédite* de Stanislas

_______

(1. Vente du vicomte de Fer... (1866). Vente Eugène Charavay (1881). Vente Jacques Charavay (1864).

de Pologne et de M^me Geoffrin, on trouve deux lettres adressées à ce roi (décembre 1776 et janvier 1777) par M^me de la Ferté-Imbault, qui lui recommande le prince Louis de Rohan, celui qui, devenu plus tard grand aumônier de France, joua un si triste rôle dans l'*affaire du Collier,* et qui briguait alors le chapeau de cardinal. M^me de la Ferté-Imbault donne en même temps au roi des nouvelles de la santé de M^me Geoffrin, récemment frappée de paralysie. Ces lettres, écrites sous la dictée de cette dernière, n'ont qu'un intérêt relatif et ne mettent nullement en jeu la personnalité de la marquise.

Une autre correspondance d'elle existe, dit-on, ou du moins existait, il y a cinquante ans, dans les archives de la famille d'Etampes. C'est la correspondance qu'elle entretint, en 1784, avec une de ses amies qui habitait souvent la Normandie. D'autres lettres ont dû être également écrites par la marquise à Maurepas, au duc de Nivernais, au cardinal de Bernis, personnages avec lesquels elle avait des relations habituelles; mais aucune de ces lettres, que nous sachions, n'a été publiée; et cependant, il y a lieu de croire que plus d'une d'entre elles méritait les honneurs de la publicité (1).

(1) Dans son *Salon de M^me Necker*, M. le vicomte d'Haussonville en a publié deux, datées des 19 et 20 février 1777, par lesquelles M^me de la Ferté-Imbault adresse à M^me Necker des observations et

En définitive, malgré ses idées rétrogrades, et grâce à un revirement qui s'opéra en elle et dont plusieurs autres partisans de l'ancien régime donnèrent l'exemple, la marquise fut d'abord séduite par certains côtés de la Révolution. Sa piété, sa charité crurent y voir la promesse d'un ordre de choses plus régulier, plus conforme à l'équité, à une juste répartition des biens et des maux d'ici-bas ; et, sans s'y rallier ouvertement, elle espérait, elle accueillait les théories naissantes avec une confiance qu'elle dut emporter tout entière dans la tombe, car elle mourut en 1791, c'est-à-dire avant les événements qui auraient pu porter atteinte à ses nouvelles croyances.

des conseils qui frisent l'indiscrétion, et où elle se montre extrêmement sévère à l'égard de la maréchale de Luxembourg, de M<sup>me</sup> du Deffand, de M<sup>me</sup> de Boufflers et de M<sup>me</sup> Marchais.

FIN

# APPENDICE

# APPENDICE

Voici l'indication des restaurations et embellissements que, dans l'intervalle de quatorze ans (1864 à 1878), M<sup>me</sup> Pelouze et M. Wilson ont fait exécuter au château de Chenonceau, où d'autres travaux analogues sont continués :

Remaniement de la façade du nord. — Balcon de façade. — Rétablissement de la façade de l'est. — La chapelle. — Vitraux peints. — L'autel et sa lanterne. — Caveau funéraire. — Projet de Carpeaux pour un monument funéraire. — Manteaux de cheminées. — Cabinet vert. — Chartrier du château. — Cheminée de la chambre de Louis XIII. — Balcon de la façade de l'ouest. — Porte intérieure de la chambre de François I<sup>er</sup>. — Cheminée de la même chambre. — Toilette. — Peintures du plafond. — Parquet. — Menuiseries et ferrures. — Cabinet de bain. — Carrelages. — Le plafond funèbre de la reine Louise. — Carrelages antiques. — Plafond de la chambre des cinq Reines. — Poutres peintes du vestibule du premier étage. — Galerie Louis XIV. — Ses cheminées sculptées. — Menuiserie et serrurerie. — Escalier neuf du second étage. — Rétablissement du vestibule et des chambres du second étage en colombage. — Réservoir à eau des combles. — Pont-levis des combles. — Escalier des toits, cheminées, charpente, couverture, plombs. — Installation des soubassements du château. — Restauration de la tour des Marques. — Creusement de la douve. — Restauration du bâtiment des Dômes. — Description des selleries, des écuries, des remises. — Pavillon central. — Charpente et couverture en dôme à l'impériale. — Bâtiment de la Chancellerie. — Tentures peintes au pochoir. — Château d'eau. — Etudes de fresques dans l'Orangerie. — Rétablissement des parcs. — Statue décorative. — Parterre de Diane. — Translation du chêne vert de Catherine de Médicis. — Restauration de l'église paroissiale de Chenonceau. — Matériaux employés dans les restaurations.

Les détails qui précèdent sont extraits d'une publication nouvelle de M<sup>gr</sup> Chevalier intitulée : *Restauration de Chenonceau.* Lyon, Louis Perrin et Marinet. 1878, in-8° de 56 pages. On trouve dans ce recueil, tiré à six cents exemplaires et exclusivement destiné aux artistes et aux maîtres ouvriers qui ont coopéré à la restauration du château, des renseignements intéressants sur la généalogie de M. Wilson et de sa sœur. Il en résulte que leur aïeul, Antoine Casenave, était conventionnel, vice-président du Corps législatif de 1811 ; leur bisaïeul, Jean-Baptiste-Louis Ducastel, président de l'Assemblée législative de 1791, et leur arrière-grand-oncle, le comte Vimar, ministre de la justice et vice-président du Sénat.

On sait que le père de M<sup>me</sup> Pelouze et de M. Wilson était un ingénieur doué de brillantes facultés qui lui firent acquérir dans l'industrie une grande fortune dont ses deux enfants font le plus noble usage.

Nous terminons par les vers que l'ami dont nous avons parlé plus haut a jugé convenable d'adresser à M<sup>me</sup> Pelouze, en prenant congé de Chenonceau où il avait passé huit jours :

Oui, Chenonceau, tu vis, sous tes tours féodales,
Passer et repasser bien des ombres royales ;
Tu connus les amours, les ris, les chants joyeux
De femmes dont le front touchait au rang suprême ;
Enfin tu fus longtemps l'hôte du diadème,
Et d'orgueil tu dressais ta tête dans les cieux.

Mais que me font à moi tes hautes destinées ?
Je m'incline devant les têtes couronnées
Seulement en raison du bien qu'elles ont fait,
Et j'honore, avant tout — douce et charmante chose ! —
La châtelaine offrant de sa main blanche et rose
L'obole au malheureux, qui s'en va satisfait.

A côté de ces dons que la pitié réclame,
Nous tous, vos conviés, sommes touchés, madame,
De votre accueil si plein de grâce et de bonté ;
Et, quand nous repartons, notre âme est incertaine
Pour savoir, du castel ou de la châtelaine,
Lequel, au fond du cœur, est le plus regretté.

Que mes jours soient remplis de tristesse ou de joie,
Que le destin, madame, ou m'élève ou déploie
        Ses rigueurs contre moi,
Sans cesse votre nom aura pour moi du charme,
Fera naître en mon œil un sourire, une larme,
        Et dans mon cœur un doux émoi.

# TABLE DES MATIÈRES

# CHARAVAY FRÈRES LIBRAIRES-ÉDITEURS

## 4 Rue de Furstenberg à Paris

## BIBLIOTHÈQUE A TROIS FRANCS CINQUANTE

LE CAPITAINE SANS-FAÇON, 1813, épisode de l'Histoire de la Contre-Révolution, par Gilbert-Augustin Thierry, 1 vol. in-18 (cinquième édition), illustré par Gaucherel, Fr. Régamey, et A. Normand.

ISOLINE ET LA FLEUR-SERPENT, par Judith Gautier, 1 vol. in-18 illustré, par Fr. Régamey et Constantin.

DIOGÈNE LE CHIEN, par Paul Hervieu, 1 vol. in-18, avec quatre compositions de Tofani (troisième édition).

LA DAME D'ENTREMONT, récit du temps de Charles IX, par Ernest d'Hervilly, 1 vol. in-18 illustré par Fr. Régamey et A. Normand.

ROMANS DAUPHINOIS, par Léon Barracand, 1 vol. in-18, avec huit compositions de Tofani.

MADAME CALIBAN, par Alfred Bonsergent, 1 vol. in-18 avec quatre compositions de Tofani.

NOUVELLES PARISIENNES, par Philippe Chaperon, 1 vol. in-18 avec douze compositions de Tofani.

MIETTE ET BROSCOCO, par Alfred Bonsergent, 1 vol. in-18 de 350 pages.

SOUVENIRS DE LA COMMUNE, 1871, par Edgar Monteil, 1 vol. in-18 illustré par Tofani.

LA TERRE NATALE, impressions d'un Campagnard, par le baron Lafond de Saint-Mur, 1 vol. in-18.

GRANDES DAMES ET PÉCHERESSES, études d'histoire et de mœurs au XVIIIe siècle, d'après des documents inédits, par Honoré Bonhomme, 1 vol. in-18, avec une vue du château de Chenonceaux.

LES DERNIERS BOURBONS, par Charles Nauroy, 1 vol. in-18.

LE THÉATRE DE LA RÉVOLUTION, 1789-1799, avec documents inédits, par H. Welschinger, 1 vol. in-18 de 520 pages (couronné par l'Académie française).

LES CAHIERS DES CURÉS, étude historique, d'après les brochures, les cahiers imprimés et les procès-verbaux manuscrits de 1789, par Ch.-L. Chassin, 1 vol. in-18 de 450 pages.

PARIS. — IMPRIMERIE P. MOUILLOT, 13, QUAI VOLTAIRE. — 33292